Ausführliche Informationen über
unsere Autoren und Bücher
finden Sie auf unserer Website
www.dtv.de

Christopher J. Schwarzer

INSIDE OST

Vom West-Berater zum Ost-Unternehmer

Mit farbigem Bildteil

Deutscher Taschenbuch Verlag

Originalausgabe 2014
© 2014 Deutscher Taschenbuch Verlag GmbH & Co. KG, München
Das Werk ist urheberrechtlich geschützt.
Die Abbildungen stammen aus dem Privatarchiv des Autors.
Sämtliche, auch auszugsweise Verwertungen bleiben vorbehalten.
Umschlagkonzept: Balk & Brumshagen
Umschlagfoto: Götz Wrage
Satz: Bernd Schumacher, Obergriesbach
Druck und Bindung: Kösel, Krugzell
Gedruckt auf säurefreiem, chlorfrei gebleichtem Papier
Printed in Germany · ISBN 978-3-423-26011-4

Quidquid agis, prudenter agas et respice finem!
(Was du tust, das tue klug, und bedenke das Ende!)

Dieses Buch ist meinem Vater Dr. Horst Schwarzer
gewidmet – einem großen Visionär. Er war ein Markenmacher
erster Güte, der u. a. so bekannte Namen wie »Jever« (das Bier) und
»Knirps« (den Regenschirm) mit Leben erfüllt hat.
Er hat in mir schon früh kreativen Tatendrang und unternehmerische Begeisterung geweckt und war auch an meinem wirtschaftlichen
Engagement in den neuen Bundesländern beteiligt.
Seine hohe Moral, sein in allem Wirken spürbarer humanistischer
Hintergrund, seine nie erlahmende Kraft, sein Anstand im Umgang
mit Menschen und sein persönliches Commitment waren außergewöhnlich. Menschen wie er haben im Wirtschaftsleben Seltenheits-
wert. Er ist und bleibt mein Vorbild.

INHALT

VORWORT

Meine Mitarbeiter in der Firma Excellent Dessous im thüringischen Zeulenroda haben mir 1996 zu meinem 35. Geburtstag eine Tafel geschenkt mit einem Zitat von Winston Churchill. Darauf stand:»Manche sehen in einem Unternehmer einen Wolf, den man totschlagen muss. Andere sehen in ihm eine Kuh, die man unentwegt melken muss. Nur wenige sehen in ihm den Ochsen, der den Karren zieht.« Ich war zutiefst gerührt. Das war kein beliebiges Geburtstagspräsent, wie man es sonst zu solchen Anlässen bekommt. Die Belegschaft wollte damit etwas ausdrücken: Dank und Anerkennung für das, was ich tat, und Verständnis für meine ganz persönliche Rolle als Unternehmer.

Das hat mich ganz besonders gefreut, aber ich war auch erstaunt. In den letzten Jahren hatte ich jedem einzelnen Mitarbeiter immensen Druck gemacht, denn wir mussten unbedingt eine schnelle und nachhaltige Verbesserung aller Prozesse und Ergebnisse im Unternehmen erreichen. Alles war auf dem Prüfstand, sollte neu und anders gemacht werden. Mit kaum etwas konnte man schon im ersten Anlauf zufrieden sein. Wir hatten keine Zeit zu verlieren. Es ging ums Überleben. Jeder Tag zählte.

Die Mitarbeiter hatten oft gestöhnt und sich wohl gedacht, dass sie mit mir ein schweres Los gezogen hatten. Nichts konnte man mir recht machen. Oft hatte ich ihnen aus dem Gesicht abgelesen, dass sie mich für einen schwierigen Menschen hielten, einen Tyrannen, der Spaß daran hatte, sie täglich zu drangsalieren. Man konnte das durchaus so wahrnehmen. Aber ich musste es in Kauf nehmen. Wir hatten keine andere Chance als einen harten Sanierungskurs und eine radikale Veränderung.

Und nun zeigten eben diese Mitarbeiter Verständnis, Einfühlungsvermögen und sogar Dankbarkeit. Das war einer der großen Momente, die ich als Unternehmer in den neuen Bundesländern nach der Wende erlebt habe. Wir waren ein gutes Team und wir schlugen uns gemeinsam durch, so gut es ging. Unser Unternehmen entwickelte sich prächtig, unsere Markterfolge waren überall publik. Eine Erfolgsstory aus dem Osten. Doch dieser Erfolg stand uns an einer anderen Front im Wege. Denn gleichzeitig fraß uns der Kapitaldienst auf – durch Altschulden und hohe Bankkredite. Wir standen mit dem Rücken an der Wand und führten einen jahrelangen Kampf, um die völlig unzureichende Kapitalausstattung zu verbessern, und mussten um Hilfe für unser Erfolgsprojekt geradezu betteln.

Man mag es angesichts der trostlosen Entwicklung der Ostwirtschaft in den darauf folgenden Jahren kaum glauben, aber niemand war bereit dazu. Die Firma stand für 230 Arbeitsplätze, brillierte als modernes Unternehmen, setzte als Underdog aus dem Osten in einer verstaubten Wäschebranche Akzente und lehrte die großen Dinosaurier im Westen das Fürchten. Doch bei denjenigen, deren ausdrücklicher Auftrag die Entwicklung der Ostwirtschaft war, bei der Treuhandanstalt in Berlin und der Thüringer Aufbaubank in Erfurt, rührte niemand einen Finger. Lieber sah man zu, wie uns das Wasser bis zum Hals stieg. Die Begründung für die mangelnde Hilfeleistung war absurd: Man könne laut Auftrag und Richtlinien nur für diejenigen etwas tun, die wirklich hilfsbedürftig sind. Was bei uns ja nicht der Fall sei – wie man schon an den vielen positiven Berichten in den Medien ablesen konnte.

Während die in politischem Auftrag agierenden »Rettungsärzte« noch darüber diskutierten, wer hier und in welchem Ausmaß zur Hilfe verpflichtet sei, überließen sie den Hausbank-»Sanitätern« die zwischenzeitliche »Krankenversorgung«. Die nutzten dankbar die Gelegenheit und durchsuchten erst einmal die Taschen des »Patienten« auf verwertbare Gegenstände. Dann prüften sie, welche Belastungen dem »Patienten« noch aufgebürdet werden könnten, um ihre Kapitalerträge zu maximieren, ihre Risiken zu minimieren und das meiste aus dem Engagement herauszuholen. Dabei immer sorgfältig darauf bedacht, den totalen Zusammenbruch des »Patienten« zu vermeiden. Die »Oberärzte« sahen diesen »Sanitätern« untätig zu, ließen sich aber ordnungsgemäß ständig über den Gesundheitszustand des »Patienten« berichten.

Nach mehrjähriger »Reha-Betreuung« dieser Art beschlossen »Ärzte« und »Sanitäter« dann, den »Patienten« doch aufzugeben. Obwohl dessen Organismus inzwischen sogar gestärkt war und seine Verfassung eigentlich nur noch zu stabilisieren gewesen wäre. Die »Medikamente« waren ihnen zu teuer. Durch einen Verkauf des Unternehmens im Jahr 2000 konnte ich wenigstens noch die Verlegung in eine »Privatklinik« erreichen, wo ein Weiterleben in Würde, wenn auch gerupft und zurechtgestutzt, möglich war.

Wie schade, der »Patient« hätte das Zeug zum Champion gehabt!

Meine Zeit in den neuen Bundesländern war damit beendet. Als es losging mit meinen Abenteuern im »Wilden Osten«, war ich zarte 29. Mein ganzes Leben wurde dadurch auf den Kopf gestellt. Ich habe extreme menschliche, fachliche und atmosphärische Erfahrungen gemacht. Aber ich habe diese Zeit und den Schritt zum Unternehmer nie bereut. Zu einigen meiner früheren Mitarbeiter habe ich heute noch Kontakt. Manche sind immer noch Partner und Freunde. Vor einiger Zeit habe ich einen kleinen Kreis ehemaliger Führungskräfte in Zeulenroda zum Abendessen getroffen. Im Rückblick auf diese Jahre bekamen wir glänzende Augen und fühlten wieder den Spirit von damals. Es seien beruflich die spannendsten und auch schönsten Jahre ihres Lebens gewesen, bestätigten meine alten Weggefährten.

Ich hatte einmal einen Disput mit der Frau eines befreundeten Vorstandsmitglieds von einem der großen deutschen DAX-30-Unternehmen. Sie sang ein Loblied auf die Riege der DAX-Vorstände – was das alles für tolle und interessante Leute seien. Ich setzte dem entgegen, dass doch wohl jeder mittelständische, mit seinem Privatvermögen haftende Unternehmer, selbst wenn er nur ein Dutzend Mitarbeiter hat, mehr Mut braucht und deutlich mehr Risiko übernimmt als irgendein hochrangiger Manager mit seinem Vertrags-Package der »Marke Sorglos«.

Das kam natürlich nicht gut an, aber es ist meine Überzeugung. Wer Unternehmer oder Unternehmerin wird, übernimmt Verantwortung, Verpflichtungen und vor allem persönliches Risiko. Der möglichen Konsequenzen muss man sich von Anfang an bewusst sein. Als Unternehmer kann man nicht einfach seine Sachen packen und sich die restliche Vertragslaufzeit und Abfindung auszahlen lassen.

Einige meiner wichtigsten Erkenntnisse aus dieser Unternehmerzeit habe ich im letzten Kapitel festgehalten, um denen, die sich ebenfalls mit Gedanken der Selbstständigkeit tragen, Mut zu machen. Sie aber auch zu warnen, immer an die Konsequenzen zu denken. Dieses Buch erzählt die Geschichte des Erfolgs und des Scheiterns eines Unternehmens. Es ist aber auch ein glühendes Plädoyer für das Unternehmertum. Denn etwas zu »unternehmen« heißt, Initiative zu ergreifen, sich zu engagieren, zu gestalten und zu führen. Eigene Ziele und Ideen zu verwirklichen. Die Wirtschaft in den neuen Bundesländern brauchte nach der Wiedervereinigung dringend Unternehmer. Die deutsche Wirtschaft hat vor allem wegen ihrer mittelständischen Unternehmer die internationalen Finanzkrisen seit 2007 durchgestanden. Vor allem diese Unternehmer waren es, die Deutschland den Weg aus der Krise gebahnt und für eine im internationalen Vergleich einzigartige Wettbewerbsposition unter den Volkswirtschaften gesorgt haben.

Die Unternehmer sind das Herz der Wirtschaft.

UNTERNEHMENSBERATER

1990

MAUERFALL UND WIEDERVEREINIGUNG

Was in den Jahren 1989 und 1990 geschah, hatte niemand zu träumen gewagt. Innerhalb weniger Monate veränderten sich Deutschland, Europa und die Welt. Doch obwohl die Ereignisse erst 25 Jahre zurückliegen, erscheinen sie heute schon wie ferne Vergangenheit. Ein durch die friedlichen Proteste der Bürger zermürbtes DDR-Regime öffnete am 9. November 1989 die Mauer in Berlin. Am 1. Juli 1990 trat die durch einen Staatsvertrag besiegelte Währungs-, Wirtschafts- und Sozialunion in Kraft. Und am 3. Oktober 1990 wurde schon die deutsche Einheit vollzogen. Neben der Freiheit wollten die DDR-Bürger vor allem die D-Mark (und das nicht nur, um endlich Bananen kaufen zu können). So wurde um des lieben Friedens willen und wider jede wirtschaftliche Vernunft und alle mahnenden Stimmen ein Umtauschkurs von 1:1 vereinbart.

Die Volkswirtschaft der Bundesrepublik Deutschland wurde in den Wirtschaftsstatistiken der 80er-Jahre weltweit an Platz 3 geführt. Die DDR irrtümlicherweise auf Platz 17. Auf dem Papier schien das »Joint Venture« also gar nicht so schwer: Man nimmt diese vermeintlich zwei führenden Volkswirtschaften und wirft sie in einen Topf. Dazu viel Flüssiges (D-Mark) und einigen wirtschaftlichen Sachverstand von der Westseite. Und zum Würzen eine ordentliche Portion Idealismus und eine Prise guter Wille von allen Beteiligten. Das Ergebnis sollten in einem Zeitraum von 3–4 Jahren die berühmt-berüchtigten blühenden Landschaften sein.

Darüber lässt sich heute leicht spotten. Damals ging es vor allem darum, eine historische Chance zu nutzen. Und das ist auch gelungen. Man kann vor denjenigen, die diese historische Gelegenheit mutig und entschlossen nutzten, gar nicht genug Respekt haben. Angesichts der damaligen Risiken und Unwägbarkeiten wäre politisches Zögern nur allzu naheliegend gewesen. Doch wirtschaftliche

Interessen waren – Gott sei Dank – einmal nicht der Mittelpunkt des Denkens.

Der notwendige Umbau der DDR-Wirtschaft und die Integration in das funktionierende BRD-System waren nichts anderes als ein Laborversuch von gigantischen Ausmaßen. Niemand konnte das Ergebnis im Einzelnen voraussehen. Doch es gab keine Alternative. Wo doch »zusammenwuchs, was zusammengehörte«. Dabei waren, wie bei jedem Vorgehen nach dem System »trial and error«, Fehler unvermeidlich. Diese Fehler hatten viel mit dem richtigen Verständnis dafür zu tun, was das Unternehmertum ausmacht, speziell im Mittelstand. Hätte die Politik diesbezüglich mehr Mut und Zuversicht aufgebracht, hätte man viele Milliarden sparen können und es gäbe heute noch sehr viel mehr kleine und mittelständische Unternehmen in den neuen Bundesländern. Anstatt auf Mittelstand und Unternehmer zu setzen, hatte man aber Angst vor persönlicher Bereicherung und suchte lieber nach großen Namen und Konzernen als potenziellen Investoren. Und man machte den Bock (nämlich die Banken) zum Gärtner, indem jede Förderung durch staatliche Investitionsprogramme über die Geschäftsbanken zu laufen hatte, die dadurch in eine lukrative Schlüsselposition manövriert wurden. Heute erscheint das alles in einem ganz anderen Licht. Aber nachher ist man immer schlauer.

EINSTIEG BEI ROLAND BERGER

1990 hatte ich gerade erst mein Betriebswirtschaftsstudium in Köln und Münster erfolgreich beendet und war auf der Suche nach einem tollen Job, mit dem ich so richtig Karriere machen könnte. Nach einem kurzen Ausflug als Geschäftsleitungsassistent einer großen, inhabergeführten Werbeagentur begann ich meine berufliche Laufbahn als Berater bei der Unternehmensberatung Roland Berger & Partner in München.

Roland Berger, oder »Holy Roly«, wie er inzwischen intern respektvoll genannt wird, hatte dieses Unternehmen Ende der 60er-Jahre gegründet. Es hatte seitdem eine rasante Entwicklung genommen und war bereits zur größten Strategieberatung deutschen Ursprungs geworden. Es gab Büros in den meisten europäischen Ländern. Die Entwicklung ist seitdem ebenso rasant weitergegangen. Heute hat das Unternehmen über 50 Büros und ist in 36 Ländern tätig. Die fünftgrößte Strategieberatung der Welt.

Für einen frischgebackenen Diplomkaufmann mit Schwerpunkt Marketing gab es einige Top-Adressen im Marken-Management, wie Procter & Gamble, Henkel, Unilever und Nestlé. Daneben, mit einem durchaus elitären Image, die großen Strategieberatungen, wie McKinsey, Boston Consulting Group und eben Roland Berger, die als Kaderschmieden für den späteren Karriereweg galten. Als Studienabgänger wusste man, wie schwer es war, bei solchen Top-Adressen einen Platz für den Berufseinstieg zu ergattern. Ich hatte ein ganztägiges Assessment bei Roland Berger bestanden und war als Juniorberater eingestellt worden. Das war ein riesiger Erfolg. Ich war stolz auf mich.

Mein Partnerbereich waren Konsumgüter, Handel und Dienstleistungen. Der Fokus lag auf Projekten im Fashion- und Textilbereich sowie im Einzelhandel. Dazu gehörten große Kunden wie u. a. Escada, Galeria-Kaufhof, Metro, Lekkerland, Hucke, Mustang, Textilgruppe Hof, Dyckhoff und andere. Ich hatte das gute Gefühl, erfolgreich zu sein – ein ambitionierter Jobanfänger. 80-stündige Arbeitswochen, durcharbeitete Nächte und einen Totalausfall von Privatleben nahm man in Kauf. Vor 21 Uhr war man selten zuhause. Kein Wochenende ohne wenigstens einen halben Tag im Office. So war das eben.

Das Competence Center Konsumgüter/Handel/Dienstleistungen bestand aus einem jungen Team von etwa 20 Mitarbeitern. Alle waren hochmotivierte und sehr gut ausgebildete Leute. Viele Akademiker mit Doktortitel, viele, die einen internationalen MBA gemacht hatten. Es war eine Herausforderung, sich in diesem Team zu behaupten und durch Leistung zu überzeugen.

Es herrschte ein elitärer Geist, der mit großer Arbeitsdisziplin und einem bei allen Fachthemen wirklich hohen Niveau der Auseinandersetzung verbunden war. Es war gleichermaßen Ansporn und

Verpflichtung, da mitzuhalten. Und der Druck war hoch. Die Kundenprojekte in einer solchen Strategieberatung haben immer einen erheblichen kommerziellen Gegenwert, der meistens in die Hunderttausende, manchmal auch in die Honorarmillionen geht. Daraus resultiert berechtigterweise eine hohe Erwartungshaltung der Kunden an den Wert der Projektergebnisse. Sie müssen zu den vereinbarten Honoraren in einer befriedigenden Relation stehen. Natürlich schaffen detaillierte Analysen und dicke Berichtsbände eine gewisse Rechtfertigung, aber letztendlich sind die Güte und die Verwertbarkeit der Empfehlungen bzw. deren wirtschaftlicher Gegenwert das Maß der Dinge.

Anfang der 90er-Jahre boomte das Beratungsgeschäft, insbesondere bei den großen internationalen Beratungsgesellschaften. Durch die Wiedervereinigung ergaben sich ganz neue Chancen und Möglichkeiten. Man musste überall mitmischen und einfach dranbleiben, um sich ein möglichst großes Stück vom Kuchen abzuschneiden. Enorme jährliche Zuwachsraten waren zu managen. Dafür mussten ständig neue Kapazitäten geschaffen werden, indem immer neue Mitarbeiter eingestellt wurden. Die entscheidende Frage für das Management war, wie in diesen jungen Teams die Qualität und die erarbeiteten Company Standards erhalten werden konnten. Das war eine große Herausforderung.

Vor allem unser Chef, der Partner unserer Unit »Konsumgüter + Handel«, litt unter dem Druck, diesen Ansprüchen gerecht zu werden. Aufgrund seiner polternden Art und einiger weiterer auffälliger Persönlichkeitsmerkmale nenne ich ihn einfach Kapitän Haddock, frei nach der Comicfigur aus ›Tim und Struppi‹. Er war früher Vorstand eines der größten deutschen Versandhandelsunternehmen gewesen. Ein früh ergrauter Mittvierziger, der gut und gerne auch für Ende fünfzig durchgegangen wäre. Schon sein Gesichtsausdruck spiegelte die Qualen wider, die er auszuhalten hatte. Nicht nur der Druck durch die Kunden, sondern insbesondere der Erfolgsdruck innerhalb der Company war brutal. Auf der regelmäßig stattfindenden Partnersitzung am Tegernsee herrschte ein barscher Ton. Jeder Partner hatte im Partnerkreis seine wirtschaftlichen Ergebnisse zu rechtfertigen. Es reiche kein einfaches Plus, sondern die relative Performance im Vergleich mit den anderen Partnern war entscheidend. Da konnte man sogar für ein Plus von »nur« 20 Prozent schon mal coram publico vorgeführt werden. Hier galt das Prinzip Bleifuß auf der Überholspur.

STRATEGIEBERATUNG UND IHRE TÜCKEN

Das Tagesgeschäft eines Anfängers in einer solchen Top-Beratungsgesellschaft mit dem Gütesiegel »high professional« hielt eine Fülle von Herausforderungen bereit. Als Juniorberater musste man jeden Tag und bei jedem Kundenkontakt mindestens seinen Tagessatz wert sein. Da gab es keine Leerlauf- und Ruhezeiten. Keine Meetings, in denen man sorglos in die Gruppendynamik eintauchen und sich die Zeit mit Kaffeetrinken und Plätzchenessen vertreiben konnte. In kürzester Zeit musste man sich in neue Themen und Aufgabenstellungen hineindenken, denen man teilweise zum allerersten Mal begegnete.

So bekam ich z. B. nach drei Monaten den Auftrag, eine Wettbewerbspräsentation vorzubereiten für den Projekt-Pitch bei einem führenden Großhandelsunternehmen im Bereich Tabak- und Süßwaren. Unnötig zu erwähnen, dass ich mit diesem Business bis dahin keine Berührungspunkte und demzufolge wenig Ahnung davon hatte. Ich war völlig auf mich allein gestellt und bekam zwei Wochen Zeit. Also versuchte ich, mir das Thema über Statistiken, Verbandsinformationen, Pressearchive, Unternehmensveröffentlichungen usw. zu erschließen. Die Informationsbeschaffung erfolgte noch nicht wie heute über das Internet mit Google und Online-Datenbanken und war entsprechend mühsam. Zumal dies keine Branche war, über die permanent berichtet wurde. Nach einer Woche hatte ich dennoch mit Hilfe unserer Praktikanten einiges Material gesammelt. Dann ging es an die Auswertung.

Strukturiert nach den Themen Markt, Wettbewerb, Konsumenten und dem Unternehmen selber erstellte ich eine 20-seitige Präsentation, die aus meiner Sicht einen ziemlich guten Überblick verschaffte über die Stärken und Schwächen des Unternehmens in der Branche sowie über die Herausforderungen, Chancen und Risiken für dessen zukünftige Weiterentwicklung. Der Tag der internen Präsentation vor Kapitän Haddock kam heran und ich legte ihm recht zuversichtlich meine Ausarbeitung vor. Er blätterte sie gelangweilt bis mürrisch durch, zwei Wochen Arbeit in zwei Minuten, stöhnte und sagte:»Das wissen die doch alles schon. Wo sind denn da die News?« Ich fand diese Reaktion ziemlich ungerecht. Ich hatte mich in kürzester Zeit in eine mir bis dahin völlig unbekannte Materie eingearbeitet und darüber hinaus die wesentlichen Informationen zu Markt, Wettbewerb, Konsumenten, Trends und Unternehmen präsentabel zusammengefasst. Und jetzt dieser Kommentar. Hallo, ich war Studienabgänger, ein blutiger Anfänger in der Beratung. Was erwartete er von mir? Aber so war das eben bei diesem Job. Man musste immer einen Schritt weiter denken.

Kapitän Haddock hatte für das junge Beraterdasein zwei Grundempfehlungen parat.

Erstens:»Sie müssen sich mehr quälen!« Das hieß, man sollte sich nicht zufriedengeben mit den Ergebnissen, die sich relativ schnell und unproblematisch einstellten. Denn die lagen im Zweifel beim Kunden ja auch schon vor und der erwartete von dem teuren Experten-Input einen Ansatz, der nicht nur Erkenntnisse wiedergab, die quasi auf der Hand lagen oder mit dem täglichen kaufmännischen Handwerkszeug leicht zu erlangen waren. Dafür gab man keine Hunderttausende aus. Das war einleuchtend und trotzdem für einen Anfänger wie mich, ziemlich auf sich allein gestellt und ohne echte Anleitung, nicht so ganz leicht umsetzbar.

Zweitens:»Versuchen Sie nie, langjährigen Inhabern, Vorständen und Geschäftsführern ihr Geschäft zu erklären! Da können Sie nur verlieren!« Diese Lektion musste man ganz schnell lernen. Man konnte sich nicht hinstellen und einem erfahrenen Unternehmer etwas Substantielles über die Praxis seines Geschäftes erzählen, mit dem man bis dahin gar nichts zu tun hatte, ohne in große Gefahr zu geraten, wegen mangelnder Detailkenntnis aufzufliegen.

Einem solchen Profi musste man neue, analytische und systematische Ansätze zur Problembewältigung oder Chancennutzung präsentieren. Ich bin der Überzeugung, dass Strategieberatung hervorragende Ergebnisse zeitigen kann. Ich habe sie lange genug betrieben, um das zu wissen. Aber es kommt wesentlich darauf an, ob der Berater, der Teamleiter oder mindestens das Beratungsunternehmen über eine schematisierte Methodik, verfeinerte Analyse-Instrumente sowie bereits vorhandene Informationen aus vergleichbaren Projekten (vor allem die viel gepriesenen Benchmarks als Vergleichsmaßstäbe) verfügen und last but not least die notwendige Erfahrung besitzen, wie solche Projekte zu handeln sind. Wenn man genug Erfahrung hat, ist man auch ein besserer Zuhörer und Beobachter.

Mit der Zeit erlauben Erfahrung und Logik eine systematische Beurteilung. Man kann besser zwischen den Zeilen lesen. Man holt zusätzlich und gezielt andere Meinungen und Perspektiven ein und gewinnt schließlich ein neutrales, objektives Bild von dem, was in dem Unternehmen wirklich passiert. Dann erst entsteht echter Mehrwert. Für sehr viele Unternehmen wäre eine solche Betrachtung ihrer tatsächlichen Situation wertvoll oder sogar notwendig. Aber unersetzlich für gute Ergebnisse ist eben auch die Erfahrung des Beraters. Sie ist wesentlicher Bestandteil seines Know-how. Ein blutiger Anfänger hat sie noch nicht, kann sie gar nicht haben. Damit sich junge Nachwuchskräfte richtig entwickeln, müssen sie deshalb ständig von erfahrenen Projektleitern geleitet werden, die ihnen sagen, wo es langgeht. Sonst verlieren sie sich und leiden, obwohl sie sich hundertprozentig einsetzen. Nur Druck zu machen à la Haddock hilft da gar nichts.

DEFIZIT UMSETZUNG

Eines wurde mir außerdem ganz schnell deutlich. Große wie kleine Organisationen, auch solche mit sehr klangvollen Namen, kochen nur mit Wasser. Überall sind Menschen unterwegs, machen Fehler, sind eigennützig, nicht engagiert, festgefahren oder oft durch Verhältnisse und Konstellationen blockiert.

Deshalb gibt es für eine externe Beratung fast immer sinnvolle Ansatzpunkte, die aber nur dann zu messbaren Ergebnissen führen, wenn das jeweilige Beraterteam wirklich etwas von der Sache versteht und wenn der Auftraggeber nachher auch willens und in der Lage ist, die Empfehlungen tatsächlich umzusetzen. Beides ist häufig nicht der Fall. Die Vergabe strategischer Beratungsprojekte hat oft politische Hintergründe. Sie sollen das Management absichern oder Meinungen und Entscheidungen rechtfertigen. In solchen Fällen landen die teuren Projektergebnisse, die in mehrhundertseitigen, hochglänzenden Präsentationsbänden zusammengefasst werden, häufig in irgendwelchen Schubladen und harren dort vergeblich ihrer Realisierung.

Heute empfinde ich diese Schwäche bei der Umsetzbarkeit theoretischen Wissens als ein großes Handicap der Beratungstätigkeit. Sie erinnert an den Witz mit dem Schäfer, der bei seiner Herde steht. Ein großer Geländewagen hält an. Ein dynamischer Mensch im Anzug springt heraus und fragt ihn, ob er ein Schaf bekommt, wenn er ihm sagt, wie viele Schafe er hat. Der Schäfer nickt. Der Mann holt Notebook und Satellitenantenne aus dem Wagen, stellt ein paar Berechnungen an und nennt die genaue Zahl von 246 Schafen. Nachdem er seine Utensilien samt dem gewonnenen Schaf wieder eingeladen hat, fragt ihn der Schäfer, ob er sein Schaf zurückbekommt, wenn er den Beruf des Fremden errät. Er nickt. »Sie sind Unternehmensberater«, sagt der Schäfer. Dieser bestätigt widerwillig und will wissen, wie der Schäfer darauf gekommen ist. Worauf der antwortet: »Ganz einfach. Sie sind zu mir gekommen, obwohl Sie niemand gerufen hat. Sie haben mir Dinge erzählt, die ich schon wusste. Und jetzt hätte ich gerne meinen Hund zurück.« Die meisten Berater werden Hunde und Schafe auseinanderhalten können, aber, wie so oft, liegt auch in diesem Witz ein Fünkchen Wahrheit.

Das Problem besteht nicht darin, die richtigen Lösungen für das Unternehmen zu finden. Häufig liegen die Dinge sogar ziemlich klar auf der Hand. Aber die Definition einer konkreten Problemlösung bedeutet noch lange nicht, dass sich danach auch etwas ändert. In meiner Beraterzeit habe ich – damals wie heute – eine Vielzahl von Projekten und Konstellationen erlebt, in denen Berater und Experten sehr präzise Empfehlungen gegeben haben, deren sich allerdings danach niemand angenommen hat. Manchmal entsprachen die Lösungsvorschläge nicht den persönlichen Interessen der Auftraggeber, manchmal behinderten die Verhältnisse notwendige Veränderungen.

Nur weil Unternehmer oder Geschäftsführer die Sache alleine nicht hinbekommen und deshalb einen Berater engagieren, folgen sie, wenn die Ergebnisse vorliegen, noch lange nicht dessen Empfehlungen – trotz des vielen Geldes, das sie dieses Engagement gekostet hat. Meist steht das Ego im Weg oder die lieb gewordenen Gewohnheiten. Häufig stinkt der Fisch vom Kopf. Und der sucht die Ursachen natürlich lieber bei anderen, als sich selbst infrage zu stellen. Jeder langjährige Berater kann Bände mit solchen Erfahrungen füllen. Einem Berufsanfänger wie mir war das damals natürlich noch nicht klar.

ERSTE BERATUNGSPROJEKTE IN DER EHEMALIGEN DDR

Kurz nach meinem Eintritt in die Firma Roland Berger machten sich die Druckwellen des Wiedervereinigungsbebens massiv bemerkbar. Die ersten Unternehmen aus den neuen Bundesländern – meistens schon recht verzweifelt, in jedem Falle aber Rat und Hilfe suchend – klopften an und platzierten Projektaufträge. Wo die VEB-Direktoren, die Chefs der ehemals »volkseigenen Betriebe«, nicht von selbst auf uns kamen, half das exzellente politische Netzwerk unseres in Bonn und Berlin bestens vernetzten Firmengründers und Namensgebers Roland Berger, Türen zu öffnen und Aufträge an Land zu ziehen. Ich hatte mich sehr auf die klangvollen Markenprojekte gefreut, die da kommen sollten. Aber nun standen unverhofft ganz andere, weniger appetitliche Themen auf der Tagesordnung: Unternehmen, denen nur wenig zuzutrauen war, von denen man nichts lernen konnte, die keinerlei Begeisterung erzeugten und für die eigenen Berater-Referenzen gänzlich untauglich waren. Niemand riss sich darum, hier mitzuwirken.

Zum Projektstart bei der Beratung solcher ehemaliger DDR-Unternehmen bekamen wir zunächst Mappen und Ordner zugesandt, die dazu geeignet waren, auf Anhieb tiefstes Misstrauen zu erzeugen. Der

Inhalt bestand aus vielen vergilbten, muffig riechenden Blättern voller Tabellen, Listen und Beschreibungen, mit denen keiner etwas anfangen konnte. Begriffe und Formulierungen verbanden sich mit den Tabellen, bei denen eine völlig ungewohnte Terminologie verwendet wurde, zu einem Datenbrei, der nicht die geringste Schlussfolgerung über den tatsächlichen wirtschaftlichen Zustand der Unternehmen zuließ. Nächtelang durchforstete ich mit meiner Teamchefin solche »Sanierungskonzepte« auf der Suche nach irgendetwas Verwertbarem, das sich mit unseren betriebswirtschaftlichen Analysemethoden in Einklang bringen ließ.

Danach folgten die Besichtigungen der Unternehmen vor Ort. Der Junior im Team hatte die ehrenvolle Aufgabe, diese Ortstermine wahrzunehmen. Ziel war es, die handelnden Personen kennenzulernen, einen Eindruck von der Substanz vor Ort zu gewinnen und den Versuch zu unternehmen, verwertbare Informationen zu finden bzw. einzufordern. Für mich bedeuteten die Ortstermine meist, von München nach Berlin zu fliegen, dort einen Mietwagen in Empfang zu nehmen und dann einige Hundert Kilometer in die Pampa zu fahren, als die man die Ex-DDR-Landschaften damals empfinden musste.

Als gute Firmenkunden bekamen wir bei den Mietwagen fast immer ein Upgrade. Denn in Berlin war die Flughafenstation dem Kundenansturm in keiner Weise gewachsen. Das hieß, anstelle der telefonisch gebuchten kostengünstigen Fahrzeugklasse bekam man ein Auto, das ein oder zwei Kategorien darüberlag. Zum gleichen Preis, versteht sich. Das konnte schon mal ein 7er BMW oder eine Mercedes S-Klasse sein. Eigentlich waren wir diesbezüglich zur Zurückhaltung angewiesen. Aber was sollte man machen. Außerdem gönnte man sich den Luxus ganz gern. Zumal man auf moderne Kommunikationsmittel (keine Handys, keine Laptops, keine Navigationssysteme – wie ging das eigentlich?) noch komplett verzichten musste.

Die Natur z. B. in den unberührten Landstrichen in Mecklenburg-Vorpommern war wunderschön. Weite, teils unberührte Landschaften mit kilometerlangen baumbestandenen Alleen. Alles andere empfand ich als schrecklich. Mit dem Verlassen der westlichen Welt schien die Farbe aus dem Leben zu weichen. Die Städte waren gräulich-braun, überall baufällige Häuser. Die Luft stank nach Braunkohle und dem verbrannten Öl aus den Auspuffen der Zweitakter-Motoren. Wenn man die Region Bitterfeld passierte, wo die chemische Industrie angesiedelt war, bekam man keinen blauen Himmel mehr zu sehen und schloss die Fenster, weil man die Luft da draußen nicht einatmen wollte. Die Straßen waren in einem teils erbärmlichen Zustand. Tiefe Schlaglöcher, unbefestigte Randstreifen, funzelige Straßenbeleuchtung, mangelhafte Verkehrsführung. Im Winter wurde weder geräumt noch gestreut. Überlandtouren konnten da zu einer Art Nordpol-Expeditionen werden und waren gemeingefährlich, da die tollen Mietwagen meist keine Winterreifen hatten.

Man kann sich gar nicht mehr vorstellen, wie die Infrastruktur und die Stadtbilder der Ex-DDR damals aussahen. Heute kann man solche Bilder vielleicht noch im Fernsehen sehen, wenn über Weißrussland oder die Ukraine berichtet wird. Aus unserem Leben ist diese Art von Trostlosigkeit verschwunden. Ich bin sicher, auch die Menschen in den neuen Bundesländern haben das längst vergessen. Selbst die kleinsten Ortschaften sind inzwischen herausgeputzt. Daran kann man am besten erkennen, was im Osten in den vergangenen Jahrzehnten entstanden ist. Und natürlich auch, wo die vielen Milliarden des Aufbaus Ost hin geflossen sind.

Damals war der Eindruck beklemmend. Auch bei den Firmen, die wir besuchten. Schon bei der Einfahrt und am Empfang. Die Gebäude waren meistens in einem erbärmlichen Zustand. Entweder handelte es sich um völlig überdimensionierte, aber marode Fabrikgebäude, die noch von früherem Glanz zeugten. Oder es waren ebenerdige Baracken simpelster Bauart mit Flachdach und Linoleumboden. Ganz im Stil der Datscha-Siedlungen, die die DDR-Bevölkerung zur kollektiven Freizeitgestaltung unterhielt. Vereinzelt gab es auch moderne Verwaltungsgebäude aus den 70er- und 80er-Jahren im typischen DDR-Stil. Die Existenz solcher Gebäude war ein sicheres Erkennungszeichen für eine höhere Bedeutung im Planwirtschaftssystem. Hier hatten früher die Bonzen gesessen, die Kombinats- und VEB-Direktoren.

Das Herzstück der Verwaltung war immer das Büro des Direktors mit seiner stereotypen Möblierung. Schreibtisch und Besprechungstisch wurden nicht getrennt. Im real existierenden Sozialismus saß der Chef nämlich nicht alleine. Sein Arbeitsplatz sollte keinesfalls eine herausgehobene Stellung signalisieren. So etwas gab es offiziell nicht. Vielmehr schloss sich an den Schreibtisch T-förmig der etwas niedrigere Besprechungstisch mit meistens vier Stühlen an. So konnte man sich genossenschaftlich ganz nah sein. Faktisch führte das zu einer gelinde gesagt »unglücklichen« Gesprächssituation. Diese Sitzordnung war bestens dazu geeignet, jede Team-Atmosphäre von vornherein zu unterbinden. Zwar hatten die Direktoren ihre frühere Stellung jetzt verloren, aber man konnte immer noch fühlen, wie das gewesen sein musste für die Mitarbeiter in der DDR-Wirtschaft. Man war platziert wie der Schreiber im Gerichtssaal. Es war zu eng. Man saß sich nicht gegenüber, sondern man musste sich immer zur Seite drehen, wenn man den Chef ansehen wollte. Der hatte faktisch mit seinem Schreibtisch dazwischen und seinem höheren Stuhl bei gleichzeitiger Nähe eine deutlich fühlbare Distanz und Sonderstellung. Zumal man im Hintergrund die offiziellen Urkunden und Plaketten sehen konnte, mit denen jede Führungskraft des Arbeiter- und Bauernstaates in regelmäßigen Abständen geehrt wurde, um seine Verdienste und die des Kollektivs auf gebührende und für alle sichtbare Weise zu dokumentieren. Wenn man sonst nichts zu bieten hat, verteilt man bekanntlich gerne Orden.

Die Beurteilung der Firmen war unter diesen Umständen sehr schwierig. Man wusste natürlich sofort, dass das nicht Westniveau war. Aber das war nicht die Frage. Die lautete vielmehr: War daraus noch etwas zu machen? Und wenn ja, was? Mit wie viel Geld? Und wie lang dauerte es, eine Firma auf Westniveau zu bringen? Aus heutiger Sicht scheint die Sache klar, weil die Fakten nachträglich gar keine andere Beurteilung zulassen. Aber damals durfte man an die Themen nicht herangehen, indem man vorverurteilte.

Wenn die Symptome eindeutig sind, dann ist eine ärztliche Diagnose verhältnismäßig einfach. Was aber, wenn der Patient selbst eine ungewohnte Anatomie und Psyche besitzt? Was ist dann gesund und wo beginnt die Krankheit? Schon der äußere Anschein zeugte von erheblich eingeschränkter Wettbewerbsfähigkeit. Aber so einfach durfte man es sich nicht machen. Jeder, der schon mal in China war, weiß, dass auch dortige Unternehmen nicht nach Äußerlichkeiten beurteilt werden sollten, weil sie, obwohl schlechte Selbstdarsteller, außerordentlich leistungsfähig sein können. Andersartigkeit, Ungewohntheit und schäbiges Äußeres durften nicht den Ausschlag geben. Also musste es bei der Beurteilung um substanzielle Dinge gehen, wie Maschinenausstattung, Management und Produkte.

Dabei waren Urteilsfähigkeit und Fantasie gefragt. Nicht verwertbarer Schrott und zeitgemäße Produkte wurden teilweise auf den gleichen Maschinen gefertigt. Oder umgekehrt: In manchen Fällen reichten zusätzliche Veredelungsschritte auf bestimmten (ohne große Investitionen) zu beschaffenden Spezialmaschinen aus, um aus einem Durchschnittsprodukt etwas Besonderes zu machen.

Solche Möglichkeiten gab es insbesondere in der Leichtindustrie, die nicht sehr kapitalintensiv ist, bei jedem zweiten Unternehmen. Nur war es nicht die Aufgabe des Beraters, und unmöglich flächendeckend umzusetzen, sich für jeden maroden Betrieb eine neue Idee oder Spezifikation auszudenken. Genau das wäre jeweils die Sache eines Unternehmers gewesen, den man in den meisten Fällen jedoch verzweifelt suchen musste.

OBERBEKLEIDUNGS-HOLDING IN BERLIN

Der erste Fall war eine neu geschaffene Holding für Oberbekleidungs-Unternehmen in Berlin. Sie war der Rechtsnachfolger eines früheren Kombinats mit dem wunderbaren Namen VEB Herrenbekleidung Fortschritt und hieß nun Berliner Confektion. Man meinte, damit einen moderneren und zeitgemäßen Namen für die weitere Zukunft in der Mode-Branche gefunden zu haben. Sieben Unternehmen gehörten dazu, alle in Berlin und nördlicher Umgebung gelegen. Mit dieser 1990 gegründeten Aktiengesellschaft hatte der frühere VEB-Chef versucht, sich seine ganz persönliche Fahrkarte in den Kapitalismus zu lösen. Er war inzwischen Alleinvorstand, für ein ehemaliges SED-Mitglied eine sehr ordentliche Wende-Karriere. Außerdem war er gewitzt, gefährlich und perfekt vernetzt.

Mit den Unternehmen der Holding befanden wir uns in der Konsumgüterbranche. Irgendeine Art von Wettbewerbsfähigkeit war bei den Produkten nicht zu erkennen. Die Firma Nord-Dress in Altentreptow bei Neubrandenburg etwa hatte früher die Kombinats-Anzüge für den SW-Export produziert. SW bedeutete sozialistischer Wirtschaftsraum, also vorwiegend Russland. Die Anzüge waren aus einem Material, das Kartoffelsäcken ähnlich war, und standen, auch ohne dass jemand darin steckte. Mit diesen Anzügen hatte die Geschäftsführung ein neues mehrstöckiges Hochregallager mit modernster Hängeversandtechnik bis unter die Decke vollgestopft. Sie war sehr stolz darauf, aber die Ware war völlig unverkäuflich. Das wurde im Lauf unseres dreimonatigen Projektes mit aller Deutlichkeit klar. Dann geschah etwas Dramatisches: Das ganze neue Hochregallager mitsamt Füllung brannte aus. Alle bisherigen Sanierungsbemühungen waren mit einem Schlag zunichte gemacht. Aber wenigstens war alles versichert, wie man uns mit einem Augenzwinkern sagte. Wir dachten damals nur eines: heiß saniert. Ob es wirklich ein Unglücksfall war oder ob da jemand nachgeholfen hatte – ich weiß es nicht. Jedenfalls brauchte man sich über Nord-Dress keine weiteren Gedanken mehr zu machen.

So oder so war klar: Die aktuellen Produkte der meisten Firmen der Holding brauchte niemand mehr. Sie waren nirgendwo mehr absetzbar. Wir fassten unsere Erkenntnisse und Schlussfolgerungen für eine Zwischenpräsentation zusammen. Darin stand, dass man die Holding auflösen, die Immobilien verkaufen und das Bekleidungsgeschäft irgendwo in zwei bis drei kleinen, schlanken Einheiten zusammenfassen sollte, die sich dann jeweils auf bestimmte Produktbereiche spezialisieren sollten. Ich hatte für diese Zwischenpräsentation zwei Tage und Nächte durchgearbeitet, obwohl ich mir beim Joggen den Mittelfußknochen gebrochen hatte. Während der Präsentation nickte ich dann auch zwei oder drei Mal für Augenblicke ein. Das Ende des Meetings riss mich allerdings jäh aus meinen Erschöpfungsnickerchen. Das Gespräch lief anders als erwartet. Wir hatten es nicht mit einem Lämmchen, sondern mit einem ausgewachsenen Wolf zu tun, einem gewieften und mit allen Wassern gewaschenen Parteifunktionär, für den solche Gefechte längst geübte Praxis waren und der sich auch in der Wahl der Waffen bestens auskannte. »Es kann nicht sein, dass das Ergebnis dieses Projektes ist, dass die Unternehmen keine Zukunft haben«, sagte er. »Das wussten wir schon vorher. Dafür brauchten wir die Firma Roland Berger nicht und für diese Erkenntnis hätten wir auch kein Geld ausgeben dürfen!« Womit er ja nicht mal unrecht hatte. Naiv, wie wir waren, hatten wir Klartext gesprochen, aber die politische Dimension dieses Projektes nicht im Blick gehabt.

Es kam auch ein kleiner Nebensatz: Ein solches Projektergebnis werde sicher auch in der Öffentlichkeit auf Interesse stoßen. Das trieb vor allem Kapitän Haddock sogleich die Schweißperlen auf die Stirn. Negative Schlagzeilen bei einem politisch so brisanten Thema hätten zukünftige Erfolge auf dem Akquisitionsfeld Ost erheblich gefährdet. Das hätte bei der nächsten Partnersitzung richtig Ärger gegeben. Also wurde der Bericht modifiziert.

Dass es nicht rosig aussah um die Zukunft der Unternehmen und eigentlich auch die Holding überhaupt keinen Sinn machte, sondern nur nutzlosen Mehraufwand erzeugte, war klar. Daran konnte man nicht deuteln. Andererseits gab es schon so viele Unternehmen im Markt, dass ein paar weitere auch noch einen Platz finden konnten. Zumal in Berlin, das früher eine Textilstadt gewesen war. Schließlich gab es dort mit der »Berliner Durchreise« sogar die älteste Modemesse der Welt. Und das Unternehmen hatte einiges an Tafelsilber in der Bilanz, nämlich reichlich Immobilienbesitz im zentrumsnahen Stadtteil Lichtenberg. Also sollte man ihm doch eine Chance geben – die es dann mit unserem Zertifikat auch bekam. Nichts anderes hatte der Vorstandschef mit der Beauftragung bezweckt. Konzept sozusagen von oberster Instanz bestätigt. Für diesen Auftrag gab es keine Lösung, die unseren sachlichen Überzeugungen entsprochen hätte.

Einige Immobilienhaie haben kurz darauf den Wert der Berliner Immobilien erkannt und im Vorstandschef vermutlich einen willigen Partner für ihre Geschäfte gefunden. Die Nicht-Berliner Betriebe mit vielen Hundert Beschäftigten wurden kurzerhand liquidiert und nur der Kernbetrieb wurde noch eine Zeit lang mitgeschleppt, bevor auch der 1997 in die Insolvenz geschickt wurde. Das hätte man gleich haben können. Nur dass in diesem Fall die Millionen, die zwischendurch in die Sanierung geflossen sind, gespart worden wären.

LANDMASCHINENGROSSHANDEL IN LEIPZIG

Mein nächstes Projekt hatte wenig mit meinem Schwerpunkt Consumer Products zu tun. Aber ein anderer Partnerbereich hatte Bedarf für die Teambesetzung und ich war gerade frei. Man kann sich die Projekte nicht aussuchen im Beratungsgeschäft. Ein Landmaschinengroßhandel in der Nähe von Leipzig, ähnlich der BayWa im Süden der alten Bundesländer, hatte zu einem Landmaschinenkombinat gehört, das ebenfalls auf den schönen Namen »Fortschritt« hörte. Dort war seit 1978 der gesamte Landmaschinenbau und -handel der DDR zusammengefasst. Das ausgegliederte Geschäftsfeld Landmaschinenhandel machte durchaus Sinn. Allerdings hatte sich die Kundenstruktur völlig verändert. Die früheren LPGs (Landwirtschaftliche Produktionsgenossenschaften) waren weitgehend aufgelöst. Man musste neue Kunden finden.

Der Geschäftsführer hatte einen großen Traum von dem Hafen in der Westwirtschaft, in dem er vor Anker gehen wollte. Er wollte sein Unternehmen nämlich an KHD Klöckner-Humboldt-Deutz verkaufen, eines der Schwergewichte dieser Branche. Das wäre in der Tat eine elegante Lösung gewesen. Wir hatten allerdings erhebliche Zweifel, dass KHD interessiert sein könnte, wir sahen für den Konzern keine wirklichen Vorteile in einem solchen Geschäft. Doch kritische Kommentare wollte der Geschäftsführer nicht hören. Je mehr wir das Vorhaben als aussichtslos beurteilten, umso mehr verbiss er sich darin. Unsere immer wiederkehrende Frage war: »Welche Argumente haben Sie denn, um KHD zu überzeugen? Was sagen Sie zum KHD-Vorstand, wenn Sie ihm gegenübersitzen?« Die Antwort des Sachsen begann immer ähnlich: »Nu, da sach isch zu dem: Nu pass mal uff …«

Der Umgangston war insgesamt eher burschikos, und an den sächsischen und thüringischen Dialekt mussten wir uns auch erst gewöhnen. Eines Tages besuchte ich einen Betrieb im Leipziger Raum und wurde dringend vom Münchner Büro von Roland Berger gesucht. Eine clevere Münchner Sekretärin hatte die Telefonnummer der sächsischen Firma ausfindig gemacht und in deren Zentrale angerufen. Wer zu der Zeit in den Osten telefonierte, musste viel Geduld mitbringen. Oft waren die Leitungen tot oder brachen plötzlich zusammen. Die Verbindungsqualität war schlecht. Es hörte sich an, als würde man mit dem anderen Ende der Welt telefonieren.

Die Dame bekam einen Mitarbeiter ans Telefon, der weder von mir, noch von meinem Aufenthalt, unserem Projekt und schon gar nicht von meiner Firma etwas wusste. Der arme Kerl wurde nun auf die Suche nach einem Roland-Berger-Mitarbeiter geschickt, den er nirgends finden konnte. Als er schließlich die Tür zu unserem Besprechungsraum öffnete und endlich einen Fremden sah, fragte er mit verzweifelter Miene: »Is hier eener vom Roland und Berger Beratungs-Kollektiv?« Das wurde zum geflügelten Wort bei späteren Firmenmeetings.

GESAMTE SCHUHINDUSTRIE

In der DDR hatte es einige Industrieministerien gegeben. Darunter auch eines für die Leichtindustrie, das für verschiedene Konsumgüterbranchen zuständig gewesen war. Es wurde 1990 dem Wirtschaftsministerium eingegliedert. Man wusste dort um die existenziellen Probleme, die auf diese ganze Branche angesichts steigender Lohnkosten und nicht konkurrenzfähiger Produkte zukamen. Und man suchte (planwirtschaftlich, wie denn sonst) nach einem ganzheitlichen Konzept. So bekamen wir den Auftrag, uns über die Zukunftsfähigkeit der Schuhindustrie im Ganzen Gedanken zu machen und die Betriebe zu identifizieren, die Zukunftschancen besaßen. Es war ein Angebot, dass man – frei nach Vito Corleone im ›Paten‹ – nicht ablehnen konnte, obwohl allen Beteiligten von vornherein klar war, wie wenig aussichtsreich das Unterfangen war. Projektleiter wurde mein Kollege und Freund Holger.

Holger war und ist ein brillanter Analytiker. Normalerweise findet er in jedem Unternehmen mit sicherem Blick die guten und die schlechten Aspekte heraus. Aber was macht man, wenn es keine guten Aspekte gibt? Holger stürzte sich und uns in die Tiefenanalyse. Und je ausführlicher wir uns mit Stärken und Schwächen, mit Chancen und

Risiken auseinandersetzten, umso aussichtsloser schien die Situation. Ich erinnere mich noch an einen späten Abend im Münchner Büro, wo das ganze Team nach stundenlangen Diskussionen ermattet dasaß und Holger die Stimmung zusammenfasste mit der lapidaren Feststellung: »Die sind alle tot!«

Aber so viel hatten wir ja schon gelernt, dass das eben nicht das Ergebnis sein konnte. Also analysierten wir die Situation dieser Branche, die aus sehr unterschiedlichen Unternehmen bestand, noch einmal aufs Neue. Es gab Spezialisten für Herren-, Damen- und Kinderschuhe, für Arbeits-, Freizeit- und Hausschuhe. Höherwertige Herrenschuh-Hersteller, die rahmengenähte Fertigung beherrschten. War das nicht doch etwas für das Premium-Segment? Kinder- und Hausschuh-Hersteller mit Sohlen-Anspritztechnik hatten mit Sicherheit keine Chance mehr, denn deren Wettbewerber kamen längst aus Fernost. Und so weiter und so fort. Jeder dieser Firmen mussten wir natürlich einen Ortsbesuch abstatten. Einer unserer Praktikanten hatte dafür eine Landkarte der neuen Bundesländer mit farbigen Fähnchen gespickt, in meiner Erinnerung zwischen 30 und 50.

Eines Tages hatte ich einen Termin bei einem Kinderschuh-Hersteller im kleinen Ort Hartha vorzubereiten. Für die Reiseplanung suchte ich das richtige Fähnchen und fand es im Tharandter Wald, dem obersten Teil des Erzgebirges, nahe der tschechischen Grenze. Schlecht erreichbar, in einiger Entfernung von der nächsten Autobahn. Da wusste ich, ich konnte nicht am gleichen Tag anreisen. Dafür war die Strecke von München aus zu lang und die Straßen waren zu schlecht.

Also fuhr ich am Vorabend nach Bad Steben im bayerischen Vogtland. Das kleine Kurbad hatte in der Beraterzunft bereits einige Berühmtheit erlangt. Denn es war die letzte Bastion westlicher Lebensart vor der ehemaligen Zonengrenze, kurz vor Hof. Irgendjemand war (in weiser Voraussicht?) auf die glorreiche Idee gekommen, hier ein relativ großes Relax-Hotel hinzusetzen. Vor diesem Hotel reihte sich Abend für Abend eine Kolonne von dunklen Leihwagen auf. Hier konnte man noch mal ordentlich essen und in einem richtigen Bett schlafen, bevor man sich am nächsten Morgen in aller Herrgottsfrühe in seinem grauen Anzug hinter das Steuer klemmte, um sich in das »Abenteuer Wildnis« zu stürzen. Manche Kollegen hatten Satellitentelefone dabei, um nicht ganz von der Welt abgeschnitten zu sein, denn telefonieren konnte man ab der Grenze nicht mehr, weder mobil (gab's noch nicht) noch öffentlich (gab's in der DDR auch so gut wie nicht). Meine Anreise funktionierte völlig planmäßig. Um sechs Uhr morgens war ich in Bad Steben aufgebrochen zu meinem Termin um zehn Uhr. Um neun Uhr dreißig fuhr ich am Ortsschild Hartha vorbei. Ein kleiner Ort, mitten im Wald. Es sah gar nicht nach Industrie aus. Ich suchte die Schuhfabrik oder wenigstens die Straße, in der sie liegen sollte (Navigationssysteme gab es eben auch noch nicht). Fünfzehn Minuten suchte ich das Städtchen ab, dann wurde ich langsam nervös. Keine Spur von einer Schuhfabrik. Ich fragte einen Passanten. »Schuhfabrik?« Kopfschütteln. Keine Schuhfabrik. »Aber hier ist doch Hartha, und da muss es eine Schuhfabrik geben?« Kopfschütteln. Schließlich dämmerte es ihm und er fragte: »Welsches Harda meenen Se denn? Es gibt fünf Harda in der ehemalschen DDR!« Na bravo. Ich studierte fieberhaft noch einmal die Karte und fand endlich das wahrscheinlich richtige Hartha in der Nähe von Leipzig. Ca. 60 Kilometer entfernt. Mindestens eineinhalb Stunden Fahrzeit. Ein schnelles Danke und weiter.

Wir Wessi-Berater müssen auf die Menschen im Osten damals wie Außerirdische gewirkt haben, die in ihr Leben einbrachen. Im DDR–Alltag ereignete sich tagein, tagaus relativ wenig. Diejenigen, die etwas zu sagen hatten oder tun durften, wurden angekündigt. Oder sie waren in irgendeiner Weise autorisiert durch eine Uniform oder eine Eskorte. Dadurch wusste man, dass sie wirklich wichtig waren. Oder dass man zumindest ihren Anordnungen Folge zu leisten hatte. Alles ging seinen vorgegebenen Gang. Alles war reglementiert. Was nicht reglementiert war, war nichts Gescheites. Und nun kamen wir daher. Einfach so. Wir fuhren in schicken Autos, hatten einen schneidigen Auftritt und ein noch schneidigeres Äußeres, tauchten aus dem Nichts auf, stellten Fragen und Ansprüche und wollten ständig irgendetwas. Und das immer ganz direkt, mit Vehemenz und grundsätzlich immer ganz schnell. Das war unheimlich. Es hatte etwas Anarchisches und konnte nichts Gutes bedeuten. In diesem Sinne schaute mir auch der hilfsbereite Harthaer hinterher.

Ich verfluchte derweil unseren Praktikanten und überlegte, mit welcher Geschichte ich meine Verspätung erklären könnte, wenn ich im richtigen Hartha ankam. Eineinhalb Stunden Verspätung waren zu viel für einen Stau. Vielleicht eine Panne? Sehr glaubwürdig. Wenigstens, dachte ich, würde mein Kollege pünktlich sein. Der kam nämlich aus Berlin und konnte bestimmt nicht so leichtgläubig wie ich dem Fähnchen aufgesessen sein.

Dann hatte ich die Idee anzurufen. Ich hielt am nächsten Postamt, parkte im Parkverbot und stürmte mit wehendem Mantel in das Gebäude. Drinnen ein einziges Telefon und davor ein Schlange von 15 Leuten. Ich schaute sie fragend an und sie schauten zurück mit der wortlosen Botschaft: Hinten anstellen. Ich wartete ein bisschen, sagte mir aber bei der Beobachtung der Fortschritte, die die anderen machten, dass das Warten Zeitverschwendung war. Also rannte ich wieder raus aus der Post und zum Auto. Ich bin sicher, dass meinem Abgang verständnisloses Kopfschütteln folgte.

Zwei Stunden später kam ich im richtigen Hartha an und traute meinen Augen nicht, als ich just in dem Moment meinen Kollegen den Parkplatz in Richtung Empfang verlassen sah. »Michael«, rief ich ihm hinterher, »bist du etwa gerade erst angekommen? Ich hoffte, du wärst längst da!« Darauf er: » Du kannst dir nicht vorstellen, was mir passiert ist. Ich war doch tatsächlich im falschen Hartha ...«

Nachdem ich einige Monate mit NBL-Projekten, wie wir das nannten, verbracht hatte, hatte ich genug. Ich nahm mir vor, die laufenden Projekte noch sauber zu Ende zu bringen. Und dann wollte ich beim Jahresgespräch meine Vorstellungen geltend machen und sagen, wo ich mir meine zukünftigen Schwerpunkte wünschte.

Doch es sollte anders kommen.

TREUHAND-PRÜFER

1991

VON MÜNCHEN NACH BERLIN

Anfang 1991 wurde ich in München zu Kapitän Haddock zitiert. Ich ahnte, es ging um das bewusste Jahresgespräch. Ging es auch. Allerdings kam ich gar nicht dazu, meine Wunschvorstellungen zu artikulieren. Denn er überrumpelte mich alsbald mit der Mitteilung, mein nächstes Projekt hieße nun Treuhandanstalt Berlin. Mitarbeit im Direktorat U1U, Prüfung Unternehmenskonzepte, also dem Prüfungsteam, das für den Leitungsausschuss die Vorlagen für die Kategorisierung der Treuhand-Unternehmen durchführte.

Ich war entsetzt. Der Sinn stand mir definitiv nach gefälligeren, repräsentativeren Projekten. Ich hatte auf internationale Aufgaben gehofft und sogar mit einem Auslandsaufenthalt geliebäugelt. Und jetzt: Zwangsversetzung neue Bundesländer! Für meine auf Renommee und klangvolle Namen bedachte Beraterseele klang das ziemlich trist und eher nach einem karriereschädlichen Nebenkriegsschauplatz. Außerdem erwartete ich erheblichen Schaden für meine Lebensqualität. Einspruch war aber nicht möglich. Der ungeduldig und entschieden vorgebrachten Argumentation Haddocks »Company first, client second, self third« war wenig entgegenzusetzen. Mit einigem Widerwillen, auf das Schlimmste gefasst und vom Mitleid meiner Kollegen begleitet, begab ich mich an meinen neuen Arbeitsplatz.

Doch als ich in Berlin ankam, kippte meine Stimmung völlig unerwartet ins Gegenteil. Ich war total begeistert, denn ich fand die Stadt sensationell. Voller Dynamik, voller Konflikte. Einerseits Ruinen, Baulücken und die Relikte der DDR. Andererseits eine einzigartige Aufbruchsstimmung, verbunden mit einer echten Szene, die an das New York der 80er-Jahre erinnerte. Überall neue Unternehmungen und Projekte. Musikclubs in Hinterhöfen. Nicht zu vergleichen mit dem gesettelten und gleichzeitig leicht provinziellen, manchmal etwas trägen München.

Bei unserem Team handelte es sich um einen bunt zusammengewürfelten Haufen von Mitarbeitern verschiedener Beratungsgesellschaften. Roland Berger, Arthur Andersen, KPMG und viele andere. Die üblichen Verdächtigen. Die nach Berlin Entsandten waren ganz überwiegend junge Hüpfer (wie ich damals ja auch). Darunter verschrobene Gesellen, die sich mit bestimmten kaufmännischen Spezialgebieten sehr gut auskannten, aber offensichtlich keine Lebensartspezialisten waren. In der gebotenen Schnelligkeit qualifizierten Nachwuchs zu finden war für alle Beratungsgesellschaften ein Problem.

Es waren auch ein paar Senior-Experten aus der Praxis dabei. Hier gab es ebenfalls sehr unterschiedliche Charaktere. Einer davon, schon fast sechzig, war ein sehr honoriger Ex-Vorstand eines großen Versandhandelsunternehmens mit genauso viel Persönlichkeit wie Sachverstand. Er rief bei jedem Gespräch Achtung hervor durch seine Kompetenz und Ausstrahlung. Ein anderer, Anfang fünfzig, war eher ein Unikum. Zwar hatte er einige führende Positionen in der Bekleidungsindustrie innegehabt, unter anderem als Vorstandsmitglied des Branchenführers Unterwäsche und Geschäftsleitungsmitglied einer großen Gruppe für Damenoberbekleidung. Dennoch agierte er immer etwas unglücklich. Insbesondere hatte er ein gespaltenes Verhältnis zu Zahlen, was ihm in der Projektarbeit ständig Streiche spielte. Je detaillierter die Fragestellungen wurden, umso häufiger konnte er sich in der Bewertung von Aspekten und Zusammenhängen verheddern. Das war dann an auffälligem, wiederholtem Räuspern zu erkennen. Aber wir hatten keine Zeit, uns über solche Dinge groß Gedanken zu machen. Berge von Arbeit lagen vor uns. Jeden Tag kamen neue Sanierungskonzepte auf den Tisch, die gesichtet und bearbeitet werden mussten. Und es gab etwas, das die ganze Truppe verband: Das Bewusstsein, hier eine historische Aufgabe für Deutschland zu übernehmen. Eine Art von Idealismus entwickelte sich.

RAHMENBEDINGUNGEN

Die am 1. März 1990 gegründete »Anstalt zur treuhänderischen Verwaltung des Volkseigentums«, kurz Treuhand, hatte am 1. Juli 1990 sage und schreibe ca. 8000 frühere volkseigene Betriebe mit ca. vier Millionen Beschäftigten übernommen. Sie war damals wohl die größte Unternehmensholding der Welt. Sie bekam im eigens verabschiedeten Treuhandgesetz vom Parlament drei Aufgaben: (1) die Privatisierung der Unternehmen, (2) die Sicherung von deren Effizienz und Wettbewerbsfähigkeit sowie (3) die Stilllegung und Verwertung von nicht sanierungsfähigen Unternehmen und Unternehmensteilen. Dabei ging man zunächst noch davon aus, dass mit der Privatisierung der DDR-Wirtschaft ein Geschäft zu machen wäre. Das Treuhandvermögen wurde von der Treuhandleitung anfänglich auf ca. 600 Mrd. DM geschätzt. So rosig stellte man sich das damals vor.

Die Realität sah anders aus. Die Einführung der D-Mark und der Umbau der Planwirtschaft zu marktwirtschaftlichen Strukturen waren gleichbedeutend mit dem Niedergang der DDR-Volkswirtschaft. Die meisten Industrieanlagen waren unter den neuen Wettbewerbsbedingungen wertlos geworden. Und schon 1992, als die DM-Eröffnungsbilanz vorlag, war klar, dass zwischen dem notwendigen Veräußerungs- und Sanierungsaufwand und dem Wert der Treuhandunternehmen eine Lücke von mindestens 250 Mrd. DM klaffte. Schnell wurde es für die Treuhandanstalt zu einer so nicht geplanten Aufgabe, unrentable Betriebe zur Bewertung, Veräußerung, Sanierung oder Stilllegung zunächst einmal vorzuhalten. Massenentlassungen sollten so weit möglich vermieden werden. Dennoch mussten in den Jahren 1990-94 insgesamt fast drei Millionen Beschäftigte von Treuhandunternehmen und privatisierten Ex-Treuhandunternehmen freigesetzt werden. Das entsprach einer Reduktion der Gesamtbeschäftigung der früheren DDR-Wirtschaft von über 70 Prozent.

Die Bedürfnisse der Ex-DDR-Bürger waren groß und leicht zu identifizieren. Das Einzelhandelsmonopol der Handelsorganisation (HO) und der Konsumgenossenschaften wirkte wie ein trockener Schwamm. Es sorgte in den Läden und Geschäften schon am Stichtag der Währungsunion für ein reichhaltiges Angebot an Waren und Marken aus westdeutscher Produktion. Aber die Nachfrage nach in der DDR gefertigten Waren brach ein, da die Konsumenten mit der neuen D-Mark – wen wundert's – auch westdeutsche Waren kaufen wollten. Die nun treuhänderisch verwalteten Betriebe der DDR fanden kaum noch Abnehmer für ihre Produkte. Markennamen, die früher etwas darstellten, wie Trabant, Spee, Rotkäppchen und Florena, waren auf einmal nicht mehr interessant, weil VW, Persil, Henkell und Nivea an ihre Stelle traten.

Später wurden die wichtigsten dieser Ostmarken von Westkonzernen einverleibt und so blieben wenigstens die bekanntesten Namen im Lebensmittel- und Haushaltswarenbereich erhalten.

Neben der Begeisterung der Konsumenten für die Westwaren erwies sich die geringe Produktivität der DDR-Betriebe als enormer Wettbewerbsnachteil. Zusätzlich belastet wurden die Betriebe durch Lohnerhöhungen nach der Währungsunion. Damit stiegen die Lohnstückkosten weit über das Niveau der BRD-Wirtschaft und verringerten die Wettbewerbsfähigkeit dramatisch.

Hoffnungsvoll hatte man noch auf die Unternehmen gesehen, die bereits in den Westen lieferten (zumeist über Lohnfertigungsgeschäfte). Diese Hoffnung erwies sich allerdings schnell als trügerisch. Denn diese Firmen hatten zwar den Vorteil, westlichen Produkt- und Qualitätsansprüchen zu genügen. Andererseits standen gerade sie völlig neuen Herausforderungen gegenüber, die sich schnell als verhängnisvoll herausstellten. Zu DDR-Zeiten gab es für den Außenhandel nämlich eine staatliche Außenhandelsstelle. Die DDR brauchte Devisen. Kein Unternehmen lieferte deshalb direkt an seine westlichen Kunden, sondern eben über die besagte Außenhandelsstelle. Und weil Devisen alles waren für die alten Machthaber, drückte man bei den erzielten Verkaufspreisen großzügig ein Auge zu. Wen interessierte da noch die Kostendeckung oder gar Gewinnwirtschaftung. Die Konsequenz war, dass die Ost-Unternehmen das 4,5-fache des erzielten DM-Verkaufspreises in Ostmark gutgeschrieben bekamen.

Das lief prima so – bis zu dem Zeitpunkt, an dem die Geschäfte direkt abgewickelt werden mussten. Die Verkäufer der Ostunternehmen erwartete aber eine böse Überraschung, als sie bei ihren Kunden mit den neuen Preislisten anklopften. Beim Kurs DM zu Ostmark von 1:1 waren die Abgabepreise bei gleicher Qualität quasi über Nacht auf das 4,5-fache der alten Preise geklettert. Die Abnehmer im Westen wussten nicht, ob sie lachen oder nur höfliches Bedauern zeigen sollten. Jedenfalls hatten sie in Fernost und anderswo auf der Welt längst alternative Beschaffungsquellen erschlossen.

Die Unternehmen standen quasi von einem Tag auf den anderen im vollen europäischen Wettbewerb und hatten jeden Heimvorteil verloren. Keine leichte Aufgabe für die Treuhand, daraus etwas zu machen. Zumal es für diesen Auftrag keine brauchbare Theorie oder praktische Vorkenntnisse gab. Es blieb nur eines übrig: Learning by doing.

TREUHANDANSTALT AM ALEXANDERPLATZ

Von dem, was auf mich zukam, wusste ich zunächst so wenig, wie die Menschen im 19. Jahrhundert, die nach Amerika auswanderten, vom Land ihrer Träume wussten. Ich hatte eine ungefähre Vorstellung davon, die sich aber nur aus vagen Schreckensmeldungen und dem Buschfunk auf den Bürogängen im Münchner Büro ableitete. Eines war mir jedoch klar: Es würde Schwierigkeiten und viel Arbeit geben. Man flog am Montagmorgen mit dem ersten Flieger von München nach Berlin, wo man bis Freitagnachmittag blieb, um dann endlich am späten Nachmittag die Maschine zurück nach Hause nehmen zu dürfen. Dazwischen lag oft eine 50-Stunden-Woche. Die Arbeitstage gingen immer bis in den Abend hinein.

Der Flughafen Berlin-Tegel, der jahrzehntelang sanft vor sich hin gedämmert hatte, war jetzt völlig überfordert mit seiner neuen Funktion als Verkehrsknotenpunkt zur Versorgung der Hauptstadt. Immerhin mussten hier wöchentlich Tausende von Menschen abgefertigt werden. Nicht nur die Regierungsbeamten aus Bonn, sondern auch Dienstleister und Experten aus allen anderen Landesteilen, die sich der neuen Aufgaben anzunehmen hatten.

Vom Flughafen aus fuhr man mit dem Taxi nach Ostberlin. Mehrere frühere Grenzübergänge kamen als Fahrtroute infrage. Dort waren die Grenzanlagen noch sichtbar. Grenzstationen, Mauerreste und Todesstreifen. Der Mauerschrecken war noch allgegenwärtig. Die Fahrt ging durch die endlosen Weiten einer typisch sozialistischen Hauptstadt. Plattenbauten, so weit das Auge reichte. Dazwischen, nur vereinzelt und vor allem in Berlin-Mitte, historische Gebäude als stumme Zeugen der Geschichte. Zumeist allerdings in einem erbärmlichen Zustand, manche nur noch Ruinen. Trabi-Abgase und Braunkohlegeruch lagen in der Luft. Die vorherrschende Farbe war ein tristes Grau.

Das erste Treuhand-Gebäude lag am Alexanderplatz 6. Der Alexanderplatz ist seit Alfred Döblin legendär. In der Realität aber war er vor allem das Produkt sozialistischer Stadtplanung, in der man viel Platz brauchte für Paraden, Aufmärsche und andere repräsentative Demonstrationen der Staatsmacht. Das frühere Haus der Elektroindustrie, das jetzt die Treuhandanstalt beherbergte, war ein typischer DDR-Kasten. Groß, klobig und ziemlich hässlich. Durch security-geschützte Eingänge betrat man einen Hochsicherheitstrakt. Mit dem Paternoster ging es in die verschiedenen Etagen. Unser Büro lag im vierten Obergeschoss am äußersten Ende des Gebäudes mit Blick auf Alexanderplatz, Fernsehturm und die Karl-Liebknecht-Straße Richtung Prenzlauer Berg. Der Ostberliner Fernsehturm ragte in den Himmel. Die mit Metallplatten besetzte Kugel spiegelte in der Sonne, wobei sie – wie schon seinerzeit zum Ärger der DDR-Oberen – immer noch ein Kreuz reflektierte.

Die Treuhandgänge rochen nach dem typischen DDR-Mief. Der hochflorige Teppich in unserem ca. 200 qm großen Großraumbüro war so künstlich, dass man Sorge hatte, der kleinste Funke könne jederzeit ein Feuerinferno auslösen. Das Mobiliar war kunterbunt zusammengewürfelt. Tische und Stühle standen kreuz und quer durcheinander, in allen Farben und Formen. Die meisten zu niedrig, alle unbequem. Die schmutzabweisenden Sitzbezüge waren so grob und synthetisch, dass sie selbst durch die Hosenbeine hindurch auf der Haut kratzten. Alles in allem nichts für Ästheten. Und nicht wirklich vergleichbar mit der Atmosphäre in unserem schönem Company Office im Arabellapark im feinen Münchner Stadtviertel Bogenhausen.

Es gab an diesem Arbeitsplatz außerdem überhaupt kein Umfeld.

Zu Mittag konnten wir in die traurige hauseigene Kantine gehen. Außerhalb des Gebäudes gab es keine Alternativen. Mal eben Erledigungen in der Mittagspause, Einkäufe oder mal ein Lunch in einem anderen Lokal waren kaum möglich – es sei denn, man war mit einem der zahlreichen schmuddeligen Imbissstände zufrieden. Meistens zogen wir die Kantine vor. Und das hieß, wir saßen den ganzen Tag über in unserem Miefkasten und erst der Abend brachte etwas Abwechslung. Die Bürotechnik war der einzige Lichtblick, auch wenn sie wenig mit dem gemein hatte, was wir heute für selbstverständlich halten und was uns unverzichtbar erscheint. Dennoch war auf jedem Schreibtisch das elementare Handwerkszeug in Form von Telefon und Computer bereitgestellt.

GRAND HOTEL IN DER FRIEDRICHSTRASSE

Unser Quartier war allerdings vom Feinsten. Wir waren nämlich im Treuhand-eigenen Grand Hotel in der Friedrichstraße untergebracht, an der Ecke zum alten Pracht-Boulevard Unter den Linden, der sich damals allerdings noch ziemlich heruntergekommen und verlassen darstellte. Es war das beste Haus am Platz. Adlon, De Rome, Ritz-Carlton und Four Seasons gab es noch nicht, heute in Berlin-Mitte die vornehmsten Adressen. Das Grand Hotel war trotzdem nicht ausgelastet. Und deshalb wurde es sinnvollerweise mit Beratern belegt, die dafür dann keine Reisekosten abrechneten.

Das Grand Hotel war zwar auch wieder ein Plattenbau, aber dennoch etwas Besonderes. Japaner hatten es gebaut. Das Highlight des Gebäudes war eine geradezu bühnenreife Freitreppe im Inneren. In diesem Hotel habe ich fast zwei Jahre gewohnt. Es wurde mein zweites Zuhause. Nach zwei Monaten mit wöchentlichem Zimmerwechsel hatte ich die schönste Etage und die beste Lage ausfindig gemacht und ab diesem Zeitpunkt habe ich mein Zimmer mit der Nummer 507 durchgebucht. Ich konnte am Wochenende, wenn es heimwärts Richtung München ging, meine Sachen auf dem Zimmer lassen. Das Zimmer lag im fünften Stock, zum ruhigen Innenhof und direkt am Spa-Aufzug. Der Spa-Bereich war ganz modern, mit Schwimmbad, Gym, Sauna und Massagebereich. Ich nutze solche Spa-Bereiche sehr gerne. Ein bisschen morgendlicher Sport macht fit für den bewegungsarmen Büroalltag. Ich wundere mich immer, wie wenig die Spas in den Hotels genutzt werden. Da bin ich auf meinen Geschäftsreisen häufig ganz alleine. Wenn die Kosten nur den tatsächlichen Nutzern in Rechnung gestellt würden, müssten die für die Übernachtung wahrscheinlich das Fünffache zahlen.

Jeden Morgen ging ich schwimmen. Das Personal war nett und wurde einem mit der Zeit ganz vertraut. Es gab ein paar sehr nette junge Damen darunter. Nach einigen Wochen waren wir namentlich bekannt. Wir waren ja auch ein paar ganz nette Jungs. Jeder Wunsch wurde einem von den Augen abgelesen. Die Atmosphäre war fast familiär. Hier fühlte man sich als junger, ambitionierter Karrierist wirklich sehr gut aufgehoben.

SANIERUNGSKONZEPTE

Der Arbeitsalltag war weniger charmant und ziemlich ernüchternd. Die Geschäftsleitungen aller treuhandeigenen Unternehmen hatten die Aufgabe bekommen, Unternehmenskonzepte und Businesspläne zu erstellen und der Treuhand zur Prüfung vorzulegen. Anhand dieser Zukunftsprojektionen sollte über ihr weiteres Schicksal entschieden werden.

Das Gremium, das dieses ultimative Urteil sprach, war der unmittelbar vom Bundesfinanzministerium eingesetzte Leitungsausschuss. Er war hochrangig besetzt mit externen Experten und hatte die extrem verantwortungsvolle Aufgabe, als Prüfungskommission und Aufpasser die Weichen so zu stellen und zu kontrollieren, dass die vielen Milliarden zum Wiederaufbau der Ostwirtschaft an die richtigen Stellen kamen und nicht verschwendet wurden.

Der Leitungsausschuss brauchte für seine Entscheidungen professionell, gründlich und gewissenhaft aufbereitete Unterlagen. Diese Unternehmensanalysen wurden in den Prüfungsteams durchgeführt, die ihre Empfehlungen wöchentlich, in standardisierten Vorlagen zusammengefasst, zu präsentieren hatten. Für unser Team »Leichtindustrie« fiel diese Aufgabe unserem Roland-Berger-Teamchef Tobias zu. Er hatte dafür zu sorgen, dass die in den »Unternehmensvermerken« enthaltenen Aspekte bei jedem Unternehmen lückenlos abgearbeitet und die Standards für die Unternehmensbewertung eingehalten und vergleichbar angewendet wurden.

Zwei Kriterien waren Kern der Prüfung der Sanierungsgutachten. Erstens die »Sanierungswürdigkeit«, also die Frage, ob das Unternehmen überhaupt eine Berechtigung für den Markt hatte. Und zweitens die »Sanierungsfähigkeit«, also die Frage danach, ob eine Marktstellung mit vertretbarem Aufwand hergestellt werden konnte. Alle Prüfungen wurden nach diesem Muster standardisiert und harmonisiert, was zu einer professionellen und effizienten Durchführung führte.

Die Erstellung der Vorlagen für den Leitungsausschuss war unsere Aufgabe, wobei ständig wechselnde Zweierteams ein Unternehmen nach dem anderen im etwa zweiwöchigen Rhythmus abzuarbeiten hatten. Man muss sich im Nachhinein klarmachen, was es bedeutete, innerhalb so kurzer Zeit zu einem Urteil zu kommen, an dem oft Hunderte von Arbeitsplätzen und Schicksalen hingen.

Zunächst bekamen wir die Unternehmenskonzepte auf den Tisch. Deren Plausibilität hatten wir zu prüfen und die Vollständigkeit und Richtigkeit der Annahmen und Berechnungen zu hinterfragen. Danach standen Besichtigungen der Unternehmen auf dem Programm und natürlich Interviews mit dem Management. Diese Ergebnisse und persönlichen Eindrücke flossen ebenfalls in die Bewertung ein, wobei eine gewisse Subjektivität unvermeidbar war.

Sanierungsbedürftig waren natürlich alle Unternehmen. Ob es aber überhaupt zu einer solchen Sanierung kam, entschied der Leitungsausschuss anhand eines einfachen Schulnotensystems mit Noten von 1–6:

Die Noten »1« und »2« waren theoretisch und hätten bedeutet, dass es das Unternehmen aus eigener Kraft schaffen konnte. Sie kamen, soweit ich mich erinnern kann, nicht vor.

Die Note »3« bedeutete, dass man das Unternehmen erhalten musste. Es war auf einem guten Weg und konnte laufen gelassen werden.
Die Treuhand sollte diese Entwicklung begleiten und einen Partner
finden. Die mögliche Privatisierung schien nur eine Frage der Zeit und
musste mit einer ausreichenden finanziellen Ausstattung abgesichert
werden.

Die Note »4« bedeutete »bedingt sanierungsfähig« und hieß kurz
gesagt Licht und Schatten. Es gab gute Aspekte. Aber so wie das Unternehmen aufgestellt war, reichte es hinten und vorn noch nicht zum
Überleben. Das Unternehmenskonzept musste überarbeitet werden.
Die Treuhand musste die weitere Sanierung und Restrukturierung begleiten.

Wenn bei einem Unternehmen die kritischen Aspekte überwogen,
die Situation aber auch noch nicht völlig aussichtslos erschien, gab es
die Note »5«, was mit einer Fristsetzung verbunden war, um bestimmte Bedingungen zu erfüllen.

Die letzte Kategorie mit der Note »6« bedeutete »nicht sanierungsfähig« und hatte Liquidation und Abwicklung zur Folge. Ein Schreckgespenst, gleichbedeutend mit dem Gang ins Schlachthaus. Viele Fälle
habe ich nicht erlebt, die so endeten. Aber ich erinnere mich noch daran, dass uns jeder Einzelne von ihnen schockierte. Etwa so, wie Ärzte
wahrscheinlich jeder Exitus mitnimmt.

Die allermeisten Kandidaten landeten im Topf »4«. Ihre, wie es so
schön hieß, »sanierende Begleitung« war gleichbedeutend mit einem
Tropf, der diese Unternehmen im bewilligten Zeitraum und Budget-
rahmen laufend mit den lebenserhaltenden liquiden Mitteln versorgte.
Praktisch wurden die Infusionen durch die gleichzeitig geschaffenen
Branchendirektorate durchgeführt. Dort saßen die Sanierungshelfer,
die gleichzeitig die planmäßigen Sanierungsfortschritte kontrollierten.

Jeder von diesen Sanierungshelfern hatte mindestens ein Dutzend
Unternehmen unter seinen Fittichen und war bei den tiefgreifenden
und umfassenden Maßnahmen, die in diesen Unternehmen durchzuführen waren, schon im Ansatz damit überfordert, konkreten Einfluss
auszuüben. Auch das Controlling fand unter erschwerten Bedingungen statt. Zum einen waren die Unternehmen weit weg von Berlin.
Zum anderen war die jeweilige Situation der Unternehmen so außer-

ordentlich, dass man kaum normale betriebswirtschaftliche Maßstäbe anlegen konnte. Jedenfalls waren positive Betriebsergebnisse und Cashflows nicht der Maßstab.

Gut meinend versuchte man die kleinsten Fortschritte oder Lichtblicke zu unterstützen. Die Praxis der Sanierungsbegleitung zeigte in den folgenden Jahren, wie geschickte Unternehmensleiter (sie hießen jetzt nicht mehr VEB-Direktor, sondern GmbH-Geschäftsführer oder AG-Vorstand) aus diesem Dilemma Millionen herausholten. Denn wenn sie eines in der DDR gelernt hatten, dann war es das, politische Vorgaben geschickt zur eigenen Vorteilsnahme auszunutzen. Hohe Beschäftigtenzahlen und mögliche Privatisierungschancen waren trefflich geeignete Druckmittel. Denn welcher Treuhand-Manager oder welches Gremium hätte es schon gewagt, ein Unternehmen zu liquidieren, bei dem es um Hunderte von Arbeitsplätzen ging oder wo die Investoren quasi vor der Tür standen. Was hätte da die Presse gesagt? Die ›BILD‹, die ›Super Illu‹ oder der ›Spiegel‹, die nur auf »bad news« warteten?

Bei den der Treuhandzentrale zugeordneten Unternehmen handelte es sich durchweg um Großunternehmen und es ging in den allermeisten Fällen um mehrere Hundert, wenn nicht Tausende von Arbeitsplätzen.

Der Leitungsausschuss folgte meistens den Empfehlungen der Prüfungsteams. Zumindest in der Grundtendenz. Unsere Aufgabe war unweigerlich mit immenser Verantwortung verbunden. Immerhin entschied der Leitungsausschuss auf der Basis unserer Vorlagen über das weitere Schicksal sehr vieler Menschen und ihrer Familien. Im Bewusstsein dieser Tragweite und Konsequenz waren unsere Analyseergebnisse ausgelegt.

Wir befanden uns mit unseren Bewertungsmöglichkeiten allerdings zwischen Skylla und Charybdis. Das eine Extrem war so schlecht wie das andere. Streng genommen hätte man neun von zehn Unternehmen die Sanierungswürdigkeit absprechen können oder sogar müssen. Ein solcher Kahlschlag wäre jedoch politisch und sozial nicht zu vertreten gewesen. Er hätte sicher zu einem neuen Aufstand geführt. Auf der anderen Seite hätte man genauso argumentieren können, dass mit Kompetenz, den richtigen Ideen und ausreichend Geld aus fast jeder Unternehmenssituation noch etwas zu machen gewesen wäre. So gesehen hätten acht von zehn Unternehmen noch eine Chance verdient gehabt. Nur, wer sollte das machen, und vor allem, wer sollte das bezahlen?

Vor diesem Hintergrund zögerten wir selbst in extrem kritischen Fällen, ein »Todesurteil« auszusprechen. Lieber versuchte man – oft händeringend –, positive Aspekte zu finden und Bedingungen zu formulieren, unter denen die Unternehmen möglicherweise unter sanierender Begleitung (und mit Gottes Hilfe) eine positive Zukunft gewinnen konnten.

Häufig war es jedoch sehr schwer, solche positiven Aspekte zu finden. Ein paar Indizien allerdings verbesserten die Chancen für ein mögliches Überleben erheblich: (1) Eine vergleichsweise gute Substanz. Manche Unternehmen hatten in der sozialistischen Planwirtschaft noch neueste Maschinen angeschafft. (2) Technisches Know-how. (3) Früher bereits getätigte Geschäfte auf westlichen Exportmärkten und (4) Der wichtigste Aspekt: Das Vorhandensein eines kompetenten Managements, das in der Lage war, die Unternehmenssituation klar einzuschätzen und eine zukunftsfähige Marktstrategie zu formulieren. Gerade dieser Aspekt lag jedoch bei den allermeisten Unternehmen im Argen.

SCHROTFLINTENPRINZIP

Im Abstand von zwei bis vier Wochen wechselten für jeden Mitarbeiter die Fälle. Stetiger Austausch im Team sorgte dafür, dass man ständig auf dem Laufenden darüber war, was einen auf den Reisen über Land erwartete. Eine verrückte Anekdote jagte die andere. Die Infrastruktur stimmte noch gar nicht. Jeder war glücklich, wenn sein nächster Fall irgendwo an einer der früheren Transitstrecken lag.

Unfreiwillig komisch war manchmal die Lektüre der Sanierungskonzepte, denn die früheren VEB-Oberen waren in vielen Fällen komplett überfordert. Das fing schon damit an, dass sie oft keine Vorstellung von der üblichen Terminologie und den Begrifflichkeiten hatten. Woher auch, das war ihnen nicht vorzuwerfen. Aber es führte fast zwangsläufig dazu, dass es in den vorgelegten Papieren und auch bei Gesprächen zu Formulierungen kam, die nach unseren Maßstäben absurd waren. Hier stießen wirklich Welten aufeinander. Bei manchem neuen Geschäftsführer konnte man nur völlige Ratlosigkeit konstatieren. Diejenigen, die weiter waren, wussten bereits sehr genau, welche Möglichkeiten der Markt für sie bereithielt. Allerdings kämpften sie (nicht anders als viele Kollegen im Westen) mit dem Problem, sich für eine bestimmte strategische Option entscheiden zu müssen. Aufgrund der großen Ungewissheit, die über den konkreten Kundenbedarf und die weiteren Entwicklungen herrschte, war das keineswegs erstaunlich. Man zielte mit der Schrotflinte auf den Markt, in der Hoffnung, dass eines der Schrotkörner treffen würde. In der Not versuchte man, den potenziellen Kunden zu beweisen, was man alles konnte und dass man anderen Wettbewerbern in nichts nachstand.

Das Ergebnis dieses Wirtschaftens war aber in den meisten Fällen unbefriedigend. Denn es hatte nichts mit dem Bedarf des Handels gemein. Der Handel brauchte ja nichts. Die Sortimente waren mit leistungsstarken Lieferanten gut bestückt. Wenn überhaupt, suchte man im Sortiments-Puzzle vielleicht noch nach dem einen oder anderen Spezialisten, der irgendein Nischenprodukt besonders kompetent und preiswert als nette Sortimentsergänzung anbieten konnte. Mit einer Schrotflinte war dieser Puzzlestein aber nicht zu treffen. Im Gegenteil: Gute Einzelprodukte gingen unter in der Breite der Me-too-Offerten. Aufgrund dieses fundamentalen Missverständnisses für den Handelsbedarf sanken die Chancen der Osthersteller bei den Westhändlern auf den Nullpunkt.

Bei dem Schrotflinten-Phänomen handelt es sich übrigens keineswegs nur um ein Problem der damaligen Ost-Wirtschaft. Es ist vielmehr ein weit verbreiteter, ganz aktueller Fehler im Markenmanagement sehr vieler Konsumgüterunternehmen. Man ist immer schnell dabei aufzuzählen, was man alles leisten kann. Diese Sammelversprechen haben aber in gesättigten Märkten mit heftigem Verdrängungswettbewerb wenig Wert. Viel wichtiger ist ein klares Markenprofil, mit einer Kernkompetenz, durch die man sich vom Wettbewerb abgrenzt. Und ein solches Profil entsteht häufig eher durch Dinge, die man nicht macht oder weglässt. Zu einem guten Marken-Management gehört deshalb auch, Nein zu sagen, seine Kräfte zu bündeln und zu fokussieren.

TREUHAND-CHEFS

Die Handlungsmaxime der Treuhandführung leitete sich unmittelbar aus dem Treuhandgesetz ab. Es lautete:»Schnell privatisieren, weil wir der Auffassung sind, dass Privatisieren die beste Form der Sanierung ist.« Das zweite Motto hieß: Entschlossen sanieren. Da, wo Zukunft möglich ist, soll Sanierung durchgeführt werden, um auch hier den Menschen mehr Mut und Hoffnung zu machen. Und das dritte Motto hieß: Behutsam stilllegen.«

Der erste Präsident der Treuhandanstalt war Dr. Detlev Rohwedder. Er hatte in den 80er-Jahren vor allem als Sanierer des Hoesch-Konzerns seine Manager-Qualitäten bewiesen und war dafür vom ›Industriemagazin‹ zum Manager des Jahres gewählt worden. Mitte 1990 war er – noch vom Ministerrat der DDR – zum Vorsitzenden der Treuhandanstalt bestimmt worden. Er war ein Präsident, dem auch die Mitarbeiter in den unteren Etagen die Kompetenz für seine schwierige Führungsaufgabe unterstellt hatten.

Seine Tätigkeit wurde auf schockierende Weise beendet, indem er in der Nacht auf den Ostermontag 1991 durch einen Heckenschützen der RAF in seinem Düsseldorfer Haus ermordet wurde. Dieses dramatische Ereignis machte uns die große Bedeutung unserer Tätigkeit und der Institution Treuhandanstalt spürbar deutlich.

Seine Ermordung war umso schockierender, als Detlev Rohwedder am Donnerstag vor Ostern unter allen Treuhand-Mitarbeitern noch einen persönlichen Brief hatte verteilen lassen. Dieser enthielt einen leidenschaftlichen Appell an alle, die an dieser Stelle tätig waren, ihre Aufgabe mit der angemessenen Ethik und Ernsthaftigkeit zu erfüllen. Er sprach von der großen Verantwortung, die wir trugen. Von der historischen Dimension und der nationalen Chance. Seine Worte waren sehr eindringlich und konkret:»Priorität wird auch weiterhin die Überführung von Unternehmen in privates Eigentum haben. Dies ist der beste Weg, um mit neuem Wissen, neuem Kapital und neuen strategischen Unternehmenszielen das Unternehmen und seine Arbeitsplätze zu erhalten und ihm eine neue Zukunft zu geben. Privatisierung ist die wirksamste Sanierung.« Dieser Appell verfehlte wohl bei niemandem seine Wirkung. Das Entsetzen war in den Wochen darauf überall in der Treuhand fühlbar und der Schock saß bei jedem Mitarbeiter extrem tief. Rohwedders Osterbotschaft wirkte im Nachhinein wie ein Vermächtnis.

Danach übernahm Dr. Birgit Breuel den Chefsessel der Treuhandanstalt. Sie war die Tochter des Hamburger Privatbankiers Münchmeyer. Ich kannte sie sogar persönlich, weil ich in Hamburg aufgewachsen und zur Schule gegangen war. Ich hatte mit ihren Söhnen in der gleichen Mannschaft Hockey gespielt. Die Familie veranstaltete außerdem jedes Jahr ein Sommerfest für die Kirchenjugend auf ihrem riesigen Parkgrundstück am Falkenstein über der Elbe. Ich erinnerte mich noch an das filmreife Eisentor, von dem man einen langen, gewundenen und von uralten Rhododendren gesäumten Kiesweg zur riesigen Bankiersvilla hinaufging.

Wiederholt kam mir der Gedanke, einmal um einen persönlichen Termin bei Frau Breuel zu bitten. Aber erstens lagen die Sommerfeste fast fünfzehn Jahre zurück und zweitens war der persönliche Kontakt nie so eng gewesen, dass ich erwarten konnte, sie würde mich wiedererkennen. Ein Versuch wäre etwas billig gewesen: »Hallo, kennen Sie mich noch?« Der Gedanke, dass sie sich gefragt hätte, was ich mit einem solchen Vorstoß bezwecken wollte, war mir unangenehm. Das war, im Nachhinein betrachtet, sicher eine falsche Zurückhaltung. Wenn er überhaupt gelungen wäre, hätte mir dieser persönliche Kontakt später noch sehr nützlich werden können.

TEAMLEITUNG UIU

Der zuständige Partner von Roland Berger in der Treuhandanstalt war ein Bulldozer. Schon der äußere Eindruck unterstrich diese Attitüde nachdrücklich. Der Bulldozer hatte einen breiten Kopf, mit dunklem Bart umrandet, und einen stattlichen Körper, was gut zu seinem durchschlagenden Auftreten passte. Im Partnerkreis war er sehr geachtet, denn seine Zahlen stimmten. Da arrangierte man sich gerne mit seinem etwas rauen Charme. Als Sanierungsexperte war er gefürchtet. Er galt als unerbittlich. Hindernisse, Gegenargumente und Probleme waren für den Bulldozer lästig. Mit solchen Kleinigkeiten hielt er sich nicht lange auf. Insofern brachte er in jeder Hinsicht die geeignete Statur für diese Aufgabe mit, denn es war kein Job, bei dem man allzu sensibel sein durfte. Wer zu viel Empfindsamkeit gegenüber menschlichen Einzelschicksalen an den Tag legte, konnte diese Position nicht ausfüllen. So sind sie übrigens alle, die Sanierungsexperten.

Wir hatten dafür das Glück, einen Teamchef zu haben, der seine Aufgabe mit äußerstem Pflichtbewusstsein und eben auch Einfühlungsvermögen anging. Mein Kollege und Freund Tobias war ein wirklich intelligenter und kompetenter Bursche. Er war so strukturiert und klar im Kopf, dass er die wirtschaftliche Logik und Plausibilität der einzelnen Fälle auf Anhieb erkannte. Außerdem war er ein Arbeitstier, das zusätzlich motiviert war von dem Gedanken, hier jetzt für das Gemeinwohl anpacken zu müssen. Er war deshalb ein wertvoller Sparringspartner bei der Erstellung der Vorlagen. Zudem hatte er das letzte Wort und trug auch die Verantwortung für den Vorschlag, den wir dem Leitungsausschuss machten und den er dort vortragen musste.

Tobias arbeitete Tag und Nacht. Während wir alle auch mal Feierabend haben und das Nachtleben von Berlin erkunden wollten, saß er am Schreibtisch und ackerte. Ich kann mich an keinen Morgen erinnern, an dem er nicht schon im Büro war, wenn wir kamen. Und an keinen Abend, an dem er das Büro vor uns verließ. Er hatte diese Verantwortung übernommen, er wollte seine Chance nutzen und gegenüber Dr. Klaus Schucht, dem TH-Vorstand für die Leichtindustrie, die bestmögliche Figur machen.

Nach einigen Wochen waren wir der Meinung, ein wenig sportlicher Ausgleich täte uns gut und stünde uns auch zu. Im sommerlichen Berlin hatten wir eine Wiese im Tiergarten ausgespäht, gegenüber der Konzerthalle oder schwangeren Auster, wie die Berliner sie nennen, wo man Fußball spielen konnte. Ab da war wöchentlich Mittwochabend 18 Uhr Kicken angesagt. Alle machten mit und alle freuten sich darauf. Die Sportlichen und auch die weniger Sportlichen. Nur Tobias nicht. Wochenlang schwärmten wir ihm vor, was für eine Gaudi das war und wie gut uns das tat. Er müsse unbedingt mal mitspielen. Er versprach es. Aber spätestens jeden darauf folgenden Mittwochmittag sagte er ab. Immer war doch noch irgendeine Vorlage fertig zu machen oder eine Ausschusssitzung vorzubereiten.

Nach Monaten, wir hielten es längst schon nicht mehr für möglich, passierte das Unerwartete. Schon am Morgen ließ Tobias uns wissen, dass er heute mitspielen wolle. Wir sagten nur ja, ja, denn wir kannten das ja schon. Aber er ging tatsächlich in der Mittagspause hinüber zum Kaufhof am Alexanderplatz und kaufte sich im SALE ein komplettes Fußball-Outfit, bestehend aus Schuhen, Hose und Achselshirt.

Pünktlich um 18 Uhr verließen wir das Büro. Zurück ins Grand Hotel und umziehen. Vor dem Aufzug trafen wir uns wieder – und uns stockte der Atem. Tobias sah grauenhaft aus. Die Sachen passten nicht richtig und waren, jedes Teil für sich genommen, eine Scheußlichkeit. Ein neongelbes Hemd kombiniert mit einer unförmigen dunklen Hose. Der Gesamteindruck war niederschmetternd.

Er hatte keine Chance für eine geschmackvollere Auswahl seines Outfits gehabt. Es war Praxis der Handelskonzerne, das, was im Westen keiner mehr wollte, im Osten anzubieten, für den es immer noch gut genug war – Hauptsache billig. Bis heute sind die Handelssortimente im Osten erschreckend niveaulos und es stellt sich die Frage, ob die Leute tatsächlich so wenig Geschmack haben oder ob ihnen einfach nichts Geschmackvolles angeboten wird.

Auf dem Weg vom fünften Stock nach unten hatten wir reichlich Gelegenheit für dumme Bemerkungen. Im Erdgeschoss ging dann die Fahrstuhltür auf, und vor uns stand – Dr. Schucht, der TH-Vorstand. Schon mal von Murphys Law gehört? Tobias erglühte passend zum Abendrot bis in die Haarspitzen und stand da wie versteinert. Dr. Schucht musterte ihn eine uns endlos scheinende halbe Ewigkeit und sagte dann völlig entgeistert: »Oh, Herr Engelhardt. Sportlich!« Der arme Kerl hatte sich monatelang gequält. Der Vorstand hätte ihn täglich von morgens bis spät in die Nacht im Büro vorfinden können. Vielleicht hatte er darauf gehofft. Dr. Schucht hätte dann sicher gesagt: »Mensch, was machen Sie denn noch hier? Immer noch fleißig?« Und nun das! Diese Begegnung hatte er wirklich nicht verdient. Wir litten alle mit ihm. Er nahm's mit Humor nach dem Motto »shit happens«.

Beim Fußball verletzte er sich dann auch noch. Es sollte einfach nicht sein. Und so spielten wir ab diesem Zeitpunkt wieder ohne ihn.

UNTERNEHMENSKONZEPTE

Mitte des Jahres zeichnete sich ab, dass unser Senior im Team, der frühere Versandhandels-Vorstand, das Branchendirektorat Textil/Bekleidung/Leder übernehmen sollte. Wegen seiner gewaltigen Nase hatte er bald den Spitznamen »Cyrano« weg. Nach der legendären französischen Romangestalt des Cyrano de Bergerac.

Der Cyrano füllte seine Position mit sehr viel fachlicher Kompetenz und Lebenserfahrung aus. Außerdem war er, was ihn persönlich sympathisch machte, ein ausgesprochener Bonvivant, der Frankreich liebte und das Leben zu genießen verstand. Später übernahm er eine der fünf Management KGs, die von der Treuhandanstalt gegründet wurden, um Firmen, die eine Überlebenschance hatten und aufgrund ihrer Mitarbeiterzahl bedeutend waren und deshalb erhalten werden sollten, für eine Übergangszeit zu übernehmen, bis sie später privatisiert werden konnten. Die 13 Unternehmen der KG des Cyrano, darunter acht Textilfirmen, machten bei ca. 240 Mio. DM Umsatz noch hohe Verluste von fast 100 Mio. DM. Die Firmen konnten deshalb nicht sogleich privatisiert werden. Für das KG-Management begann ein zähes Ringen um die Steigerung der Umsätze und die Reduzierung der operativen Verluste. Alles dauerte länger als erwartet. Der vorgesehene Zeitraum für die Privatisierung wurde überschritten und das Bestehen der KG musste verlängert werden. Prompt kamen Finanzierungsthemen hoch und am Ende musste eine ganz andere Lösung gefunden werden. Die KG-Unternehmen machten 1993 im Durchschnitt ca. 18 Mio. DM Umsatz und jeweils fast 6 Mio. DM Verlust. Ich nenne diese Zahlen hier nur, weil sie eine ganz gute Relation schaffen zu meinem späteren unternehmerischen Engagement mit meiner Firma Excellent und zu den Themen, mit denen auch ich danach zu kämpfen hatte.

Zum 60. Geburtstag des Cyrano, Ende 1991, kurz bevor er seine neue Aufgabe als Branchendirektor übernahm, gab es eine Geburtstags- und Abschiedsparty in einem Berliner Restaurant. Als Überraschung und unterhaltsamen Beitrag fassten wir die Erfahrungen und Highlights unserer gemeinsamen Tätigkeit in der Unternehmensprüfung in einer abendlichen Präsentation zusammen, die nicht ganz ernst gemeint war und doch sehr viel Wahres enthielt.

Der Einstieg bestand aus der Darstellung der Prozessphasen, die wir bei der Konzeptprüfung durchlebten.

1. Phase – Unbändige Motivation
Stimmung gut beim Aufschlagen der jungfräulichen neuen Akte. Mental von höherer Moral und freudiger Spannung erfüllt und bereit für eine gewissenhafte Recherche.

2. Phase – Ernüchterung/Desillusionierung
Stimmung sinkend beim ersten Nachrechnen des Geschäftsplans und der ausgereichten Liquiditätskredite. Wolken ziehen am Himmel auf und Goethes Faust geht einem nicht aus dem Kopf: »Die Botschaft hör' ich wohl, allein mir fehlt der Glaube.«

3. Phase – Starke Verunsicherung
Stimmungslage am Tiefpunkt beim ersten Lokaltermin und während der Datendiskussion mit der Geschäftsführung. Krampfhaftes Suchen nach Strohhalmen, durchdrungen von tiefem Misstrauen, bisweilen Mordgelüste.

4. Phase – Back to basics
Stimmung langsam wieder steigend, weil das Konzept des Betriebs einfach in der Schublade versenkt wird, während Fantasien für die Nutzung der wenigen Unternehmenspotenziale kreativ weitergesponnen werden. Währenddessen standhafte Verweigerung gegenüber den im Monatsrhythmus revidierten Unternehmenskonzepten.

5. Phase – Visionärer Optimismus
Stimmung geprägt von Zweckoptimismus aufgrund eines wohlwollenden, politisch geschönten Unternehmenskonzeptes der Treuhand, das dem Unternehmen mehr Geld und Zeit zur Verfügung stellt. Suche nach dem gelobten Land (einem wettbewerbsfähigen Alleinstellungsmerkmal USP) und systematische Beschränkung eines zu scharfen wirtschaftlichen Sachverstands.

Weiter ging's mit einer Sammlung von Zitaten aus den Sanierungskonzepten, die wir in den letzten Monaten durchgearbeitet hatten.
Jede Menge Statements, die von den jeweiligen total überforderten
Geschäftsführern zu den strategischen Themenbereichen abgegeben
worden waren, die sie in ihren Sanierungskonzepten abarbeiten mussten. Zusammen ergaben sie eine Art Kabarettprogramm. Das kann
man sich heute gar nicht mehr vorstellen. Doch sie waren ernst gemeint und sollten tatsächlich zur Beurteilung von Unternehmensexis-
tenzen dienen, waren vielleicht sogar entscheidend für deren weiteres
Wohl und Wehe.

»Die Situation ist da«, lautete etwa die dramatische Einleitung eines
Konzeptes. »Mit dem Wettbewerb ist es schwierig«, denn »Hauptrisi-
ken sind vorhandene Wettbewerber«, » die aber aufgrund der Breite
der einschlägigen Unternehmen nicht genannt werden können«. »Die
Situation ist vergleichbar mit einem Auto, das mit erstklassigem Motor, aber ohne Getriebe und Räder ausgestattet ist. Dringendstes Anliegen muss es sein, das Fahrzeug kurzfristig flott und bewegungsfähig
zu machen.«

Die Auftragssituation war meist dramatisch, denn »die 17 000 Stück
sind der feste Auftragsbestand, der nicht vorhanden ist, aber gebraucht
wird, um die Produktion aufrechtzuerhalten.« Deshalb sollen »Kraft
und Kosten dort eingesetzt werden, wo es für die Leistung am wichtigsten ist«.

Management und Mitarbeiter gaben alles. »Sieht man von der
fehlenden Praxis, einer kunden- und erzeugnisbezogenen Absatzplanung ab, sind für die Durchführung von Planungsprozessen gute Voraussetzungen im Unternehmen zu erkennen«. Das hieß, man hatte
zwar keine Ahnung von der neuen Wirklichkeit, aber rechnen konnte
man.

Ab und an ließ sich zwar »als Erbe der früheren Arbeitsmoral eine
gewisse Langsamkeit nicht abstreiten«, aber glücklicherweise war »die
Klarheit der Führungsstrukturen beeindruckend und dürfte einer
Führungsstruktur vergleichbarer Unternehmen, vergleichbarer Größenordnung eindeutig entsprechen.« Nur »die im Lauf der Jahre lieb
gewordenen Gewohnheiten einer eigenen Zeiteinteilung, mussten –
gleich in welcher Position – weichen«.

Als flankierende Maßnahmen wurde »Kurzarbeit grundsätzlich abgelehnt, da die betroffenen Mitarbeiter sonst zu faul werden«.

»Der Nachwuchs wurde unbedingt nahtlos weitergeführt«, und »die Mitarbeiter wurden zur Qualitätsarbeit erzogen, indem jeder generell seine verursachten Fehler selbst beseitigt.«

In der Produktpolitik wurden neue Wege eingeschlagen. »Als weitere Produktgruppe (!) fasste man eine Hightech-Fertigung ins Auge.«

»Defizite wurden vorläufig über den Preis kompensiert« oder durch »Herstellung und Vertrieb beliebiger anderer Produkte, insbesondere zur Ausnutzung verfügbarer Produktions- und Transportkapazitäten«.

Auch klare Vorstellungen über die Zielgruppe wurden entwickelt, wie z. B. die Schuhindustrie erkennen ließ. »Unsere Produkte Halbschuhe und Stiefel sind sportiv und bequem. Deshalb sind sie geradezu dafür geschaffen, an die Füße von Bundesbahnern zu kommen.« Oder auch Damenhalbschuhe für »junge Mädchen im Alter zwischen 16 und 35 Jahren« und »gestrobelte, softige und sportliche Modelle für reife Männer, die sich jünger fühlen«.

Damit die Produkte an den Mann kamen, war man auch bereit, ganz neue Vertriebswege einzuschlagen, wie z. B. »Schienen- und Straßenwege sowie Schifffahrtslinien«.

Etwas rustikal war man in der Verwaltung unterwegs. »Für die Zusammenarbeit mit den Kunden benötigen wir keine seitenlangen kleingedruckten Geschäftsbedingungen. Deshalb akzeptieren wir auch keine Geschäftsbedingungen unserer Geschäftspartner.« Obwohl hier hoffnungsvolle Rationalisierungspotenziale schlummerten, etwa in der EDV durch den »Anschluss von BC-Technik mit Bereitstellung der erforderlichen Softwear «.

Manch einer kam zu dem Schluss, insgesamt »rechtfertige die aufgezeigte Ausgangssituation einen heiteren Optimismus«.

Wir haben uns an diesem Abend sehr amüsiert. Wir brauchten diese ausgelassene Stimmung auch dringend als Ventil, um uns ein bisschen Luft zu machen. Denn der Druck hatte inzwischen deutlich zugenommen. Die ersten Unternehmen waren mit »6« beurteilt worden. Jeder von uns war täglich mit kritischen Statements konfrontiert.

Wir wollten die Ost-Manager nicht lächerlich machen. Aber wir konnten und wollten das eine oder andere einfach nicht ernst nehmen. Im Nachhinein zeigen die unbeholfenen Äußerungen nur, wie groß die Hilflosigkeit der damaligen Manager war angesichts der Tatsache, dass man von heute auf morgen vom Sozialismus in den Kapitalismus wechseln und noch einmal und ohne jede Erfahrung völlig neu anfangen musste. Die Menschen waren ja nicht dümmer als im Westen. In den Unternehmen waren genauso viele kluge und fähige Menschen wie überall sonst auch.

TREUHAND-PRIVATISIERER

1992

NEUE ABTEILUNG UND UMZUG

Nach sechs Monaten im Leitungsausschuss wechselte ich mit einem kleinen Team in das Direktorat U3TL (Privatisierung von Unternehmen der Textil-, Bekleidungs- und Lederindustrie). Mit dem Wechsel der Abteilung war auch ein Wechsel des Standorts verbunden. Die Treuhandanstalt war inzwischen in das frisch renovierte, ehemalige Reichsluftfahrtministerium an der Ecke Leipziger Straße/Wilhelmstraße umgezogen. Heute ist es Sitz des Bundesfinanzministeriums. Dieses monumentale Gebäude verfügte über 2000 Büroräume auf 56 000 qm Fläche und war bei seiner Erbauung das größte Bürogebäude Berlins gewesen. An der Stirnseite lag das gigantische Arbeitszimmer des größenwahnsinnigen Reichsmarschalls Göring. Das Treppenhaus hatte eine Art Ehrenhof mit Säulenhalle und Freitreppe. Im Innenhof an der Wilhelmstraße (der Hollywood-Kulisse für den Stauffenberg-Film) fuhren ständig schwarze Limousinen ein und aus. Genau wie schon fünfzig Jahre zuvor und heute wieder, zwanzig Jahre danach.

Die Treuhandanstalt war auch personell inzwischen zu einem echten Moloch herangewachsen. Das riesige Gebäude wurde bis auf den letzten Raum genutzt. Allein das interne Kommunikationsverzeichnis war ein Telefonbuch im DIN A5-Format mit gut 200 Seiten. Es gab noch vier weitere Standorte in Berlin. Es gab außerdem 14 Niederlassungen in allen größeren Städten der neuen Bundesländer. Und es gab sogar Büros in Bonn, New York und Tokio. Schließlich waren noch Länderbeauftragte für acht europäische Länder in den jeweiligen Hauptstädten, wie z. B. London, Paris und Rom, unterwegs. Nun hätten sich nur noch die Interessenten aus der ganzen Welt einstellen müssen, dann wäre die Privatisierung der früheren DDR-Wirtschaft in die Vollen gegangen. Leider blieb das große Interesse aber weitgehend aus.

Jeden Morgen spazierten wir nach dem Umzug also durch das Herz von Berlin-Mitte. Vom Hotel bis zur Treuhand war es nur etwa ein Kilometer, aber der hatte es in sich. Über die Friedrichstraße. Vorbei an der riesigen Baugrube, wo die Einkaufs- und Bürotempel der Galeries Lafayette nach Entwürfen von Jean Nouvel sowie das Quartier 205 von Hans Kollhoff entstanden. Dahinter das Schinkelsche Schauspielhaus und die beiden Dome am Gendarmenmarkt. Schräg vorbei an verschiedenen früheren NS-Ministerien. Hinüber zur Wilhelmstraße, an der in preußischer Zeit Otto von Bismarck und verschiedene Ministerien residiert hatten. Von der Ecke Voßstraße hätte man fünfzig Jahre zuvor noch auf Hitlers Neue Reichskanzlei gesehen. Nun standen dort Plattenbauten. Nur ein kleiner Hügel dahinter im Niemandsland des früheren Todesstreifens erinnerte an die Reste des Führerbunkers. Neben der Treuhand an der Leipziger Straße lag der noch nicht renovierte Preußische Landtag, der heutige Sitz des Bundesrates. Und danach herrschte an Potsdamer und Leipziger Platz noch gähnende Leere, unterbrochen von einigen Mauerresten.

Der morgendliche Spaziergang war für einen geschichtsbewussten Menschen etwas Besonderes. Im Westen gab es bis auf München und Nürnberg kaum noch eine städtebauliche Erinnerung an das Dritte Reich. Aber hier in Berlin-Mitte war sie zwischen dem sozialistischen Bauschrott noch überall lebendig. Man brauchte nur die Augen aufzumachen. Es war wie in dem Film ›Schtonk‹ über Hitlers gefälschte Tagebücher: »Da greift einen schon so etwas an, so ein Gefühl, so ein Eishauch der Geschichte.«

BRANCHEN-DIREKTORAT U3TL

Das Direktorat wurde von drei Personen geführt. Der Cyrano war der Branchendirektor. Er kannte viele Textilunternehmen schon aus seiner Arbeit als Senior Expert in der Leitungsausschuss-Gruppe. Als ehemaliger Topmanager hatte er das nötige Standing und außerdem war er eine starke Persönlichkeit.

Das Direktorat bestand aus zwei Abteilungen, der Sanierungsbegleitung und der Privatisierung. Beide wurden von alten Bekannten geleitet. Die Sanierungsbegleitung lag bei unserem Roland-Berger-Kollegen Tobias. Unser Bereich, die Privatisierung, wurde von einer Partnerin von Arthur Andersen geführt, die wir ebenfalls schon von U1U her kannten. Ingeborg war ebenfalls ein sehr kluger Kopf und gab mit großer Klarheit und Präzision den Kurs für die Privatisierungsprojekte vor. Das Führungsteam war gut.

Die Mannschaft für die Sanierungsbegleitung bestand überwiegend aus fest angestellten Treuhandmitarbeitern, die wohl aus den früheren DDR-Ministerien rekrutiert worden waren. Die Privatisierungsteams hingegen waren alle extern und nur befristet mit Unternehmensberatern, Wirtschaftsprüfern und Steuerberatern besetzt. Planmäßig sollte es schließlich nicht allzu lange dauern, geeignete Käufer zu finden.

Es gab mehrere Privatisierungsteams, die unterschiedliche Branchenschwerpunkte hatten. In meiner kleinen Unit waren wir zu dritt. Unsere Branche war die Bekleidungsindustrie. Ein zweites Team, das sein Büro direkt neben uns hatte, kümmerte sich vorrangig um Textilunternehmen. Mit ihm bestand vom ersten Tag an auch eine Art Konkurrenzkampf.

UNSER DREIKÖPFIGES PRIVATISIERUNGSTEAM

In meinem Team waren wir alle drei von Roland Berger. Ich war der einzige fest angestellte Teamleiter und direkt verantwortlich gegenüber Kapitän Haddock in München. Ich hatte zwei freie Mitarbeiter, Udo und Stefan. Beide Berufsanfänger, gerade erst mit dem Studium fertig geworden bzw. noch in der Examensphase des Hauptstudiums. Wir kannten uns bereits aus U1U und hatten uns diese Konstellation gewünscht.

Udo war ein verrückter Kerl, den ich vom ersten Tag an sehr mochte, groß, athletisch, blond und blauäugig. Er war Ende zwanzig und hatte eine besondere Ausstrahlung, die von seiner Intelligenz, seiner

Eloquenz und seiner tiefen Stimme geprägt wurde. Er hatte schon in frühen Jahren erheblichen Haarausfall, was ihn ärgerte. Aber er fand sein ganz eigenes Konzept, diesem Umstand zu begegnen, indem er die Haare kunstvoll gelte, durcheinander wirbelte und gleichzeitig auftürmte, so dass ein ziemlich verrückter »wild wet look« entstand, der gleichzeitig sein Markenzeichen war.

Udo hatte in seinem jugendlichen Alter schon eine Menge erlebt. Er hatte ein ausgeprägtes Abenteurer-Gen. Mit seinem besten Freund war er nach dem Abitur mit wenig Geld in der Tasche in die USA gereist. Der Reiseplan sah vor, einmal quer durch die USA von der Ost- an die Westküste zu reisen. Wie das genau ablaufen sollte, war beiden nicht richtig klar. Aber mit solchen Kleinigkeiten hielten sie sich nicht auf. Sie kauften einfach ein Auto und fuhren los. Unterwegs ging ihnen das Geld aus und als sie in Los Angeles ankamen, waren sie halb verhungert und so abgerissen, dass ihnen praktisch nur noch die sofortige Rückkehr nach Deutschland blieb.

Das Schicksal wollte es jedoch anders, denn am Abend vor der Abreise lernten sie in einer Bar jemanden kennen, der ihnen anbot, mit ihm eine Diskothek zu bauen. Er hatte die Immobilie und brauchte jemanden, der ihm bei Bau und Einrichtung half. Er konnte ihnen Unterkunft und Verpflegung bieten. Das kam ihrem Erlebnishunger entgegen und sie schlugen begeistert ein.

In dem folgenden Jahr bauten sie das Vertigo, später eine der angesagtesten Discos in Los Angeles. Die Arbeitskräfte holten sie sich täglich mit dem Pick-up aus den mexikanischen Slums. Nach der Eröffnung machten sie bei der Betreibung des Ladens mit. Dort gehörten unter anderem Mickey Rourke und die Kashoggi-Familie zu den Stammgästen. Am Morgen, wenn die Disco zumachte, fuhren sie mit ihren Harleys nach Santa Monica zum Baden im Pazifik. Ich habe während unserer Zusammenarbeit viele, viele irre Geschichten über diese Zeit gehört. Irgendwann mussten die beiden entscheiden, ob sie es dabei beließen, oder ob sie noch eine seriöse Ausbildung durchlaufen wollten. Sie entschieden sich für Letzteres und kehrten LA schweren Herzens den Rücken. Nach Abschluss seines BWL-Studiums war dieser »Freak« nun Teil meines Teams.

Stefan war Anfang zwanzig. Noch nicht einmal ganz mit dem Stu-

dium fertig. Es fehlte noch die Diplomarbeit. Aus dem Praktikanten-
job in den Semesterferien war aber schnell eine so spannende Sache
geworden, dass er das Studium unterbrach. Das Treuhandabenteuer
war für ihn eine so einmalige Herausforderung und Chance, dass er
erst einmal alles andere stehen und liegen ließ. Stefan fehlte im Alter
von 25 Jahren natürlich die Seniorität. Schon vom Äußeren her war
er sichtbar der Junior im Team. Mit seiner kleinen runden Brille sah
er ein bisschen so aus wie der Komponist Franz Schubert auf Jugend-
porträts.

Stefan sollte nicht nach außen hin tätig werden. Aber er war ein
sehr klarer Kopf und betriebswirtschaftlich ziemlich fit. Er war Udo
und mir in den folgenden Monaten eine wertvolle Stütze. Während wir
unterwegs waren und Interessenten und Unternehmen besuchten, aus
taktischen Gründen immer zu zweit, hielt er uns den Rücken frei, ma-
nagte unser Backoffice in der Treuhandanstalt perfekt und analysierte
die Firmenunterlagen.

Wir bekamen zehn Unternehmen zugeteilt, alle Bekleidungsherstel-
ler, für die wir eine Privatisierungslösung suchen mussten. Das Team
hinter der Nachbartür bekam ebenfalls zehn Unternehmen in seine
Obhut. Weil die von anderen Beratungsgesellschaften kamen und uns
außerdem nicht sonderlich sympathisch waren, bedeutete dies vom
ersten Tag an sportlichen Wettbewerb.

Davon abgesehen begannen für uns nun zwölf Monate, die wohl
heute keiner von uns missen wollte. Eine aufregende Zeit, die uns allen
ein bisschen den Appetit verdorben hat für die »normalen« Karriere-
wege und unser Berufsleben danach. Udo und ich waren die Paradies-
vögel in der innen und außen biederen Treuhandanstalt voller Wirtschaftsprüfer, Steuerberater und Rechtsanwälte. Wir waren ständig auf
Achse, bei Terminen in Ost und West. Auf Modemessen in Düsseldorf
und Köln. Oder bei Interessenten.

Auf den Modemessen hatten wir schnell die Plätze herausgefun-
den, an denen man abends sein musste, um »beautiful people« und die
schönsten Models zu sehen. Udo kam aus der Nähe von Düsseldorf
und kannte sich aus. Er wohnte in einer alten Mühle, die er auf drei
Etagen und 400 qm improvisiert und kostensparend restauriert hatte.

Das Bad befand sich im alten Kornsilo, den er einfach mit Beton aus-
gegossen hatte.

Dort übernachteten wir und abends ging's dann auf die Piste. Am
liebsten waren wir im Caruso, dem damaligen Szene-Restaurant am
Bilker Bahnhof, einem italienischen Fischlokal mit echtem Opernsänger. Der war klein, trug Schnurrbart und eine Schärpe um seinen
dicken Bauch, auf den er sich in unnachahmlicher Art seine Ukule-
le klemmte. Er hatte eine unglaubliche Stimme und zelebrierte den
abendlichen Auftritt, als wäre es die Mailänder Scala. Die Stimmung
stieg und nach 23 Uhr wurde auf den Tischen getanzt. Dazwischen feiner Fisch und reichlich Wein. Wir fuhren mit Udos altem, orangefar-
benen 70er Porsche Targa dorthin und sehr spät in der Nacht ziemlich
angeheitert und sehr glücklich wieder zurück in die alte Mühle.

Stefan hielt uns inzwischen treuhandintern den Rücken frei. Dabei
zeichnete er sich sowohl durch politisches Geschick als auch durch
eine gewisse Hartleibigkeit aus, die ich auch später noch an ihm erleben durfte.

Udo und ich kauften uns bei unseren Firmenbesuchen in diversen
Fabrikverkäufen neue Klamotten – häufig die gleichen, wie zum Beispiel
zwei lange schwarze Kaschmirmäntel. Beim morgendlichen Frühstück
im Grandhotel sahen wir dann wie Spiegelbilder aus und einer musste
dann noch einmal ins Zimmer zurück, um sich umzuziehen. Wir konnten schließlich nicht wie Pat und Patachon zum Termin erscheinen.

Unser Outfit und unser Auftreten waren – mit etwas Abstand betrachtet – für Treuhandverhältnisse leicht grenzwertig. Manch einer
mag gedacht haben, uns fehle die sittliche Reife, womit er wohl nicht
ganz unrecht hatte. Ein bisschen war das sicher so. Auf der anderen
Seite waren wir aber auch sehr ambitioniert und heiß darauf, uns zu
profilieren. Wir wollten unbedingt einen guten Job machen. Und wir
waren erfolgreich, was uns gewisse Freiräume einbrachte.

Wir verfolgten in unserer Arbeit einen einfachen Ansatz, der stark
zielgruppenorientiert war. Es ging uns nicht darum, zweifelhafte Substanzwerte zu argumentieren, sondern vielmehr, die Bedarfssituation
potentieller Interessenten zu erkennen: Wir fragten uns systematisch,
welche Unternehmen aufgrund von Unternehmensstrategie und -ent-
wicklung in den letzten Jahren Interesse haben könnten an einem

Zukauf von Kapazitäten. Wir hielten es in unserem Segment für ausgeschlossen, dass irgendjemand an ostdeutschen Marken interessiert sein könnte. Und die Argumente der Treuhand bezüglich vorhandener Unternehmenssubstanz interessierten uns ohnehin überhaupt nicht. Im Gegenteil, diese Argumentationsebene machte uns eher Probleme. Denn die interne Treuhandrevision betrachtete vorhandene Substanzwerte als Assets, die man bepreisen und für die man adäquate Kaufpreise erzielen musste. Aber es gab überhaupt noch keinen funktionierenden Markt, aus dem man z. B. adäquate Immobilienpreise hätte ableiten können.

Interessenten argumentierten natürlich – und das weitgehend zu Recht – aus der aktuellen betriebswirtschaftlichen Situation heraus und benannten, neben der laufenden Verlustsituation, Risiken, wie Absatzeinbrüche und Investitionsstaus, die in der Tat zur Alltagspraxis gehörten. Die Treuhandrevision argumentierte dagegen vorzugsweise mit den Werten, die irgendwann entstehen würden, wenn die Verhältnisse in den neuen Bundesländern sich denen in den alten Bundesländern angeglichen haben würden. Die Zeitachse spielte für sie dabei keine Rolle. Natürlich gab es Immobilien in Berlin, Dresden oder Leipzig, die tatsächlich auf längere Sicht erhebliche Werte darstellten. Aber was waren Grundstücke und Fabrikgebäude in Tanna, Wernigerode und Neubrandenburg wert? Aus diesen unterschiedlichen Perspektiven resultierten große Diskrepanzen, die kaum zu überbrücken waren.

Wir waren überzeugt davon, dass wir uns in dieser Gemengelage ganz in die Interessenlage der potenziellen Erwerber hineinversetzen mussten. Allein schon das Thema der Pönalen, der Vertragsstrafen, sprach dafür. Das waren Strafzahlungen, die an die Treuhandanstalt gezahlt werden mussten im Falle der Nichteinhaltung der vertraglich zugesicherten Beschäftigung. Bei einer Übernahme von beispielsweise 200 Mitarbeitern konnten sich diese in zwei Jahren schon auf satte 3,4 Mio. DM summieren. Solche Beträge mussten potenzielle Erwerber in ihren Businessplänen als Eventualrisiken berücksichtigen. Vielleicht nicht für Großkonzerne, aber für Mittelständler und erst recht für Privatinvestoren wogen solche Risiken wesentlich mehr als irgendwelche Immobilienwerte. Schon allein deshalb, weil sie diese ihren Banken schonend beibringen mussten.

So einfach unser Ansatz war, so erfolgreich war er auch. Es gelang uns in den folgenden anderthalb Jahren, für alle Unternehmen, die wir in unserem Portfolio hatten, Interessenten zu gewinnen und sogar einige richtig große Abschlüsse durchzuführen.

SÄCHSISCHE HERRENMODE

Ein sächsisches Unternehmen für Herrenmode mit Sitz in Dresden war einer der großen alten VEBs (Volkseigene Betriebe) gewesen. Das Besondere an diesem Unternehmen waren zwei Dinge. Zum einen arbeiteten dort immer noch 450 Personen – eine für die Nachwendezeit sehr ordentliche Anzahl. Das zweite waren die in diesem Falle wirklich einmal wertvollen Immobilien. Das Firmengelände lag nämlich im schönen Dresdner Villenvorort Blasewitz, unweit der Elbe in einem der innenstadtnahen Stadtteile mit großbürgerlicher Vergangenheit, für die mit Sicherheit eine exorbitante Wertentwicklung in den nächsten Jahren vorhersagbar war.

Der Interessent, mit dem wir über die Übernahme verhandelten, war ein nordbayerisches Unternehmen, das auf Damenmode spezialisiert war und insbesondere an Konzerne und Ketten verkaufte. Es war im Mass Market damals sehr erfolgreich. Aufgrund des Zugangs zu den Handelskanälen hatte der Inhaber Appetit dafür entwickelt, sein Angebotsspektrum um Herrenmode zu erweitern und hatte wohl seit einiger Zeit schon selbst über das Thema Ostbetriebe nachgedacht. Außerdem sah er mit sicherem Instinkt die Chance, ein gutes Geschäft zu machen.

Der Inhaber war ein zierlicher kleiner Mann weit in den 70ern. Er sah aus wie ein alt gewordener Danny Kaye als Titelfigur aus ›Jakobowski und der Oberst‹. Er war ein aus Russland stammender Jude von zarter, aufgrund des Alters bereits leicht gebeugter Statur, der immer noch mit deutlich ostpreußischem Akzent sprach. Ein charmanter, witziger Gesprächspartner, der lange erkannt hatte, dass er den blendenden Auftritt und die Siegerpose besser anderen überließ.

Anders als viele andere Unternehmerpersönlichkeiten artikulierte er seine Vorstellungen leise und bescheiden. Dabei war Jakobowski ein alter Fuchs und gerissener Geschäftsmann, der ganz genau wusste, was er wollte. Wir wussten von Anfang an, dass wir in diesen Verhandlungen aufpassen mussten wie die Schießhunde, um nicht über den Tisch gezogen zu werden. Wir hatten Jakobowski auf einer Modemesse angesprochen und damit anscheinend offene Türen bei ihm eingestoßen. Obwohl er das natürlich nicht zu erkennen gab. Denn wie heißt ein alter jüdischer Geschäftsgrundsatz:»Die Ware, die de willst haben, muss te verachten!«

Jakobowski wurde in der Branche ein intimes Verhältnis zu Nachkommastellen zweiten und dritten Grades nachgesagt. Unsere späteren Erfahrungen haben das bestätigt. Aber er war auch ein sehr liebenswerter Mensch, voller Witz und Selbstironie. Wir mochten ihn von der ersten Minute an. Und das beruhte wohl auf Gegenseitigkeit.

Man erzählte sich von ihm die tollsten Geschichten. Der Firmensitz war irgendwann in den 70er-Jahren in puncto Einrichtung einfach eingefroren worden. Keine Mark wurde an einer Stelle investiert, die keinen unmittelbaren Nutzen brachte. Externe Firmenbesucher hatten – dem Erzählen nach – erlebt, dass sie zum mittäglichen Business-Lunch eingeladen wurden. Nachdem aber der Chef noch verhindert war, wurden sie aufgefordert, sich selbst schon einmal zum Restaurant zu bemühen, der Chef käme dann nach. Dort angekommen erreichte sie aber der Anruf, es verzögere sich noch, sie mögen doch schon einmal bestellen. Nach dem Essen dann der erneute Anruf, Jakobowski schaffe es doch nicht mehr. Der Gast solle einfach wieder zur Firma zurückkommen (nachdem er seine Rechnung selbst bezahlt hatte, versteht sich).

Die Verhandlungen wurden von seinem Adlatus geführt. Für diesen Mann muss man das Wort »Erfüllungsgehilfe« erfunden haben. Nie habe ich einen beflisseneren, untertänigeren Menschen erlebt. Akustisch ließ sich das daraus ablesen, dass er Jakobowski nur »Chef« nannte, und das in jedem Satz mindestens einmal. Seine Rolle war klar: Er war der Minenhund, der »Bad Guy«, dessen Aufgabe es war, in den Verhandlungen alles schlechtzureden. Außerdem war er dazu verdammt, alles zu finden und aufzudecken, was den Gewinn schmälern würde. Jeder Schritt barg die Gefahr, später in Ungnade zu fallen.

Aber wehe, er hätte es übertrieben und wir hätten die Verhandlungen abgebrochen. Es war eine Gradwanderung und der Mann war nicht zu beneiden. Wir hatten nämlich riesige Probleme, den Fall in der Treuhand durchzubringen. Obwohl Jakobowski 350 Mitarbeiter übernahm und mehrere Millionen Kaufpreis zahlte. Die Dresdner Immobilien! Die Controller schüttelten wieder mal energisch ihre zorngeröteten Häupter.

Nach viel Hin und Her trafen wir uns schließlich doch beim Notar in Berlin zur Vertragsunterzeichnung. Die Vorlage hatte den Vorstand passiert und war trotz größter Bedenken befürwortet worden. Aufgrund der Brisanz des Falles war die Privatisierungschefin beim Notartermin dabei. Gott sei Dank! Denn dann passierte das völlig Unvorhergesehene. Der mit großer Entourage pünktlich um neun Uhr angereiste Jakobowski brachte ein neues Thema nach dem anderen auf den Tisch. Alle nicht von unserer Vorstandsvorlage gedeckt. Promoter jeder neuen Forderung war der Erfüllungsgehilfe, der schreckliche Angst hatte, irgendetwas zu übersehen, was seinem Chef später missfallen würde. Der hatte ihm wohl ordentlich die Hölle heißgemacht. Nervös steigerte der Erfüllungsgehilfe das Ausmaß seiner Dienstbeflissenheit im Laufe des Notartermins minütlich. An jeder Formulierung hatte er etwas auszusetzen, was er immer mit einem penetranten »Nö, nö, nö!« artikulierte. Ständig ließ er verlauten: »Chef, das war so nicht vereinbart, sondern muss ganz anders heißen ...«, oder »Aufgepasst, Chef, diese Kosten dürfen wir nicht übernehmen!«

Schließlich passierte ihm ein Missgeschick, das er sich redlich verdient hatte und das ihm von unserer Seite längst vergönnt war. Hektisch nach einem Ordner quer über den Tisch greifend warf er das Wasserglas um, das er eine Minute zuvor seinem Herrn und Meister frisch eingeschenkt hatte. Der Inhalt floss über den ganzen Konferenztisch. Der Erfüllungsgehilfe ließ sich aber in seinem Redeeifer davon nicht stören. Er machte nicht einmal eine Pause, stammelte nur kurz »Entschuldigung – Chef«, redete weiter, strich dabei, um die Sache nebenbei schnell wieder in Ordnung zu bringen, das verschüttete Wasser mit der Hand von der Tischplatte zurück in das nun leere Glas und stellte es tatsächlich Jakobowski wieder vor die Nase.

Ich hatte schon vorher immer wieder mit Udo verstohlene Blicke getauscht. Jetzt konnte ich den Erfüllungsgehilfen nicht mehr anschauen. Krampfhaft versuchte ich, das Lachen zu unterdrücken. Ich biss mir auf die Lippen, aber als ihm das nächste »Chef« herausrutschte, war's vorbei mit meiner Selbstbeherrschung. Ich bekam einen Lachkrampf, der es in sich hatte. Ich konnte ihn nicht stoppen, so sehr ich mich bemühte. So gut es ging versuchte ich wenigstens, ihn zu verbergen. Macht sich ja nicht so gut bei einer so ernsthaften Angelegenheit wie einem Notartermin. Alle schauten mich mit fragenden Blicken an. Hatte ich mich verschluckt? Musste ich niesen oder war's mir zum Weinen? Ich hielt mir die Hand vor das Gesicht, kriegte aber die Kurve nicht. Schließlich entschuldigte ich mich mit dem notwendigen Gang zur Toilette. Dort brauchte ich unendliche fünf Minuten, um wieder runterzu3kommen.

Die finale Verhandlung (eigentlich war ja nur ein Unterschriftstermin geplant gewesen) zog sich von 9 Uhr morgens bis 18 Uhr abends, also unendliche neun Stunden, hin. Zwischendurch standen die Parteien dreimal auf und erklärten die Verhandlung für gescheitert. Jakobowski zog sich dann umständlich Mantel und Hut an, um schließlich in der schon zum Gehen geöffneten Kanzleitür, scheinbar plötzlich zögernd, doch noch einmal umzukehren.

Endlich, es war schon dunkel, wurde der Vertrag unterzeichnet. Jakobowski machte dabei eine ganz verzweifelte Miene, als unterschriebe er sein eigenes Todesurteil. Ich wusste aber, dass der alte Fuchs sehr zufrieden war mit dem Erreichten. Schon im Aufbruch begriffen, gratulierte ich ihm und stellte fest, er habe jetzt, nach Durchsetzung einiger seiner zusätzlichen Forderungen, doch wohl ein recht gutes Geschäft gemacht. Seine Antwort, die ich nie vergessen werde, war mit einem schelmischen Grinsen:»No, Ihr von Treuhand derft auch niecht immer so knickerich sein.«

Immerhin gibt es das Unternehmen auch heute noch. Vater und Sohn Jakobowski sind heute noch in der Geschäftsleitung. Der Dresdner Hauptsitz in Blasewitz ist zwar längst aufgegeben. Wahrscheinlich wurde er verkauft oder man hat dort mit den Immobilien selbst etwas Sinnvolleres angefangen. Dafür ist heute der frühere Zweigbetrieb in Bischofswerda Sitz der Gesellschaft, der ausgebaut und modernisiert wurde.

Im Berlin Anfang der 90er-Jahre zog es einen abends magisch in die Szenelokale. Ständig machte irgendwo eine neue Bar, ein Club oder eine Diskothek auf. Im Scheunenviertel gab es einen House-Club, der sich, drei Stufen hinunter, im Souterrain eines Rückgebäudes in der hintersten Ecke eines maroden Häuserblocks befand. Dort wurde sensationelle Musik gespielt, die Luft war durch dicke Rauchwolken zum Zerschneiden und die Leute waren richtig gut drauf. Der Weg dorthin führte durch drei dunkle Hinterhöfe und war nachts nur durch eine Kette von Teelichtern gekennzeichnet. Ich hatte mich gut darüber informiert, welche Restaurants und Clubs angesagt waren, und galt unter Kollegen bald als der Szenekenner. Dabei war eigentlich nicht ich es, der so genau wusste, wo man hingehen musste, sondern mein Bruder Dominik, der damals an der TU Berlin Architektur studierte. Er hatte ein gutes Feeling für den richtigen Mix von Atmosphäre, Musik und Publikum, war mittendrin und immer am Puls der Zeit. Oft zogen wir, wenn die Arbeit es erlaubte, auch zusammen los. Allerdings gab es immer Diskussionen um mein Outfit. Denn ich kam meistens direkt aus dem Büro, im grauen Anzug. Dominik schaute dann skeptisch an mir herunter und fragte, ob ich nicht ein wenig overstyled wäre, ob ich nicht wenigstens eine alte Jeans mithätte.

Berlin-Mitte ist auch heute noch in Deutschland einzigartig. Restaurants wie das Borchardt oder den Grill Royal findet man weder in Hamburg noch in München. Es gibt tolle Clubs und Diskotheken. Die Vielfalt ist riesig. Das Szenepublikum ist ein völlig anderes als in anderen deutschen Städten. Da sitzt der Bürgermeister mitten zwischen der Show-Prominenz, den Medienvertretern und den lokalen Größen – vom Modeschöpfer bis zum Star-Coiffeur. Die Internationalität kann man an den vielen verschiedenen Sprachen erkennen, die bis spät in die Nacht zu hören sind. Medien- und Filmbranche sowie die Politikerszene haben die Stadt entdeckt. Die Modeszene hat Berlin durch die Messen Bread & Butter und Premium sowie die Mercedes-Benz Fashion Week wieder zu einer Fashion-City gemacht.

Angesagt war damals auch das Viertel um den Savignyplatz im

Westteil der Stadt. Dort gab es das italienische Lokal Roccoco. Der Wirt Fidele war ein italienischer Schwerenöter, der bereits durch viele Höhen und Tiefen gegangen war. Zwei besondere Lieben brachten ihn immer wieder und ständig an den Rand des Ruins. Das eine waren die Frauen (klar), das andere rote Ferraris. Fidele war der Typ von Wirt, den man als Padrone bezeichnet. Er ging von Tisch zu Tisch, begrüßte jeden persönlich, sprach ein paar liebenswürdige Worte und hatte ein sicheres Gespür dafür, wann er die Korken knallen lassen musste. Dies ist eine Basis-Fähigkeit, ohne die Wirte von Szenelokalen gar nicht anzufangen brauchen. Das ist im Voile Rouge in Saint Tropez oder im Cavos in München genauso wie im Rainer's am Wörthersee. Wer kein Gefühl dafür hat oder zu kniepig ist oder einfach den Moment verpasst, in dem er die Musik aufdrehen, den Champagner verspritzen und die Gäste auf die Tische holen muss, der braucht in dieser Szene gar nicht anzutreten.

Fidele konnte das. Er konnte es sogar sehr gut. Außerdem war das Essen ausgezeichnet. Udo und ich waren gleich beim ersten Besuch begeistert und gingen mit dem sicheren Gefühl, hierher sehr bald zurückzukommen. Bei einem unserer Folgebesuche lernten wir dann auch noch eine Damenrunde kennen. Diese Damenrunde bestand aus ca. zehn gestandenen Frauen aus der Berliner Hautevolee, oder sagen wir mal, dem Berliner Geldadel. Alle waren so um die 30–35 Jahre alt und ausnahmslos ziemlich attraktiv, was aber überhaupt kein Nachteil war. Alle waren verheiratet mit reichen älteren Geschäftsleuten, die meisten davon im Immobiliengeschäft, einige mehrere Hundert Millionen schwer. Sie wohnten alle im reichen Berliner Westen – im Grunewald, in der Nähe des Wannsees oder am Halensee – den besten Berliner Wohngegenden. Alle fuhren dicke Luxusschlitten und verfügten über die modischen Insignien ihres wirtschaftlichen Wohlstands. Diese Damenrunde traf sich, wie sich später herausstellte, immer am Mittwochabend im Roccoco, und wie das Schicksal es wollte, saßen wir eines Abends am Nebentisch. Irgendwann im Laufe des Abends gab es den ersten Kontakt und irgendwann saßen Udo und ich bei den Damen am Tisch. Zu zweit gegen diese Überzahl. Der Abend endete um drei Uhr morgens bei Champagner, tanzend auf den Tischen. Fidele hatte, wie immer, wenn er in Stimmung kam, Luciano Pavarotti aufgelegt mit »Nessun dorma« aus Puccinis ›Turandot‹ und »Caruso« von Lucio Dalla. Auf Konzertlautstärke aufgedreht, waren die zwei Lieder immer das Zeichen, dass es jetzt losging mit der Party. Von da an war der Mittwoch gesetzt. Er wurde zum Highlight der Woche. Die Damen hatten uns gefragt, ob wir nächstes Mal wieder dazukämen, was für uns natürlich keine Frage war. Wir hatten extrem viel Spaß, es ging immer bis früh in den Morgen und wir waren nie diejenigen, die die Rechnung bezahlten. Jedes Mal meldete sich eine andere und meinte, heute wäre sie mal dran. Unser gelegentliches Angebot, auch einmal »la Dolorosa« zu übernehmen, wurde rigoros abgelehnt. Es sei ihre Runde und wir seien ihre Gäste. Wir waren nicht dabei, weil ein Finanzier gebraucht wurde, sondern für den Spaß.

Der einzige unangenehme Nebeneffekt, für mich zumindest, war die Tatsache, dass im Direktorat U3TL ausgerechnet der Donnerstagmorgen für die Bereichsleitersitzung angesetzt wurde. Diese Runde begann um 9.00 Uhr. Ich war manchmal erst im Morgengrauen ins Hotel zurückgekommen. Doch als Teamleiter musste ich da hin, auch wenn's noch so schwerfiel. Udo meldete sich krank, wenn's allzu heftig gewesen war. Ich stellte mich mit der Zeit darauf ein, indem ich am vorherigen Dienstag früh schlafen ging. Ich habe keine Bereichsleitersitzung versäumt. Allerdings kam ich fast immer fünf Minuten zu spät, was nicht gut ankam. Der Cyrano warf mir dann einen strafenden Blick zu. Er wusste ja nicht, welche Leistung es war, überhaupt dort zu erscheinen.

SÄCHSISCHE DAMENMODE

Bei unserer Analyse der westdeutschen Modemarken, die über eine dynamische Entwicklung im Markt verfügten und möglicherweise von der Produktion her Bedarf aufweisen konnten, kamen wir schnell auf eine prosperierende Firma aus dem Rheinland. Das Unternehmen war damals einer der Shootingstars der Branche. Dem Inhaber boten wir eines der Top-Unternehmen der früheren DDR-Oberbekleidungsindustrie an, das seinen Sitz in Leipzig hatte. Unser Kalkül war, dass ein Unternehmen, das jedes Jahr zweistellig wuchs, auf Dauer nicht mehr ausschließlich mit Zwischenmeistern arbeiten, d. h. seine Produktion vollständig an Subunternehmer vergeben konnte. Diese Annahme ging auf und der Fisch biss an.

Der Inhaber war ein Spürhund mit einem sicheren Instinkt für Geld. Wenn er Profit witterte, war er von der Fährte nicht mehr abzubringen. Er war ein energischer Typ vom Schlage eines Tommy Lee Jones – der in ›Auf der Flucht‹ Dr. Kimble jagt. Seine wichtigste Waffe war das Wort – ohne dass er dabei ein großer Rhetoriker war. Ich habe aber nie wieder einen Menschen kennengelernt, der in der Lage war, jeden Gesprächspartner dermaßen in Grund und Boden zu reden. Er war mit einer so unglaublichen Passion und Unerbittlichkeit unterwegs, wenn es um »sein« Geld und seinen Profit ging. Dabei hatte er selbst ein instinktives Gefühl dafür, dass er seinen Gesprächspartnern mit stundenlangen Monologen manchmal zu viel zumutete. Denn er hatte sich im Lauf der Zeit angewöhnt, nach jedem Redeschwall nachzufragen, ob der andere noch bei ihm war. Er sagte dann immer: »Verstehst du?« oder »Verstehen Sie, was ich meine?« Dies war bei ihm eine stehende Redewendung, mit der er sein Gegenüber ähnlich »einholte« wie ein Angler den Fisch, wenn er die Angel ruckartig aufstellt und dann schnell die Leine einrollt.

Ich habe bei mir selbst und vielen anderen erlebt, dass man nach Terminen mit Tommy Lee dastand wie nach einer Gehirnwäsche. Man konnte ihm kaum wiederstehen. So unbezähmbar und zwingend war sein Glaube an die eigene Mission. So mitreißend war die Darstellung des Sendungscharakters seiner Markenbotschaft – wie die Glaubenslehre eines buddhistischen Gurus. Dabei war er ungeduldig, und wenn die Dinge sich nicht so entwickelten, wie er sich das vorstellte, konnte er schon mal aus der Haut fahren. Mehr noch, er konnte zum Hulk werden.

Der Leipziger Damenmodebetrieb hatte unbestritten technisches Know-how. Ähnlich wie das sächsische Herrenmode-Unternehmen hatte er aber leider auch wertvolle Immobilien, nämlich in zentraler Lage von Leipzig.

Nach zähen – in diesem Fall allerdings völlig gerechtfertigten – monatelangen, teils zermürbenden Preisverhandlungen, immer liebevoll begleitet vom Treuhand-Controlling, übernahm Tommy Lee die Leipziger Firma mit immerhin 130 Mitarbeitern. Wir mussten dafür weit über unsere normalen Tätigkeiten hinaus mitdenken und organisieren. So vermittelten wir zum Beispiel eine produktionserfahrene Betriebsleiterin von einer Berliner Firma nach Leipzig, um das Geschäft möglich zu machen. Personalvermittlung war eigentlich nicht unsere Aufgabe, aber die Frau war super und in der Berliner Firma hatte sie keine Perspektive. (Tommy Lee sagte mir später einmal, dass erst diese Produktion und Produktionsleitung ihnen beigebracht habe, was Nähqualität bedeutet). In Leipzig ist uns so ein strategisch aussichtsreicher Deal gelungen, der in den Schlagzeilen der Fachpresse sogar gefeiert wurde. Tommy Lee sprach von langen, harten, aber fairen Verhandlungen.

THÜRINGER ANZÜGE

Eines Tages meldeten sich, ausnahmsweise einmal von sich aus, zwei Interessenten bei uns. Das erste Treffen mit den beiden Herren fand in konspirativer Atmosphäre in einem ominösen Hotel irgendwo an der A8 in der Nähe von Ulm statt. Niemand durfte etwas wissen, niemand irgendetwas erfahren.

Die Herren waren in der Geschäftsleitung von René Lezard tätig. Ebenfalls eine Marke, die damals sehr erfolgreich war. Der eine als Produktionsleiter, der andere als Chefdesigner. Sie hatten es satt, als Angestellte für andere zu arbeiten, und wollten ihr eigenes Ding machen. Die Öffnung des Ostens hatte ihre Fantasie beflügelt. Und ihr Auge war auf eine Firma in Tanna im östlichen Thüringen gefallen. Eines der Unternehmen, die schon zu DDR-Zeiten für den Westen (NSW, nichtsozialistischer Wirtschaftsraum) gearbeitet hatten und auch aktuell noch Lohnfertigungsaufträge von namhaften westdeutschen Unternehmen erhielten.

Wir kannten Tanna, das mit 200 Arbeitskräften auch eines der großen Unternehmen war, schon aus der Prüfungsphase und wussten um die Leistungsfähigkeit der Produktion. Was fehlte, war eben ein modernes Styling und eine marktorientierte Führung. Die Perspektive einer Privatisierung mit zwei gestandenen Modemanagern, die ihr Geschäft beherrschten, gefiel uns schon auf den ersten Blick außerordentlich gut. Von solchen Interessenten mit Mut zum Risiko und einer Markenidee im Kopf hätten wir mehr gebraucht.

Die beiden wollten das Unternehmen übernehmen. Mit allen 200 Mitarbeitern. Die Finanzierung wollten sie über Existenzgründungsdarlehen und Bankkredite sicherstellen. Und sie waren sogar bereit, für Immobilien in der Pampa (wer wusste schon, wo Tanna in Thüringen liegt) und Maschinen einen Kaufpreis in Millionenhöhe zu zahlen. Wir waren uns sicher, dass das etwas werden konnte, und waren begeistert.

Tanna hatte tatsächlich Chancen. Denn der Herren-Konfektionsbereich war damals ein Segment im deutschen Bekleidungsmarkt, in dem man sich einen Anbieter für das gehobene Marktsegment noch sehr gut vorstellen konnte. Wir hatten auch schon einige Gespräche mit anderen Interessenten geführt, die aber inzwischen abgesprungen waren.

Ein einigermaßen großes Problem war der noch immer tätige frühere VEB-Chef und damalige Geschäftsführer. Er war wohl Mitte 60 und hatte sich in der DDR-Zeit offenbar von ganz unten nach ganz oben gedient, ein Schwadroneur erster Güte. Eine merkwürdige Mischung aus disziplinierter Beflissenheit und aggressiver Jovialität. Stil war nicht seine Sache. Meistens trug er einen abgewetzten braunen Synthetik-Anzug und eine bekleckerte Krawatte. Man wunderte sich, wie ausgerechnet der auf die Modebranche gekommen war. Ebenso exquisit wie sein Modestil war auch sein Essensgeschmack. Bei jedem unserer Besuche hatte er, sehr aufmerksam, »einen kleinen Imbiss vorbereitet«. Der bestand dann aus einer vertrockneten Grillwurst mit Petersiliensträußchen und halber Gurkenscheibe, der so unappetitlich aussah, dass man keinen Bissen herunterbrachte. Wir jedenfalls nicht. Ihn störte das aber nicht. Er aß die von uns nicht angetasteten Reste einfach selber auf.

Wenn wir, die neuen Herren von der Treuhandanstalt, anriefen, um irgendwelche Sanierungs-Themen zu besprechen, liefen die Gespräche immer nach dem gleichen Schema ab. Erst ging der Ruf durch, was man an einem zerhackten Tuten auf der anderen Seite erkennen konnte. Nach einem immer langen Warten meldete sich eine hohe Frauenstimme:»Tanna Bekleidung«. Auf meine Bitte, mit dem Chef verbunden zu werden, piepste sie:»Einen Moment, bidde.« Dann dauerte es wieder lange und dann meldete sich der Schwadroneur mit einem tiefen, lang gezogenen Bariton, um unwirsch seinen Namen zu nennen. Kaum aber war das»Zauberwort« Treuhandanstalt gefallen, hatte man den Eindruck, er sei am anderen Ende aufgesprungen und habe salutiert. Ab sofort kamen alle Antworten wie aus der Pistole geschossen.

Nach dem stereotypen Gesprächsbeginn widmete man sich gerne konkreten Fragen des Tagesgeschäfts:»Wie kommen Sie bei der Sakko-Lohnfertigung für die Markenkunden weiter?« So konkret angesprochen, kam der Schwadroneur schnell ins Erzählen.»Dazu zu sahren« (zu diesem Thema zu sagen),»auf der Saggo-Stregge« (bei den Sakkos)»und ooch bei den Housen« (und auch bei den Hosen)»haben wir noch eiinische Probleme.«

Er verstand es glänzend, vermeintliche Vertrautheit mit Personen zu vermitteln, die für die weitere Unternehmensentwicklung bedeutsam waren. Damit man mitbekam, dass er die Weichen an dieser Stelle gestellt hatte.»Isch hab darüber ooch in der ledzden Woche midn Herrn Robert A. unnd ooch midn Sieschfried gesprochen.« Die waren die Inhaber des Auftraggebers und natürlich hatte keiner der Herren ihm je das»Du« angeboten.

Manchmal gab es eine Störung in der Leitung. Wenn es knackste und rauschte, musste man damit rechnen, dass das Gespräch zusammenbrach. Und weil er das auch wusste, schrie er bei solchen Störungen in ungeduldigem Ton»Teilnehmer!« in den Hörer.»Hallooo, Teilnehmer?« Das war so lustig, dass wir ab und an die Störung absichtlich simulierten – nur, um das»Teilnehmer« noch einmal zu hören. Wenn es bei Gesprächsende um die Abstimmung der weiteren Schritte ging, beeilte er sich zu bestätigen, was man gerade vorgeschlagen hatte:»Da brauchn 'mer uns nisch drüber zu underhaldn.« Oder»Isss klar!!!!«.

Natürlich waren die Übernahme-Interessenten völlig unerfahren in Unternehmenskäufen und brauchten umfassende Beratung bei allen Detailfragen. Sie waren sehr sympathisch, ihr Konzept hatte etwas und wir wollten ihnen sehr gerne helfen. Wir bemühten uns also, ihnen Fachleute zu vermitteln und mit ihren Geschäftspartnern, wie der Hausbank, Probleme auszuräumen. Auf jeden Fall kamen wir mit vereinten Anstrengungen innerhalb von drei Monaten zu einem aus unserer Sicht einigermaßen soliden und vielversprechenden Übernahmemodell, das wir treuhandintern guten Mutes auf den Weg brachten.

Doch dann kamen wieder unsere Freunde vom Treuhand-Controlling aus der Deckung. Problem war die relativ neue Immobilie, die aus Sicht der Controller wiederum einen ungeheuren Wert darstellte, den es unerbittlich und gegen jeden Widerstand zu monetarisieren galt. Man muss sich diese Gedankengänge in etwa so vorstellen:

Es hätte ja immerhin sein können, ja, wäre bei ein bisschen Fantasie nicht einmal unwahrscheinlich gewesen, dass ein internationaler Paketdienst, wie etwa UPS, es sich hätte einfallen lassen, seine Europazentrale in diesen kleinen Ort nahe der A9 München-Berlin zu legen. Und dann wäre die Immobilie doch Millionen (!) wert gewesen. Und diese namenlosen beiden Glücksritter (die vielleicht nur Scharlatane waren und an persönliche Bereicherung dachten), die wollten diese fabelhafte Substanz für läppische 2,5 Millionen DM ergaunern.

Gut, sie waren bereit, 200 Mitarbeiter zu übernehmen und den Erhalt dieser Arbeitsplätze für zwei Jahre mit Pönale zu garantieren. Aber was war das gegen den potenziellen Wert des sagenhaften Immobilienschatzes! Diese Controller zeichnete unzweifelhaft ein grenzenlos tiefes Verständnis für die Praxis des Wirtschaftslebens aus.

Der für uns zuständige Vorstand war der spätere Bundeswirtschaftsminister Dr. Günter Rexrodt, eigentlich ein smarter Typ. Aber auch er war kritisch, wenn es um die verhandelten Kaufpreise ging. Unsere Vorstandsvorlage Tanna hatte für Wirbel gesorgt. So kam ich an einem Montagmorgen, gerade mit dem ersten Flieger von München nach Berlin gereist, in der Treuhand an und auf meinem Tisch lag ein Zettel, ich solle mich *sofort* bei Dr. Rexrodt melden. So eine persönliche Vorladung ließ dann schon das Blut ein bisschen schneller fließen.

Dr. Rexrodt empfing mich mit den Worten: »Na, bei Ihnen möchte ich auch ein Unternehmen kaufen – bei Ihren Kaufpreisen. Sie verschenken wohl alles.« Ich wagte mit einem Lächeln zu entgegnen, dass ich bei der richtigen Anzahl übernommener Arbeitsplätze durchaus auch für ihn zu Zugeständnissen bereit wäre. Wodurch er sich tatsächlich besänftigen und danach wenigstens teilweise überzeugen ließ. Dennoch hätte er weniger auf sein Controlling hören und sich ein bisschen mehr in die wagemutigen Interessenten hineinversetzen sollen, deren Traum eine eigene Marke war, die sie zu einem großen Erfolg machen wollten. Aufgrund der Forderungen des Controllings mussten wir bei den verhandelten Vertragskonditionen aufsatteln. Die beiden waren euphorisch genug, dennoch an ihrem Traum festzuhalten. Sie machten den Deal, zu dem wir ihnen nicht mehr guten Gewissens raten konnten. Man hätte ihnen in der Treuhand einen roten Teppich ausrollen müssen.

Im Nachhinein stellte sich heraus, dass wir mit unserem erhöhten Kaufpreis deutlich über dem für die Erwerber betriebswirtschaftlich verträglichen Niveau gelegen sind. Sie hätten das Unternehmen eigentlich geschenkt bekommen müssen. Nach jahrelangem, existentiellem Kampf ist ihr Projekt später gescheitert. Die Inhaber hatten sich inzwischen längst entzweit. Einer ist im Alter von 45 Jahren gestorben. Das Projekt Tanna war an seinen gesundheitlichen Problemen sicher nicht unbeteiligt.

WEITERE VERKÄUFE UND GESAMTES TEAMERGEBNIS

Uns gelangen noch einige weitere Deals. Ein fränkischer Hersteller von Matratzen und Artikeln rund um das Bett war Anfang der 90er-Jahre sehr expansiv und wollte die Kapazitäten erweitern. Im sächsischen Oschatz hatten wir eine moderne Halle und Mitarbeiter, die die textile Fertigung beherrschten. Die Firma selbst hatte keine Zukunft. Der Matratzenhersteller übernahm das Werk mit 300 Mitarbeitern. Es besteht noch heute und ist eines von vier Werken in der Unternehmensgruppe. In Oranienburg, nördlich von Berlin, gab es einen kleinen Nähbetrieb, der mit 80 Mitarbeitern von einem dänischen Bekleidungskonzern übernommen wurde.

Wir verkauften in zwölf Monaten neun von unseren zehn Unternehmen. Bei unseren Verkäufen handelte es sich überwiegend sogar um Share Deals, d. h. wir verkauften tatsächlich die Gesellschaften bzw. deren Anteile. Nur in vier Fällen gelang uns das nicht. Bei diesen Fällen übernahmen die Erwerber in sogenannten Asset Deals lediglich bestimmte Vermögenswerte, wie Immobilien, Maschinen und Warenvorräte. Die Abwicklung des Firmenmantels blieb dann Sache der Treuhand.

Insgesamt wurden durch unsere Verkäufe fast 1500 Arbeitsplätze gesichert, was einer durchschnittlichen Mitarbeiterzahl von fast 170 Personen pro Unternehmen entsprach. Diese Arbeitsplätze wurden durchweg für zwei Jahre garantiert und durch die schon genannten Pönalen in Höhe von 8 400,– DM (p. a.) pro Arbeitsplatz gesichert. Zu den Käufern gehörten sechs große Unternehmen aus der Branche. Darunter ein sehr erfolgreicher Anbieter aus Dänemark. Bei zwei weiteren Fällen handelte es sich um Management-Käufe externer Manager (MBI) oder der aktiven Geschäftsleitung (MBO).

Von den Erwerbern wurden insgesamt über 23 Mio. DM Kaufpreis bezahlt und für fast 90 Mio. DM Investitionen zugesichert.

Wir waren auf diese Bilanz in der krisengeschüttelten Textilindustrie mächtig stolz. Im Nachhinein denke ich, auch zu Recht. In einer Branche, die sich auch im Westen seit Jahren auf einer steilen Talfahrt befand, und in der Jahr um Jahr zig Betriebe dichtmachten und Tausende von Arbeitsplätzen abgebaut wurden, waren solche Ergebnisse nicht wirklich zu erwarten gewesen.

Insgesamt stellte sich später als Ergebnis der von uns durchgeführten Privatisierungen heraus, dass sie die wenigen zumindest vorübergehend weiterexistierenden Rudimente der DDR-Bekleidungsindustrie darstellten. Allerdings hatten wir uns diesen Erfolg treuhandintern teuer erkauft. Im Direktorat wurde unsere Leistung anerkannt, aber im Controlling hinterließen wir verbrannte Erde und zerrüttete Beziehungen.

WEICHENSTELLUNG

1993

ERSTER KONTAKT MIT EXZELLENT

Mitte 1991 hörte ich zum ersten Mal den Namen Exzellent (damals noch mit »z« geschrieben).

Mein Vater war es, der mich zum ersten Mal darauf angesprochen hatte. Er hatte nämlich einen Jugendfreund, mit dem er in den 30er-Jahren in Dresden zur Schule gegangen war. »Onkel Heiner« war mir und meinen Brüder aus der Kinderzeit sehr vertraut. Nicht nur, weil er ein sehr charmanter und liebenswerter Mensch war, der immer ein Lächeln im Gesicht hatte und große Freundlichkeit und Höflichkeit ausstrahlte. Er war außerdem Deutschland-Chef der Firma Corgy Toys gewesen. Die hatten in meiner Kindheit die allerschönsten, originalgetreuen Spielzeugautos hergestellt. Was heute LEGO Star Wars ist, waren damals Matchbox und eben Corgy Toys. Natürlich brachte er uns Jungs bei seinen Besuchen regelmäßig die schönsten und neuesten Exemplare mit. Was ihn bald mit deutlichem Abstand zum Lieblingsonkel machte.

Heiners Familie hatte früher ein großes Unternehmen im thüringischen Zeulenroda besessen. Das Unternehmen hieß Julius Römpler AG und war 1953 enteignet worden. Die Familie hatte man als Nazi-Kollaborateure diffamiert und über Nacht entschädigungslos vom Hof gejagt.

Die Nachfahren überlegten nun, welche Möglichkeiten sich angesichts der Gesetzgebung zur Restitution des zu DDR-Zeiten enteigneten Privatvermögens ergäben. Das Unternehmen sollte angeblich bei der Treuhandanstalt in Berlin betreut werden und inzwischen in die Exzellent Dessous & Mieder GmbH umgewandelt worden sein. Ob ich diesem Fall schon begegnet wäre? War ich nicht, aber auf Nachfrage stellte ich fest, dass es dieses Unternehmen nicht nur tatsächlich gab, sondern, dass es sogar auch noch in unserem Direktorat betreut wurde.

Für mich bedeutete das damit eine sofortige Tabuzone – zumindest für den Moment. Denn die Treuhandanstalt hatte extrem strenge Insiderregeln. Ich durfte Treuhand- und Privatinteressen nicht vermischen, sonst wäre ich in Teufels Küche gekommen. Also meldete ich meine private Verbindung zu diesem Fall dem Cyrano. Er sorgte dafür, dass ich auch weiterhin keinerlei Berührungspunkte mit dem Fall Exzellent hatte, und ich wurde weder mit Fragen der Sanierungsbegleitung noch der Privatisierung oder Reprivatisierung konfrontiert.

DIE HISTORIE DER RÖMPLER AG UND DES VEB ELASTIC MIEDER

Die Firma hatte eine faszinierende Geschichte.

Ein von den Brüdern Julius und Carl Römpler gegründeter kleiner Textilbetrieb wurde erstmals 1861 in Erfurt in das Firmenregister des königlichen Kreisgerichtes eingetragen. 1871 reiste Julius Römpler zu Studienzwecken nach England und erlernte dort die Fabrikation von Gummistrümpfen. Er kaufte Wirk- und Spinnmaschinen und kam damit zurück nach Deutschland. Die Firma zog 1877 von Erfurt nach Zeulenroda, weil in dieser Region textile Facharbeiter besser verfügbar waren. Das Geschäft entwickelte sich prächtig. Auf der Weltausstellung in Antwerpen wurden die medizinisch-technischen Artikel international ausgezeichnet. Vor dem Ersten Weltkrieg gab es sogar eine Dependance in New York, in der Strümpfe produziert wurden. Außerdem wurde eine eigene Cotton-Wirkmaschine entwickelt, die bis 1937 weltweit die größte Maschine dieser Branche war. Im Jahr 1911 wurde die Firma in eine AG umgewandelt. Sie wuchs mit rasender Geschwindigkeit, hatte in den 30er-Jahren fast 1000 Mitarbeiter und machte einen Umsatz, der umgerechnet bei ca. 100 Mio. € lag. Die Römpler AG war in dieser Zeit der größte europäische Hersteller von gewirkten Stoffen und konfektionierten Wirkwaren.

Jahr für Jahr wurde das Betriebsareal in Form eines riesigen Dreiecks erweitert. Das Römpler-Signet war deshalb ein geschwungenes R, das von einem Dreieck eingerahmt war. Es entstanden neben neuen Produktions- und Verwaltungsgebäuden u. a. auch Schmiede, Eisenlager, Gebäude mit Werkswohnungen, Gewächshäuser, Tischlerei und Tennisplätze. Dazu Heizhäuser und ein eigenes Wasserwerk. Man konnte auf dem Firmengelände noch die verschiedenen Bauphasen erkennen. Die Wohnhäuser wurden durch eine riesige Fabrikantenvilla ersetzt. Schließlich wurden Fischteiche und ganze Waldstücke hinzugekauft. Der ganze Ort gehörte quasi den Römplers, die dort residierten wie der pommersche Landadel. Auf historischen Bildern aus den 30er-Jahren ist die Familie des Generaldirektors bei einer motorisierten Überlandfahrt zu sehen. Chauffiert in langen weißen Ledermänteln und -kappen. In einem offenen Horch 670 Zwölfzylinder Cabriolet – damals dem Besten, was es im Automobilbau gab.

Die Produkte hörten anfangs noch auf die schöne Bezeichnung »Gummistrümpfe«. Dabei stand das Wort Gummi für elastisch. Es bedeutete, dass mit der speziellen Bindungstechnik eines Gewirkes elastische Garne in die Stoffe eingearbeitet werden konnten. So entstanden dehnbare Stoffe, die modische oder auch medizinische Funktion übernehmen konnten. Das mehrstöckige Gebäude, das das Herzstück der Produktion bildete, hieß »Gummistrickwerk«. Der Schriftzug steht heute noch an der Fassade.

In den ersten Jahren waren die Materialien noch recht grob. Doch die Einsatzmöglichkeiten waren immens und führten zu einer schnellen Weiterentwicklung. Ständige Innovationen führten zu den modernen Stoffen und Produkten, die heute aus der Mode und Sportbekleidung nicht mehr wegzudenken sind. Nicht nur Feinstrümpfe bestehen aus elastischen Gewirken, sondern die ganze Sport- und Funktionsbekleidung setzt heute dehnbare, atmungsaktive Hochfunktionsmaterialien ein. Insofern hatten die Römplers Ende des 19. Jahrhunderts sehr viel Gespür und den richtigen unternehmerischen Riecher für eine hochinteressante Zukunftsbranche.

1953 kam die Enteignung. Laut Verfügung des Rates des Kreises Zeulenroda erhielt das Unternehmen zunächst einen staatlichen Treuhänder und wurde danach als VEB Gummistrickwerk Zeulenroda »in das Volkseigentum übernommen«. Durch weitere Enteignungen in den 50er-Jahren kamen 24 Unternehmen und Betriebsstätten hinzu. 1970 wurde das Unternehmen in den VEB Elastic Mieder umbenannt. Ende der 80er-Jahre waren dort über 4500 Mitarbeiter beschäftigt. Das

Herzstück und die Zentrale mit ca. 700 Mitarbeitern war der Betrieb der ehemaligen Julius Römpler AG in Zeulenroda. Der VEB war zur Miederwarenindustrie der DDR geworden.

Nach der Wiedervereinigung kehrte sich diese Entwicklung natürlich um und der VEB war wieder in marktgerechte Einheiten aufgespalten worden. Die meisten Unternehmen waren liquidiert worden, nur für eine Handvoll hatte es zu einer Verselbstständigung gereicht. Darunter zumeist solche, die ebenfalls in den 50er-Jahren als frühere Mittelständler enteignet und dem VEB zugeschlagen worden waren. In Zeulenroda waren zwei Unternehmen entstanden: Der Miederwaren-Hersteller Exzellent Dessous & Mieder GmbH und der Gewirkehersteller Wirkelastic GmbH.

REPRIVATISIERUNGSMARATHON DER JULIUS RÖMPLER AG

Die Firma Exzellent wurde 1991 gerade geprüft und wurde, wie ich gehört hatte, sogar als sanierungsfähig und -würdig eingestuft. Diese Informationen stimmten mit dem überein, was auch den Erben der Familie Römpler mitgeteilt worden war. Sie stellten daraufhin den Reprivatisierungsantrag. Ihr Motiv für die Rücknahme des Unternehmens war keineswegs nur die Erlangung wirtschaftlicher Vorteile, sondern vielmehr der teils ehrenhafte, teils naive Wunsch, die Geschichte wieder zum Leben erwecken zu können.

Zwar verfügten die Firmenerben, die sämtlich im Westen lebten und in ihrem Leben – die meisten waren bereits im Rentenalter – nie etwas mit Textil, Fashion oder Underwear zu tun gehabt hatten, weder über fachlichen noch finanziellen Background. Aber sie waren der eigenen, durchaus glorreichen Familiengeschichte noch sehr verbunden und das begangene Unrecht, das sie im Kindesalter erlebt hatten, nagte noch an ihnen. Die Familienehre war beschädigt worden und sollte wiederhergestellt werden. Dazu gehörte die Rettung des Unternehmens und der Arbeitsplätze.

Außerdem ging es auch um Geld. Denn der Restitutionsanspruch für in der DDR-Zeit enteignete Privatunternehmen war gesetzlich verankert. Die Rückgabe war verbunden mit einem Vermögens- und Ertragsausgleich, der sich je nach Größe auf erhebliche Summen belaufen konnte. Solche Ansprüche wurden von der Treuhandanstalt geprüft und im Falle der Berechtigung auch erfüllt. Innerhalb der Treuhandanstalt gab es für diese Fälle eine eigens geschaffene Reprivatisierungsabteilung, die nicht von Wirtschaftsexperten, sondern von Juristen geleitet wurde.

ZWEITER KONTAKT MIT EXZELLENT

Mitte 1992 kamen Heiner Strössner und mein Vater wieder auf mich zu und informierten mich darüber, dass die Reprivatisierung aller Wahrscheinlichkeit nach tatsächlich zustande kommen würde. Meinem Vater, in dem der Unternehmergeist sofort Kapriolen geschlagen hatte, ist natürlich sofort bewusst gewesen, dass Heiner und seine Familie unmöglich in der Lage waren, ein solches Verfahren, in dem es um Millionen und hohe Professionalität ging, alleine durchzuführen. Also hatte er selbst die ersten Fortführungskonzepte erstellt und ein kompetentes Expertenteam für die Reprivatisierungsverhandlungen zusammengestellt. Nur so bekam der Rentnerclub der Römpler-Erben die Chance, durch einen professionellen Auftritt bei der Treuhandanstalt zu überzeugen. Vorher hatte man sie dort gar nicht ernst genommen. Jetzt musste man.

Den juristischen Part hatte ein sehr honoriger Senior-Partner einer renommierten Berliner Rechtsanwalts-Sozietät übernommen, ein Liebhaber feinster juristischer Logik und sauberer Formulierung, mit der Attitüde des humanitären Rotariers. Den kaufmännischen Part ein Frankfurter Wirtschaftsprüfer und Steuerberater, der äußerlich entfernte Ähnlichkeit mit dem »großen und bösen Zauberer Petrosilius Zwackelmann« aus Preußlers Hotzenplotz hatte und mit Vorliebe aus dem unermesslichen Erfahrungsschatz seiner langjährigen Mandantenprojekte vortrug. Mein Vater hatte erreicht, dass neben ihm auch die professionellen Berater nur vom Erfolgsfall profitierten und so lange auf Honorare verzichteten bzw. diese stundeten, bis der Restitutionsanspruch erfolgreich durchgesetzt werden konnte und zu tatsächlichen Zahlungen führte.

Es handelte sich um eine komplizierte und höchst anspruchsvolle gesellschaftsrechtliche Problemstellung. Die Berater hatten die alte Römpler AG wieder aufleben lassen. Damit bekam die Restitutionsforderung einen institutionellen Rahmen und der Anspruchsteller Heiner war auf einmal kein Pensionär mehr, sondern Alleinvorstand der Julius Römpler AG. Die Treuhand-Verantwortlichen waren der Sache gegenüber skeptisch gewesen, kamen aber an den neu geschaffenen Fakten nun nicht mehr vorbei und mussten die gesetzlichen Ansprüche widerwillig respektieren.

Man war also in den dazwischen liegenden Monaten relativ weit gekommen und konnte nun erwarten, dass der gesetzlich verankerte Ertrags- und Vermögensausgleich anerkannt würde und damit die Grundlage geschaffen wäre, um zunächst das Unternehmen Exzellent (die Wirkelastic war in der Treuhand-Außenstelle Gera zugeordnet) mit 185 Mitarbeitern von der Treuhand zu übernehmen.

RESTITUTION DURCH DIE TREUHANDANSTALT

Im Oktober 1992 wurde die Restitutionsvereinbarung mit der Treuhandanstalt geschlossen. Vertragspartner der Treuhand war die Julius Römpler AG, zuletzt eingetragen im fürstlichen Amtsgericht zu Zeulenroda, vertreten durch deren offiziellen »Abwickler« Heiner Strössner. Im Vereinbarungstext wurde ausdrücklich darauf hingewiesen, dass die Julius Römpler AG durch Urteil des Kreisgerichts Zeulenroda im September 1953 eingezogen und deren Vermögen in »Volkseigentum« überführt worden war. Zum Zeitpunkt der Enteignung gab es noch sechs Aktionäre, die alle Nachfahren der Unternehmensgründer, der beiden Römpler-Brüder, waren.

Auf dem Papier sahen die Vereinbarungen mit einem Gesamtvolumen von fast 15 Mio. DM erst einmal opulent aus. Sie bestanden zu zwei Dritteln aus Zuwendungen aus Ertrags- und Vermögensausgleich und zu einem Drittel aus Direktdarlehen der Treuhandanstalt. Der Gesamtbetrag war in Relation zu den ca. 300 Arbeitsplätzen zu sehen, die in den beiden Tochterunternehmen Exzellent und Wirkelastic bestanden.

Allerdings machte die Unternehmensgruppe insgesamt noch einen Jahresverlust von fast 5 Mio. DM. D. h. ohne schnelle Sanierungsfortschritte und ohne notwendige Investitionen reichte der Betrag maximal für drei Jahre. Das erste Jahr war dabei schon verfrühstückt, denn alle nach vorne gerichteten Maßnahmen der neuen Eigentümer hatten einen zeitlichen Vorlauf von mindestens 12 Monaten, während derer das verlustbringende, laufende Geschäft weiter betrieben wurde. Hinzu kam, dass Römpler im Gegenzug von der Treuhandanstalt erhebliche Verpflichtungen auferlegt bekommen hatte, die einer Restrukturierung im Wege standen. Dazu gehörte insbesondere die Garantie von 185 Arbeitsplätzen bei Exzellent und 80 Arbeitsplätzen bei der Wirkelastic, die mit Pönale bewehrt war. Arbeitskräfte durften also allenfalls in kleinen Schritten abgebaut werden. Bei Exzellent waren innerhalb eines Zwei-Jahres-Zeitraumes Arbeitsplatzgarantien für 167 Mitarbeiter (1994) und 159 Mitarbeiter (1995) festgeschrieben.

Insbesondere Exzellent erwirtschaftete aufgrund der hohen Personalkosten für fast 200 Mitarbeiter noch erhebliche Verluste, die nur bis zum Reprivatisierungszeitpunkt noch vom bisherigen Eigentümer Treuhandanstalt getragen wurden. Die Reprivatisierung fand statt, als das Unternehmen mitten in der grundlegenden Neuausrichtung war, ohne dass an irgendeiner Stelle die Einbindung in eine funktionierende Konstellation (z. B. eine Firmengruppe mit einem verwandten Geschäft) möglich gewesen wäre. Bei den Übernahmen durch westliche Firmen war das anders. Dort gab es häufig Synergien durch bestimmte Funktionen, die die Ostbetriebe im Gesamtgefüge einer Unternehmensgruppe sinnvoll übernehmen konnten oder sie bekamen Hilfe und Unterstützung durch Know-how und Ressourcen, die in der Gruppe bereits vorhanden waren. Solche Synergien waren im Falle strategischer Investoren aus der Branche ein entscheidender Vorteil.

Bei Exzellent, wie auch bei der Wirkelastic, sah das anders aus. Alles musste aus eigener Kraft erarbeitet werden.

Ab dem Moment der Übernahme mussten die neuen (alten) Eigentümer für alles aufkommen. Dafür und für alle notwendigen Investitionen und Sanierungsmaßnahmen mussten die von der Treuhandanstalt ausgereichten Mittel des Ertrags- und Vermögensausgleichs reichen. Eigene Mittel waren nicht vorhanden.

Unter diesen Aspekten waren die Vereinbarungen nicht allzu großzügig bemessen. Bei Exzellent entsprach der Gesamtbetrag von 6,5 Mio. DM Vermögens- und Ertragsausgleich auf den einzelnen Arbeitsplatz gerechnet, einer Pro-Kopf-Pauschale von ca. 32 Tsd. DM. Verglichen mit anderen Renommierprojekten der Privatisierung, wie etwa Minol oder Jenoptik, waren das keine großen Summen.

Hinzu kam, dass die Reprivatisierung ein fast unüberwindliches Hindernis gewesen war. Die Treuhandanstalt hatte es den Reprivatisierern nicht leicht gemacht. Trotz einer relativ klaren Rechtslage hatte sich das Verfahren lange hingezogen und ständig waren Nacharbeiten, Gutachten und Stellungnahmen erforderlich gewesen, die alle im Nachhinein Geld kosteten. Denn von dem Ertragsausgleich musste rückwirkend auch das ganze Reprivatisierungsverfahren bezahlt werden, das sich über mehr als ein Jahr hingezogen hatte. Obwohl mit den Beratern Sonderkonditionen vereinbart worden waren, belief sich der Aufwand insgesamt auf über 500 Tsd. DM. Die waren auch schon weg.

Ein weiteres Thema war die Regulierung des Mittelzugriffs. Es musste kurzfristig sichergestellt werden, dass das alte Management zwar nicht ohne Weiteres auf die von der Treuhandanstalt ausgeschütteten Beträge zugreifen konnte, die laufende Liquidität der Gesellschaft aber sichergestellt wurde. Sodann gab es zwar eine Grobkonzeption des Managements. Es gab aber keine konkrete Maßnahmenplanung, die eine schnellstmögliche Sanierung in den Vordergrund stellte.

Probleme über Probleme! Das Ding war ein Himmelfahrtskommando. Mit den in der Restitutionsvereinbarung erreichten Zuwendungen waren die Taschen erst mal voll. Aber der Weg war lang und steinig. Man war völlig auf sich allein gestellt. Man hatte weder Knowhow noch Erfahrung. Und dennoch machte man sich auf die »8000er-

Expedition«. Soll man im Nachhinein den Hut ziehen oder den Kopf schütteln?

ETAPPENZIEL ERREICHT. UND NUN?

Der Kampf um das Erreichen der Restitution war zum beherrschenden Element und Antrieb für die Reprivatisierer geworden. Je schwerer es ihnen die Treuhandanstalt machte, umso energischer wurde ihr Durchhaltewille. Es gab bei den Verhandlungen auch keinen Konsens oder positiven Geist. Die Reprivatisierer trugen ihren gesetzlichen Anspruch vor sich her. Die Treuhand bezweifelte die Berechtigung dieses Anspruchs und versuchte, die drohenden Zahlungsverpflichtungen abzuwehren. Dabei hätte die begleitende Sanierung des Unternehmens durch die Treuhand wohl nicht weniger gekostet, als die Rückgabe an die früheren Eigentümer.

Die Treuhand-Verantwortlichen hatten im ersten Durchgang versucht, den Restitutionsanspruch einfach abzuwehren, waren dabei aber an die Falschen geraten. Heiner Strössner alleine wäre sicher nach dem ersten Gespräch wieder nach Hause gefahren, hätte seine Aktentasche abgestellt und die ganze Sache an den Nagel gehängt. Mit dem professionellen Team an seiner Seite lagen die Dinge aber anders.

Auch in diesem Fall machte sich wieder die Denkart der Treuhand negativ bemerkbar, dass nur großen Namen etwas zuzutrauen war. Hätte es sich bei den Reprivatisierern um einen großen Konzern gehandelt, wären Respekt und Motivation ganz anders gewesen. Allerdings waren die fachlichen Bedenken auch nicht von der Hand zu weisen. War die Sache für die Alteigentümer nicht eine Nummer zu groß?

Hätte man versucht, die beiden Interessensphären zu verbinden, wären dabei möglicherweise konstruktivere Ansätze und ein kürzeres Verfahren herausgekommen. So waren die Verhandlungen, trotz vermeintlich eindeutiger Gesetzeslage, zu einem Stellungskrieg verkommen, an dessen Ende die beiden Parteien nicht besonders gut aufeinander zu sprechen waren. Die Reprivatisierer hatten das Projekt längst nur noch mit einem Tunnelblick verfolgt. Erst nachdem die Restitution erreicht war, traten die operativen Themen plötzlich und fast unvorbereitet wieder in den Vordergrund. Bei einem Treffen mit Heiner und meinem Vater im Dezember 1992 in Berlin wurde allerdings relativ schnell deutlich, dass dieses Projekt nach der Restitution nur gelingen konnte, wenn ein kompetentes, erfahrenes Management eingesetzt werden würde. Im Aktionärskreis kam dafür niemand infrage. Das vorhandene Management war von der Treuhandanstalt eingesetzt worden und besaß nicht das Vertrauen der Römpler-Seite. Aus eigenem Interesse hatte es auch die Bemühungen um die Reprivatisierung nicht nur nicht unterstützt, sondern teilweise sogar behindert. Das Vertrauensverhältnis war dadurch von vornherein zerrüttet.

»Onkel Heiner« und mein Vater wandten sich deshalb mit der dringenden Bitte an mich, sie in puncto neuem Management zu unterstützen. Meinem Vater zu helfen, war natürlich keine Frage, und die Möglichkeit, mich bei Onkel Heiner mit gutem Rat für den einen oder anderen Truck oder Batman-Renner in der Jugend revanchieren zu können, war mir ebenfalls willkommen.

Mein Privatisierungsteam hatte seine Unternehmen und Betriebsteile verkauft. Anschlussprojekte waren noch nicht geplant. Vor der geplanten Rückkehr in das Münchner Büro von Roland Berger war genügend Zeit vorhanden, um sich das Unternehmen Exzellent wenigstens einmal anzusehen. Ich versprach deshalb, nach dem Ende meiner Treuhand-Tätigkeit wenigstens vorübergehend Hilfestellung zu leisten, das Unternehmen anzuschauen, eine Strategie zu entwickeln, dem Management auf die Finger zu klopfen und mich vorsorglich auch umzuhören nach einem möglichen Ersatz.

ERSTER ORTSTERMIN IN THÜRINGEN

Im Januar 1993 endete meine Treuhandzeit. Im Februar fuhr ich zum ersten Mal nach Zeulenroda.

Der Ort hat ca. 16 000 Einwohner. Gelegen auf halber Strecke zwischen Jena und Gera in Ost-Thüringen, an der Landstraße zwischen Gera und Greiz. 50 Kilometer zur bayerischen, 60 Kilometer zur tschechischen Grenze. Landschaftlich durchaus reizvoll. Mit leicht geschwungenen Hügeln, Wäldern, Fischteichen und einer Trinkwasser-Talsperre. Im Ort ein zentraler Marktplatz mit einem repräsentativen Rathaus. Sonst keine Sehenswürdigkeiten. Nichts wirklich Gewinnendes. Und gesellschaftlich tote Hose. Vielleicht waren die Großeltern des US-amerikanischen Finanzministers Timothy Geithner deshalb 1908 von Zeulenroda nach Philadelphia ausgewandert? Das Zentrum des gesellschaftlichen Lebens war das Hotel Goldener Löwe. Immerhin gerade relativ aufwendig renoviert. Die Inhaberin war die Tochter des örtlichen Sparkassen-Direktors, da waren die notwendigen Kredite kein Thema gewesen. Der Wunsch, etwas Neues zu schaffen, machte sich bei Dekorationen und auf der Speisekarte in kreativen Details bemerkbar, die mit dem ansonsten eher spießbürgerlichen Standard eine etwas merkwürdige Mischung ergaben. Das war die Stadt Zeulenroda.

Und dann das Firmengelände, auf dem die beiden Firmen Exzellent und Wirkelastic lagen. Eine Ruine. Ein riesiges Areal von 20 000 qm mit allem, was der frühere DDR-Musterbetrieb an Errungenschaften zu bieten hatte: Schreinerei, Schlosserei, Badehaus, Heizhaus, Feuerwehr, Kindergarten. Eine über die Jahre gewachsene Ansammlung verschiedener Häuser und Gebäudeteile, anhand derer man die Entwicklungsphasen der Unternehmensgeschichte noch genau nachvollziehen konnte. Ein Fuchsbau zum Verlaufen. Tausend unübersichtliche Ecken, in denen sich Baumaterialien, Fässer, Ausrüstungsgegenstände, Stoffe, Altwaren usw. versteckten.

Die Gebäude waren sämtlich baufällig. Das Unternehmen hatte offensichtlich eine bauliche Substanz, die durch erheblichen Investitionsbedarf gekennzeichnet war. Die neueren Bauten aus der DDR-Zeit waren nüchtern, stillos und durchweg von außerordentlicher Hässlichkeit. Die alten Gebäude aus der Jahrhundertwende hatten bemerkenswerte architektonische Details. Da gab es Stuck an den Fassaden und in den Innenräumen. Hohe Decken, teilweise loftartige Räume mit riesigen Fenstern. Schmiedeeiserne Säulen. Freitragende Decken, sodass große Produktionssäle von fast 800 qm ohne Zwischenwände möglich waren. Mein erster Gedanke war, wie bedauerlich es war, dass das alles sich im Osten auf dem Land befand. Warum standen diese herrlichen alten Industriegebäude nicht in Berlin oder München?

Den nachhaltigsten Eindruck beim ersten Besuch hinterließen jedoch die Mitarbeiter. Ich hatte ja bereits Erfahrungen mit der Belegschaft vieler anderer ostdeutscher Unternehmen gemacht. Es war mir bereits vertraut, dass es nicht nur beim Produktionspersonal, sondern auch in der Unternehmensleitung kaum Personen gab, die den Eindruck erweckten, als könnten sie beim Thema Mode, Design und Zeitgeist kompetent mitreden. Das war bei Exzellent nicht anders. Auf der anderen Seite aber vermittelten alle Mitglieder der erweiterten Geschäftsleitung fachlich einen kompetenten und hochmotivierten Eindruck, der sich positiv abhob im Vergleich zu anderen Ost-Unternehmen, die ich kennengelernt hatte. Es handelte sich im Wesentlichen um einen Frauenbetrieb. Alle Führungspositionen waren mit Frauen besetzt. Auch die Produktion war fest in Frauenhand. Die einzigen Männer gab es in handwerklichen Hilfsfunktionen. Und in der von der Treuhand eingesetzten Geschäftsführung.

Der erste Geschäftsführer war kein einnehmender Mensch. Ein ehemaliger Stahlmanager, der von der Treuhand als Vorsitzender der Geschäftsleitung eingesetzt worden war und die kaufmännische Leitung verantwortete. Mr. Steel war Ende 50, vom Typus eines DDR-Staatsministers mit breitem Gesicht, dicker Brille und wenigen Haaren. Seine Berufung hatte zu einer merkwürdigen Konstellation geführt, denn eine größere Distanz als zwischen der nüchternen Investitionsgüterbranche Stahl und den Damenhöschen von Exzellent konnte man sich kaum vorstellen, außer man wollte in den in die BHs eingearbeiteten metallenen Bügel eine Verbindung sehen.

Er war ein Wessi, aber auf mich wirkte er nicht viel anders als die vielen Ex-DDR-Manager, denen ich inzwischen begegnet war. Weder die Persönlichkeit, noch die Aussagen passten zu der Aufgabe, dieses Unternehmen in eine erfolgreiche Zukunft zu führen. Wie mir später von Mitarbeitern zugetragen wurde, hatte er seine Macht – ganz vorsichtig ausgedrückt – etwas willkürlich ausgeübt. Bei schlechter Laune oder geringfügigen Anlässen wurden sie beschimpft und als dämliche Ossis bezeichnet, die nicht in der Lage seien zu verstehen, worauf es jetzt ankommt. Manche Damen durften Aufgaben übernehmen, weil sie »eben hübsch« waren – auch wenn sie bei anderer Gelegenheit öffentlich als dumm bezeichnet wurden. Terminbestellungen in das Zimmer des Chefs (zu Römplers Zeiten das Büro des Fabrikdirektors), einen ca. 50 qm großen, parkettbelegten Prachtraum mit wertvollen Wurzelholztüren und -einbauten, einem im Schrank versteckten, mannshohen Tresor und anderen Insignien der Macht, die auch einem Bankdirektor zur Ehre gereicht hätten, waren unter den Mitarbeitern berüchtigt. Es gab dort eine große Couch, und unter den Damen hatte sich schnell herumgesprochen, dass Mr. Steel weibliche Reize bei den Personalgesprächen wichtiger waren als fachliche Qualifikation.

Ich dachte, dass dieser personifizierte Eindruck des neuen Systems verheerend für die Mitarbeiter gewesen sein musste. Was sollten sie von den zukünftigen Verhältnissen erwarten, wenn sie jemanden vor die Nase gesetzt bekamen, der keinen Deut besser war als das, was sie früher erlebt hatten. Im Westen hätte man diesem Mann sicher keine derartige Verantwortung mehr übergeben. Aber im Osten gab es zu wenig Alternativen. Für die allermeisten meiner damaligen Kollegen in der Unternehmensberatung kam beispielsweise eine Tätigkeit in den neuen Bundesländern überhaupt nicht in Betracht. In München sprach man zynisch und bayerisch derb vom »Gratlerland«. Das Schimpfwort Gratler bedeutet so viel wie Penner oder Asozialer. Aufgaben im Management der ostdeutschen Wirtschaft waren für diejenigen, die einen guten Job im Westen hatten, wenig sexy. Bei der Treuhand hatte man deshalb keine allzu große Auswahl an Kandidaten für solche verantwortlichen Positionen.

Der zweite Geschäftsführer war ein ganz anderer Typ. Andreas war Mitte 30, sportlich, gut aussehend mit blonden Haaren und 3-Tage-Bart. Typ Howard Carpendale. Mit forscher Art und netten Umgangsformen. Er war vorher bei der Sportartikelfirma Puma als PR-Manager, persönlicher Assistent des Inhabers und als Geschäftsführer Österreich tätig gewesen. Bei Exzellent war er für die Themen Produktmanagement und Vertrieb verantwortlich.

Andreas hatte bereits einiges bewegt. Dem Produktprogramm hatte er eine neue, modischere Handschrift verliehen. Er hatte eine Außen-dienst-Organisation für die alten und neuen Bundesländer aufgestellt, mit der es möglich war, den Fachhandel als Distributionskanal aufzu-bauen. Ihm nahm man ein Feeling für Mode ab und er repräsentier-te das Unternehmen in einer Weise, die auch gegenüber westlichen Konkurrenten bestehen konnte. Allerdings hatte er sich im internen Kampf mit dem ersten Geschäftsführer aufgerieben und inzwischen kapituliert. Schon bei unserem ersten Zusammentreffen teilte er mir mit, dass er gerade gekündigt hatte und maximal noch für drei Monate zur Verfügung stand. Ich fand das sehr schade, weil ich in ihm sofort auch eine Art Gleichgesinnten erkannte. Aber sein Entschluss stand fest und insofern ging es nur darum, wie seine Arbeit ohne ihn sinn-voll fortgesetzt werden konnte.

Die Eindrücke bei meinem ersten Besuch in Zeulenroda waren also einigermaßen bescheiden. So konkret mit den personellen und subs-tanziellen Umständen vor Ort konfrontiert, konnte ich nicht wirklich nachvollziehen, warum die Bewertung des Leitungsausschusses relativ positiv ausgefallen war und warum ich auch während meiner Treu-handzeit, wenn ich einmal auf den Namen elastic mieder stieß, immer nur positive Äußerungen wahrgenommen hatte.

WIRTSCHAFTLICHE AUSGANGSSITUATION

Auf die persönlichen Eindrücke vor Ort folgte eine intensive Ausei-nandersetzung mit der Historie, dem aktuellen Geschäftssystem und der Exzellent-Konzeption für die Zukunft. Der VEB elastic mieder war, wie erwähnt, die Miederwarenindustrie der ehemaligen DDR als Ganzes gewesen. In ihm waren 25 Betriebe mit insgesamt 4500 Mit-arbeitern zusammengefasst. Vor der Wende hatte man über 20 Milli-onen Teile im Jahr hergestellt. Der VEB elastic mieder war damit in den 80er-Jahren sehr wahrscheinlich einer der größten, wenn nicht überhaupt der größte Miederwarenhersteller der Welt gewesen.

Von diesem VEB war wenig übrig geblieben. Im Wesentlichen drei

Unternehmen. Neben der Exzellent Dessous & Mieder GmbH in Zeulenroda noch die früheren Betriebsstätten Staßfurt in Sachsen-Anhalt, die sich danach Format nannte, und die Moritz Hendel GmbH im benachbarten Oelsnitz in Sachsen, ebenfalls ein reprivatisiertes Unternehmen. Es stellte sich schnell heraus, dass Zeulenroda zwar der Ursprung des Unternehmens und der Sitz der Verwaltung gewesen war, als solches aber vor allem für den völlig überzogenen Overhead des VEB gestanden hatte. Der Betrieb in Staßfurt war dagegen der Ort gewesen, an dem sich die wichtigsten Teile der Kollektionsentwicklung befunden hatten. Und Oelsnitz war der Betriebsteil gewesen, an dem die modischsten und schwierigsten Artikel gefertigt worden waren. Die nämlich, die auch in den Westen verkauft wurden. Der nur vermeintlich bedeutsamste Standort Zeulenroda verfügte deshalb bei genauerer Betrachtung weder in der Produktentwicklung noch in der Produktion über die Ressourcen, die jetzt für die Zukunftsstrategie und Neuausrichtung gebraucht wurden.

Früher waren die Produkte in drei verschiedene Absatzgebiete verkauft worden. Der wichtigste Markt war die UdSSR gewesen, wohin ca. 50 Prozent des Gesamtabsatzes gegangen waren. Eine spätere Besichtigung der Artikel, die unter der Bezeichnung Wäsche/Miederwaren für Russland produziert wurden, war erschütternd. Im Wesentlichen handelte es sich um höchst primitive Teile, die tatsächlich aus einem Sackleinen-Material gefertigt worden waren. Es war kaum vorstellbar, dass so etwas noch vor wenigen Jahren verkauft worden war.

Der zweite Markt war der Inlandsmarkt gewesen, die Ex-DDR, wo unter dem Begriff »BV-Bevölkerungsversorgung« weitere ca. 30 Prozent des Absatzes landeten. Die Artikel wurden dabei als Premiummarke unter dem Namen Exzellent in Exquisit-Geschäften angeboten und waren bei der Bevölkerung sehr begehrt.

Der dritte Markt schließlich war der sogenannte NSW-Export. Der Export in den nichtsozialistischen Wirtschaftsraum, insbesondere die alte Bundesrepublik. Der VEB elastic mieder hatte dort große Kunden, die alle aus dem Kreis der Großbetriebsformen des Handels kamen. Dazu gehörten beispielsweise Quelle, Neckermann, Kaufhof und Karstadt etc. Die Artikel waren gar nicht oder nur als Handelsmarke markiert und entsprachen dem einfachen Miederwarengenre. Das Unternehmen hatte auch Lohnfertigung für den westdeutschen Branchenriesen Triumph gemacht und galt dort als eine der international besten und leistungsfähigsten Produktionsstätten.

Allerdings standen alle West-Exporte unter einem besonderen Vermarktungsmodell, das für die Zukunft nicht weiterverwendet werden konnte. Davon war schon die Rede. Die DDR-Unternehmen verkauften ihre Waren an eine staatliche Außenhandelsstelle in Berlin. Die allein war berechtigt, die Devisengeschäfte mit dem westlichen Ausland durchzuführen. Zwar wurden die DM-Verkaufspreise mit den West-Kunden vereinbart. Diese Preise reichten jedoch nicht annähernd zur Kostendeckung. Damit die DDR die dringend benötigten Devisen einnehmen und die Unternehmen gleichzeitig überleben konnten, kamen die Staatswirtschaftler auf einen aus ihrer Sicht genialen Schachzug. Man schuf den sogenannten Richtungskoeffizienten. Dahinter verbarg sich ein Umrechnungsfaktor für West-Verkaufspreise auf DDR-Verrechnungspreise. Die Unternehmen erhielten das 4,5-fache der DM-Verkaufspreise in Ostmark.

Nach der Wiedervereinigung und dem Wegfall dieser Stelle mussten die Unternehmen also nun eine völlig veränderte Kalkulation anwenden, für die sie in aller Regel nicht über eine adäquate Kostensituation verfügten. Ganz zu schweigen davon, dass die westdeutschen Handelsunternehmen schon lange reagiert und im Einkauf die früheren DDR-Artikel – gerade auch im Basic-Segment der Unterwäsche – längst durch Handelswaren aus Fernost ersetzt hatten.

Exzellent kam nun zu den ehemaligen Kunden ohne jegliche Chance, ein einträgliches Geschäft zu machen. Zwar waren die Beziehungen langjährig gewachsen und persönlich teilweise von hoher Wertschätzung geprägt. Dennoch konnten die Einkäufer keine nichtwettbewerbsfähigen Preise akzeptieren. Exzellent stand also, wie alle anderen Ost-Hersteller, vor der Wahl: Den Umsatz aufgeben oder Verkaufspreise anbieten, die zu hoch defizitären Umsätzen führten. Beides war gleich schlecht.

Lediglich der Fachhandel in der ehemaligen DDR war wenigstens vorübergehend ein einigermaßen chancenreiches Vertriebsgebiet, obwohl durch die Veränderung der Einzelhandelsstruktur natürlich auch hier erhebliche Turbulenzen zu erwarten waren. Osteuropa musste man komplett abschreiben. Die dortigen Verhältnisse ließen keine seriöse Geschäftsplanung zu.

KONSEQUENZEN FÜR DAS GESCHÄFTSSYSTEM

Der fast komplette Verlust aller drei früheren Absatzgebiete war natürlich ein die Existenz des Unternehmens bedrohendes Fiasko. Über Nacht mussten neue Absatzmärkte aufgetan werden, auf denen sich die Unternehmenszukunft sichern ließ.

Der attraktivste neue Absatzmarkt war der Fachhandel der alten Bundesländer. Auf diesen mussten alle Bemühungen ausgerichtet werden. Allerdings hatte dort, wie in allen anderen Branchen auch, niemand auf Exzellent bzw. einen neuen Anbieter aus dem Osten gewartet. Dessous und Miederwaren gab es genug. Von den eher funktionell orientierten deutschen Anbietern, wie Triumph und Felina, über die modischeren Franzosen, wie Chantelle und Passionata, bis zu den hochwertigen italienischen Premiummarken, wie La Perla, war der Markt in allen Segmenten und auf allen Niveaus dicht besetzt.

Zielrichtung der neuen Marken-Positionierung konnte nur das höherwertige und -preisige Dessous- und Markensegment sein. Allein das neue Kostenniveau ließ andere Überlegungen gar nicht zu. Nur Markendessous des gehobenen Genres schienen zu auskömmlichen Preisen angeboten werden zu können.

Mit der Klarstellung dieser strategischen Stoßrichtung verband sich allerdings gleichzeitig für Exzellent die Erkenntnis, vor einer gewaltigen Herausforderung zu stehen. Zwar war der Markt grundsätzlich der gleiche wie bisher. Jedoch war das Zielsegment ein völlig anderes, neues, für das dem Unternehmen im Grunde sämtliche Voraussetzungen fehlten.

Im Produktprogramm fehlte die Erfahrung, modische Dessous zu entwerfen und zu produzieren. Die Erfahrungen mit relativ einfachen

Miederwaren waren nur bedingt anwendbar. Insbesondere galt es, eine modische, geschmacklich anspruchsvolle Markenhandschrift zu entwickeln. Sodann musste man die technische Verarbeitung erlernen, die aufgrund der wesentlich leichteren und vielfältigeren Materialien sehr viel anders ausfiel, als die der Miederwaren, die man gewohnt war.

An der Stelle ein kleiner fachlicher Exkurs zur Unterscheidung von Dessous und Miederwaren: Bei Miederwaren steht die Funktion deutlich im Vordergrund. Dafür muss man bei der Optik Abstriche machen (wer kennt nicht die hautfarbenen Miederhosen von Triumph oder den legendären Zauberkreuz-BH von Playtex). Dessous dagegen bieten in erster Linie eine reizvolle Optik, wofür die funktionellen Eigenschaften teilweise geopfert werden müssen. Weil die Schnitte eben charmanter sind und die schöneren Spitzen und Stickereien einfach weniger Halt und damit schlechtere Statik bieten. Man könnte sagen, Dessous, und mehr noch sexy geschnittene Dessous, sehen vor allem an den Frauen reizvoll aus, die eigentlich gar keine tragen müssen. Miederwaren dagegen sollen eher retten, was zu retten ist. Allerdings sind auch sie in den letzten Jahren mit der modernen Shapewear wieder in Mode gekommen. Shapewear ist nur ein flotterer Begriff für die hochelastischen Straffer und Stützen von Busen, Hüfte, Beinen und Po. Weniger arbeitsintensiv als das Fitnessstudio und nicht so teuer wie die in Mode gekommenen Schönheits-OPs. Miederwaren (aber noch die der alten Schule) konnte man bei Exzellent, moderne Dessous leider noch nicht.

Der Vertrieb von modischen Dessousmarken geht über den Wäschefachhandel, zu dem Exzellent damals noch keinerlei Beziehungen hatte. Es gab auch keine Vertriebsorganisation. Bis zur Wende wurden die Waren ja verteilt, da brauchte man so etwas nicht. Ungünstig für eine Branche, in der die Absatzmittler, nämlich die Modeagenturen und Handelsvertreter, eine wesentlich wichtigere, ja sogar marktprägendere Bedeutung haben, als in anderen Branchen. Da das Wäschebusiness zudem, anders als die Oberbekleidung, ein permanentes Sofort- und Nachordergeschäft ist, brauchte man unbedingt ein Netz von Handelsvertretern oder Reisenden, die in der Lage waren, alle relevanten Fachhändler in regelmäßigen Zeitabständen zu besuchen. Dieser Außendienst musste außerdem ein gewisses Standing bei den Fachhändlern haben, denn es ist immer sehr schwer, gleichzeitig neue Marken durch neue Gesichter anzubieten. Wenigstens zu einem von beidem sollte der Händler schon Vertrauen haben.

Und schließlich war Marketing so gut wie gar nicht existent – obwohl der Erfolg im Modemarkt in großem Maße davon abhängig ist, ob es einem Hersteller gelingt, ein attraktives Image aufzubauen, das Aufmerksamkeit weckt und den angebotenen Produkten einen emotionalen Mehrwert verleiht. Die Fotos von Exzellent sahen grauenhaft aus. Man hatte zwar versucht, eine modernere Bildsprache zu generieren. Der Versuch war jedoch kläglich gescheitert. Die Prospekte und Kataloge waren eine skurrile Mischung aus spürbarer Modeambition und trotzigem Ostcharme, gewürzt mit einer verschämten Portion Blümchensex. Ein Mittelding aus Bravo-Cover und SUPERillu. Von modischem Feeling, gestalterischem Anspruch und modernem Kommunikationsstil keine Spur. Gleichwohl hatte man sich damit schon um Quantensprünge verbessert. Denn die Mitarbeiter erzählten mir, dass zu DDR-Zeiten an Hauswänden und über den Autobahnbrücken noch Transparente auf die Geländer gespannt worden waren, auf denen stand: »Exzellent verschönt formend die Figur!«

Für Exzellent war also eine komplette Neuausrichtung von Produktprogramm, Vertrieb und Marketing nicht nur notwendig, sondern überlebenswichtig.

ABGESANDTER AUF ZEIT

Was sollte ich den Reprivatisierern guten Gewissens und offenen Auges empfehlen? Da warteten Berge von Arbeit bei Exzellent in Zeulenroda. Es war mit Sicherheit etwas drin für das Unternehmen. Aber es war niemand da, der das Unternehmen in die Zukunft führen konnte. Andreas, der Marktverantwortliche, war quasi schon weg, der erste

Geschäftsführer Mr. Steel war der Falsche, die zweite und dritte Ebene waren gut, aber eben nur als zweite und dritte Ebene. Jemand musste Vision und Strategie hineinbringen. Und jemand musste in der Lage sein, die für ein Modeunternehmen unerlässlichen Geschmacksthemen und die erforderliche Stilsicherheit in Design- und Imagethemen vorzugeben. Ohne diesen Unternehmensleiter war das Unternehmen zum Scheitern verurteilt.

Auf jeden Fall musste der Geschäftsführer weg. So schnell wie möglich! Aber was dann? Ich überlegte krampfhaft, wen ich kannte, wen ich vielleicht vermitteln konnte. In meiner Not dachte ich sogar an Pierre Richard, den ehemaligen Kollegen aus dem Treuhandteam, der einmal im Vorstand eines großen Miederwarenherstellers gewesen war und die Branche kannte. Keine Ideallösung, aber vielleicht eine Möglichkeit. Die Reprivatisierer setzten sich mit ihm in Verbindung und trafen sich auch privat mit ihm in München. Die Verhandlung wurde jedoch nach kurzer Zeit wegen seiner völlig utopischen Gehaltsforderungen abgebrochen.

In der Zeit dieser Personalsuche rutschte ich immer weiter in die operativen Themen hinein, erst bis zum Knöchel, dann bis zu den Knien. Alle vor Ort wollten sich natürlich mit dem Vertreter der neuen Eigentümer abstimmen. Die Themen waren spannend, existenziell. Und es war relativ leicht, elementare Verbesserungen durchzuführen. In großen Strategieprojekten war das viel mühsamer. In bereits etablierten, funktionierenden Unternehmen erschlossen sich die Wahrheiten oft erst auf den zweiten oder dritten Blick. Dann musste erst einmal die Machbarkeit von Veränderungen überprüft werden. Und nur unter günstigen Umständen kam es in der Folge von Strategieprojekten tatsächlich auch zu konkreten operativen Maßnahmen. Hier bei Exzellent lagen die Dinge anders. Die Notwendigkeiten lagen offen auf der Hand. Jeden Tag und mit jeder Maßnahme ging etwas weiter. Jede Verbesserung brachte einen Quantensprung für die operative Performance.

Es machte Spaß! Noch viel mehr: Es war wie eine Sucht. Ich konnte gar nicht davon lassen. Heute beobachte ich Ähnliches bei den Apps und Computerspielen meines elfjährigen Sohnes Alexander. Er fängt mit einem neuen Spiel an und erreicht die ersten Anfangserfolge. Mit jedem neuen Spiel stellen sich Fortschritte ein. Schnell erreicht er die nächsten Levels und kann dann gar nicht mehr aufhören. Die schnelle Lernkurve und die permanenten Fortschritte lassen ihn nicht mehr los. Gebannt gibt er sich der Faszination hin. Beruf und Videospiele haben selbstverständlich nicht wirklich etwas miteinander zu tun. Und doch waren Motivation und Ehrgeiz damals bei mir ganz ähnlich.

Und so kam ich langsam aber sicher an den Punkt, wo ich mich bei dem Gedanken ertappte: Und wenn ich das hier selber machen würde? Nur für eine beschränkte Zeit, vielleicht ein paar Wochen oder vielleicht Monate? Auch die Reprivatisierer, die dringend eine personelle Lösung brauchten, spürten intuitiv, dass ich Feuer gefangen hatte, dass da etwas in mir arbeitete. Und die Frage wurde erst leise, dann immer lauter formuliert, ob ich denn nicht vielleicht Lust hätte, selber …

Und ich hatte tatsächlich Lust! Ich hängte meine Beraterkarriere vorerst an den Nagel, setzte mir ein Zeitlimit von zwei Jahren und schloss über diesen Zeitraum einen Geschäftsführervertrag ab, beginnend ab März 1993.

Das war's! Ich hing drin!

GESCHÄFTSFÜHRER TEIL I –
KÄRRNERARBEIT

1993

VOM BERATER ZUM MACHER

Im März 1993 übernahm ich die Geschäftsführung des Unternehmens. Mit mir ging auch mein Teamkollege Stefan nach Zeulenroda. So ganz allein traute ich mir die Bewältigung des Bergs von Aufgaben einfach nicht zu. Und ich fühlte mich besser, wenn ich jemanden, dem ich vertrauen und dessen Leistungsfähigkeit ich einschätzen konnte, an meiner Seite hatte. Von Roland Berger her war ich außerdem darin geübt, Projekte mit jungen, fähigen Praktikanten und Freien Mitarbeitern durchzuführen. Diese waren, das war meine ganz persönliche Erfahrung, wenn sie gut angeleitet wurden, zu großen Leistungen fähig.

Stefan hatte ich in Berlin als sehr fleißigen und engagierten Kollegen bei der Treuhand kennen gelernt und war überzeugt, dass wir ein gutes Team werden würden. Er bekam Prokura und übernahm die Abteilungen Produktion, Einkauf, Logistik und EDV. Für ihn bedeutete dieser Schritt, sein Studium an der Universität Köln auch weiterhin ruhen zu lassen, denn nebenher war das Studieren unmöglich. Dafür erhielt auch er nun ein sehr konkretes Training on the Job.

EIN SPRUNG INS KALTE WASSER

In drei Jahren bei Roland Berger war aus mir zwar ein einigermaßen gestandener Unternehmensberater geworden. Aber bei meinem Amtsantritt als neuer Geschäftsführer in Zeulenroda hatte ich deshalb trotzdem noch nicht die leiseste Ahnung davon, was es bedeutete, allein verantwortlicher Geschäftsführer zu sein. Erst recht nicht in dem neuen Metier »Damenunterwäsche«. Vor allem für Letzteres fehlten mir jede Praxiserfahrung und jedes spezifische Know-how.

Erstens trug ich selbst relativ selten BHs. Überhaupt war ich wenig auf Unterwäsche fixiert – wie übrigens die meisten Deutschen. In den südlichen Ländern Frankreich und Italien sieht das ganz anders aus. Und in England auch. Zweitens reichten meine diesbezüglichen Produkterfahrungen allenfalls so weit, dass ich einen BH einigermaßen geschickt, vielleicht sogar mit einer Hand, öffnen konnte. Davon konnte man aber noch keinen solchen entwerfen, konstruieren, geschweige denn produzieren. Drittens war, wie sich schnell herausstellte, auch die Begeisterung für einen in aufregende Dessous verpackten Frauenkörper allein keine ausreichende Voraussetzung für die Führung eines solchen Unternehmens.

Vorsorglich möchte ich bei der Gelegenheit mit dem weit verbreiteten Vorurteil aufräumen, dass Damenunterwäsche ein schlüpfriges und leicht anrüchiges Geschäft wäre. So wird es nämlich insbesondere von der Mehrzahl der Herren eingeschätzt. Ich konnte in den folgenden Jahren mit wachsendem Vergnügen beobachten, wie allein bei der Erwähnung des Schlüsselwortes »Dessous« die Augen meiner Geschlechtsgenossen größer wurden und die Gedanken schlagartig ins Reich der geheimen Fantasien abdrifteten. Und das nicht nur bei den notorischen ›Playboy‹- und ›Penthouse‹-Lesern.

Die Damen wiederum finden das Thema weder anzüglich noch sexy. Die meisten behandeln es mit großer Zurückhaltung. Eine Frau mit Stil und Anstand spricht nicht mit jedermann über ihre Dessous. Ein echter Türöffner bei den Damen ist ein ganz anderer Produktbereich. Über Schuhe, Kosmetik, Schmuck, ja, darüber kann man gerne und vorbehaltlos reden. Bei Unterwäsche dagegen sind Frauen buchstäblich zugeknöpft.

Ich machte mir bei meinem Sprung ins kalte Wasser über das fehlende fachliche Know-how aber relativ wenig Gedanken. Ich war der Überzeugung, mir das Fachwissen schnell genug aneignen zu können und andererseits genügend Geschmack, Stil und Urteilsvermögen zu besitzen, um die modische Richtung bestimmen zu können. Außerdem, so dachte ich, für dieses anscheinend doch schwierigere Geschäft seien ja genug Experten und Spezialisten im Haus. Und in der Strategieberatung hatte ich gelernt, dass das strategische Denken die eigentliche Führungsaufgabe war und dass dieses auf jede neue Problemstellung übertragen werden konnte.

REORGANISATION DES GESAMTEN GESCHÄFTSSYSTEMS

Mit Übernahme der Geschäftsführung stand für mich zugleich noch einmal das gesamte Geschäftssystem auf dem Prüfstand. Der Betrieb war immer noch hoch defizitär. Alle Arbeitsinhalte, Prozesse und Strukturen mussten noch einmal angeschaut, überarbeitet und verbessert werden, um schnellstmöglich messbare Fortschritte zu erreichen. Erschwerend wirkte sich aus, dass es noch an keiner Stelle gesunde Konstellationen gab, auf denen man aufsetzen konnte. Wo sollte man Prioritäten setzen, wo anfangen? Ein profitables Umsatzvolumen musste her, um die 185 Mitarbeiter sinnvoll beschäftigen zu können. Die monatlichen Personalkosten lagen bei über 500 Tsd. DM. Die Personalstärke war durch die Restitutionsvereinbarung weitgehend festgeschrieben. Personalabbau war also keine Option.

Die Schaffung eines wettbewerbsfähigen Produktes war zentraler Dreh- und Angelpunkt. Dazu gehörten neues Design und feinere Verarbeitung. Das hatte direkte Konsequenzen für die technologische Umsetzung, Materialauswahl und Produktion. Weiter ging's mit der Vermarktung. Wir brauchten ein attraktives Markenkonzept, Vertrieb in den richtigen Kanälen, über die richtigen Leute. Und schließlich Vermarktungsaktivitäten, mit deren Hilfe wir im Markt Aufmerksamkeit erzeugen und die Türen der Händler öffnen konnten. Jeder dieser Hebel musste kompetent bedient und zu einem schlüssigen Gesamtkonzept zusammengesetzt werden.

NEUPOSITIONIERUNG IM WETTBEWERB

Der Markt erwartete von einer neuen Marke aus dem Osten natürlich nicht wirklich viel. Als meine Vorgänger bemerkt hatten, dass es mehr brauchte, um Aufmerksamkeit und Anerkennung zu erhalten, begannen sie, mit extravaganten Materialien und Schnitten ausgefallene Hingucker zu entwickeln. Das brachte tatsächlich die ersten Anfangserfolge. Die Händler merkten auf. Das Dumme war nur, dass diese Sachen ziemlich unverkäuflich waren und außerdem Ähnlichkeit mit den handgestrickten Erstentwürfen von Studienabgängern hatten. Ein Business war damit nicht zu machen.

Mein Ansatz war deshalb ein anderer: Meine damalige Münchner Freundin war ausgesprochen modisch. Sie liebte französische und italienische Dessous und hatte eine exquisite Sammlung im Kleiderschrank. Darunter auch ein paar Marken, die man in deutschen Geschäften nicht jeden Tag zu sehen bekam. Da ich mich ja selbst von der Attraktivität dieser Teile überzeugen konnte, war der richtige Benchmark schnell gefunden und greifbar nah – im wahrsten Sinne des Wortes. Ich schnappte mir ihre Wäschekiste, nahm sie am Montagmorgen mit nach Thüringen und gab sie dort in die Entwicklung. Diese Materialien, die Zartheit der Spitzen und Stickereien, die Feinheit der Styles. Das waren neue Dimensionen.

Natürlich hatten wir die notwendigen Materialien nicht im Haus. Unsere Lieferanten waren deutsche Hersteller von Raschelspitzen (brauchen Sie sich nicht zu merken). Für italienisches Flair und französischen Chic brauchten wir aber z. B. feinste Web- und Guipure-Spitzen aus der Normandie und hochwertige Stickereien aus der Schweiz. Die Nähgarne, Bügel-, Haken- und Augenbänder mussten leichter und zarter werden. Und schließlich die Linienführung im Design. Der schwere Säbel musste durch eine feine Florettklinge ersetzt werden.

Aber dies war eine Marktnische, die attraktiv war. Es gab nämlich keinen deutschen Hersteller von modischen Dessous. Die kamen eben alle aus Südeuropa, wo hübsche Dessous für die Frauen einen wesentlich höheren Stellenwert im Einkaufskorb hatten, wo Weihnachten rote Dessous als Geschenk unter dem Tannenbaum lagen. Während die deutschen Frauen eher auf Sicherheit und Funktion Wert legten.

Unsere Ware sollte nicht zu teuer sein, sondern im gehobenen preislichen Mittelfeld liegen. Aber das ganze Erscheinungsbild und Drumherum sollten ganz klar premium sein. Die Kombination sollte eines der besten Preis-Leistungs-Verhältnisse im Markt werden!

RELAUNCH DER MARKE

Der Relaunch der Marke war ein mühsamer Weg. Der Name störte mich eigentlich von Anfang an. Exzellent, das war altbacken und klang irgendwie immer noch nach Genossen oder zumindest nach alter deutscher Gründlichkeit. In den 90er-Jahren hätte man keiner Marke mehr einen Namen gegeben, der einem biederen Leistungsversprechen gleichkam. Wo blieb da der Lifestyle? Den Namen empfand ich als ziemliche Hypothek.

Trotz meiner subjektiven Geringschätzung stand der Name nicht zur Disposition. Denn im Osten hatte die Marke eine Bekanntheit von über 35 Prozent. Das war ein Asset, das man nicht einfach über Bord werfen konnte – obwohl es nur für den Osten galt. In den alten Bundesländern kannte man weder das Unternehmen noch die Marke. Wenigstens durfte ich das deutsche »z« durch ein moderneres und internationaleres »c« austauschen, was ich auch sogleich tat. Und ein Gutes hatte es doch: Der Name Excellent war gar nicht so weit weg von dem des Branchenriesen Triumph. Beide Namen kommunizierten die selbe Art von Versprechen.

Die Exzellent Dessous & Mieder GmbH wurde also umfirmiert in die Excellent Dessous GmbH. Die Marke Excellent wurde ebenfalls in geänderter Schreibweise und neuer Typo registriert. Das sah schon mal besser aus.

Dann musste ein neuer Auftritt her. Andreas hatte die Weichen bereits neu gestellt. Er hatte eine Agentur aus dem Nürnberger Raum engagiert. Top-Kreative waren das zwar nicht. Aber wir waren ihr größter Kunde und deshalb gaben sie sich sehr viel Mühe. Mit vielen eigenen

Inputs konnte ich das Kreativitäts-Defizit ausgleichen. Meine Freundin liebte die internationale Modewelt nicht nur, sie hatte auch in der Modebranche gearbeitet und kannte sich bestens aus. Sie hatte einen tollen Blick für gute Produkte und interessante Marken. Und sie kannte alle internationalen Plätze, an denen Mode gemacht wurde. Von Reisen nach Paris, Mailand, London, New York und St. Tropez, bei denen wir in jedem interessanten Laden waren und die Wäscheabteilungen der großen Häuser und die schönsten lokalen Fachhändler nach Anregungen und spannenden Produkten durchpflügten, brachten wir ständig neue Muster und Ideen mit. Diese Reisen waren außerdem ein höchst willkommener Ausgleich zu der Tristesse des neuen Lebensumfelds. In Verbindung mit wechselnden, guten Fotografen schufen wir so eine ganz neue Markenwelt, die die DDR-Herkunft völlig vergessen machte. Unser Look wurde charmant, leicht verspielt und romantisch mit der CI-Farbe Lachs, vielen Rosen, schönen Stoffen und Accessoires in der Kommunikation und auf dem Messestand.

Es fehlte uns auch noch ein guter Claim. Mein Bruder Sebastian war in München Creative Director bei einer großen Werbeagentur. Er hatte und hat die Gabe, die Dinge textlich auf den Punkt zu bringen. Ich erzählte ihm, was wir alles erreichen wollten und dass wir uns deutlich von den Wettbewerbern absetzen mussten. Und er antwortete spontan: »Dann sag doch einfach: ›Alles andere ist Wäsche.‹« Und unser Claim war geboren.

NO DETAIL WAS SMALL

Wie schafft man Aufmerksamkeit für seine Marke, wenn man kein Geld hat? Denn Budget für Werbung hatten wir natürlich keines. Da ging es uns nicht anders als den meisten Unternehmen. Es bedeutete eine besondere Herausforderung. Mit groß angelegten, teuren Kampagnen Aufmerksamkeit in der Öffentlichkeit zu erreichen, ist keine Kunst. Wohl aber, die Schaffung einer differenzierten Markenpersönlichkeit ohne viel Geld.

Ich beobachte bei Managern im Konsumgüterbereich immer wieder den Irrglauben, eine Marke wäre gleichzusetzen mit Marketing, Marketing wäre Werbung und für Werbung hätte man kein Geld. Da hätten erst einmal andere Dinge Vorrang. Der Hebel Markenstil und -persönlichkeit wird oft vernachlässigt. Gutes Markenmanagement setzt aber nicht als Conditio sine qua non die Verfügbarkeit großer Budgets voraus. Werbedruck ist das eine. Ein unverwechselbarer eigenständiger Stil ist die andere Option, die jedem offensteht, auch wenn er noch so geringe Mittel hat. Davon wird viel zu wenig Gebrauch gemacht. Viele Unternehmen könnten ihr Markenprofil deutlich schärfen und verbessern, wenn sie sich über die vielen Facetten ihrer Markenpersönlichkeit und deren Bild aus Sicht ihrer Kunden mehr Gedanken machen würden. Sie würden damit ihrer Marke Schliff und Profil geben und könnten deren Attraktivität und Wert deutlich steigern.

Auch unsere Waffe konnte damals nur die Kreativität im Detail sein. Wir spielten also alle kleinen Elemente unseres Erscheinungsbildes durch und versuchten, ihnen etwas Besonderes zu geben, damit sich daraus eine unverwechselbare Story ergab. Das fing bei bestimmten Verarbeitungsdetails an, ging über die Produktausstattung und Verpackung bis zur Handelsinformation und Werbemitteln für den Point of Sale. Unser Ziel war, uns ständig etwas Neues, Außergewöhnliches einfallen zu lassen. Kein Detail war uns zu gering. Wir entwickelten permanent kleine Aufmerksamkeiten, wie z. B. Duftherzen für den Wäscheschrank (»Jetzt gehen wir Ihnen mal ganz beherzt an die Wäsche«), als Give-aways für die Kundinnen. Wir hatten die schönsten Einnähetiketten, die außergewöhnlichsten Verpackungen, die auffälligsten Displays, und, und, und …

NEUER LEBENSRHYTHMUS

Mein Leben bekam erneut einen völlig anderen Rhythmus. In München wohnte ich im feinen Stadtteil Bogenhausen. In der Holbeinstraße, direkt hinter dem Feinkost Käfer. Eine wunderschöne Ecke. Alte

Villen, zentral gelegen. Meine Wohnung lag in der dritten Etage eines Altbaus. Jeden Montagmorgen startete ich nun von dort aus in aller Frühe nach Thüringen. 350 km über die Autobahn A9. Ingolstadt, Nürnberg, Bayreuth, Hof. Dann kam die ehemalige Grenze. Dort, kurz vor der Abfahrt Lobenstein, waren noch die früheren Grenzanlagen zu sehen, die, obwohl sie nicht mehr genutzt wurden, immer noch einen bedrückenden Eindruck machten, der mich jedes Mal, wenn ich dort vorbeifuhr, erschauern ließ. Vor allem bei einem Schild, das man auf der Westseite der Brücke angebracht hatte, hinter der aus westlicher Sicht das frühere Niemandsland begann, hatte ich immer ein mulmiges und zugleich freudiges Gefühl. Darauf stand: Vergessen Sie nicht, Sie fahren weiter durch Deutschland! Danach noch 40 Kilometer bis zur Abfahrt Schleiz. Von dort nur noch schlappe 16 Kilometer über Land und es war geschafft. Am Freitagnachmittag die gleiche Tour zurück. Der Ritt dauerte im günstigsten Fall und unter Missachtung verschiedener Verkehrsregeln dreieinhalb Stunden. Wenn es schlecht lief, konnten es schon auch mal zehn Stunden sein.

Die A9 war damals eine einzige Großbaustelle. Im Radio, bei Antenne Bayern, brachten sie den treffenden Kommentar: »Die A9 – von der Schlagader zur Krampfader Bayerns!« Von München bis Nürnberg ging es. Aber von Nürnberg aus bis zur bayerischen Grenze wurde auf 100 Kilometern die komplette Straße aufgerissen, dreispurig ausgebaut und dabei die gesamte Streckenführung überarbeitet. Ständig Stau! Oft zig Kilometer lang, häufig mehrere Staus hintereinander. Das hügelige bayerische Vogtland stellte enorme Herausforderungen an die Straßenbauer. Der Ausbau führte deshalb dazu, dass ganze Streckenteile komplett umgeleitet werden mussten. Im Winter war das eine einzige Katastrophe. Vor der Hin- oder Rückfahrt hörte ich zitternd die Wettervorhersage für den nächsten Tag. Wehe, es zeigte sich in der kalten Jahreshälfte eine Schneeflocke, dann war schon mal mindestens ein Unfall auf der Strecke vorprogrammiert. Oberfranken war immer ein paar Grad kälter, immer ein bisschen unfreundlicher als anderswo. Manchmal gab es so heftiges Schneetreiben wie im tiefsten Russland und man konnte keine zehn Meter weit mehr sehen.

Meine besten Freunde wurden Trabi-Fahrer, die mit Tempo 80 auf die linke Spur fuhren, weil 500 Meter vor ihnen ein LKW auftauchte.

Oder holländische Camper, die gerne mitten in der Baustelle mit Panne liegen blieben, oder auch osteuropäische Lkw-Fahrer, die übermüdet in stehende Autos fuhren oder wie betrunken die Spuren wechselten. Die Fahrerei war wirklich gefährlich. Ich war außerdem generell zu schnell unterwegs. Ein Wunder, dass lange nichts passiert ist. Erst 1997 hat es mich erwischt und meine Geschichte wäre da fast schon zu Ende gewesen. Aber davon später.

ALLTAG IM WILDEN DEUTSCHEN OSTEN

Der Alltag in Zeulenroda bestand eigentlich nur aus Arbeit. Man konnte auch gar nicht viel anderes tun, da sich das Freizeit- und Kulturangebot sehr in Grenzen hielt. Vom späten Montagvormittag bis zum frühen Freitagnachmittag war alles andere ausgeschaltet. Das Gute daran war, dass man nicht bei der Arbeit abgelenkt wurde und sich voll darauf konzentrieren konnte.

In den ersten Monaten hatte ich noch im Hotel »Goldener Löwe« gewohnt. Das hatte als Übergangslösung ganz gut funktioniert. Aber irgendwann war der Punkt gekommen, an dem ich und Stefan die experimentelle Küche und die bunt lackierten und mit Strass-Steinen besetzten Fingernägel der Bedienung einfach nicht mehr aushielten. Außerdem musste man auch mal wieder eigene vier Wände um sich haben.

In einem Gebäude auf dem Firmengelände gab es im Erdgeschoss eine leere Zweizimmerwohnung mit Küche und Bad, die einen schönen Blick in den Park der Fabrikantenvilla hatte. In diesem Haus wohnten die alte Hilde, das Faktotum der Firma, auf die ich später noch zu sprechen komme, und eine weitere alte Dame als Mieterin, von der man aber den ganzen Tag relativ wenig sah und hörte. Diese Erdgeschosswohnung richteten wir uns notdürftig her. Bad und Küche wurden mit neuen Installationen ausgestattet. Die Räume wurden weiß gestrichen und ein neuer Teppich hineingelegt. Die Möbel holten wir uns bei IKEA. Und schon hatten wir eine klassische Studenten-

WG, in der es sich einigermaßen aushalten ließ. Jedenfalls empfanden wir es als Quantensprung.

Gegen 9 Uhr gingen wir in's Büro, Stefan meistens vor mir, was er innerlich jedes Mal wahrscheinlich als kleinen Triumph feierte. Dann wurde durchgearbeitet. Ein Termin reihte sich an den nächsten. Wir schauten bezüglich Dienstschluss nicht auf die Uhr und die Mitarbeiter taten es auch nicht. Man merkte kaum, wie die Zeit verging, denn man hatte keine Zeit, darüber nachzudenken. Abends ging es mindestens bis 20 Uhr, oft auch länger. Das Pensum war kaum zu schaffen.

Jeden Mittag stellte sich die Frage, was man essen sollte. Die Auswahl war vor allem in den ersten Jahren nicht besonders. Es gab einen Roster (Thüringer Bratwurst) oder einen Breuler (Hähnchen) vom Grillstand in der Fußgängerzone. Die konnte man gut essen, aber nicht jeden Tag. Sonst gab es eher wenig Schmackhaftes. Wir kauften deshalb eine Mikrowelle, die wir in die Sekretariatsküche stellten. Damit war die Speisekarte um Tiefkühlpizza erweitert. Später gingen wir dazu über, uns in unserer Küche selbst etwas zuzubereiten, Tomaten mit Mozzarella oder etwas anderes Frisches. In den ersten Jahren wurde dies dadurch erschwert, dass es viele lieb gewonnene Zutaten überhaupt nicht gab. Italienische Spezialitäten wie Rucola, Parmesan und Basilikum musste man erst einmal finden. Und wenn man sie fand, waren sie meist von niederschmetternder Qualität. Die Handelskonzerne hatten den Osten zwar als neuen Absatzmarkt entdeckt. Aufgrund der dortigen Lebensmittelausgaben und der fehlenden Vergleichsmöglichkeiten für die Konsumenten gab man sich aber bezüglich der Qualität nicht besonders viel Mühe. Wahrscheinlich dachte man sich auch hier, »für die Ossis wird's schon reichen«.

Ein- oder zweimal gingen wir abends essen, meistens wieder zum Goldenen Löwen. Ansonsten war man so erledigt, dass man, kaum in der Wohnung angekommen, den Fernseher anmachte und sich berieseln ließ. Noch Telefonieren mit Zuhause, Familie und Freunden und dann war der Tag vorbei.

TÄGLICHES SPORT- UND FITNESSPROGRAMM

Das Highlight des Tages war das morgendliche Joggen, das ich mit großer Regelmäßigkeit betrieb. Die Natur war wunderschön. Die nahe gelegene Talsperre war ein Trinkwasserschutzgebiet und in ziemlich unberührte Wälder eingebettet. Dort konnte man herrlich laufen. Manchmal kam ich mir vor, als wäre ich in der kanadischen Wildnis. Im Sommer ging ich außerdem anschließend in der Talsperre schwimmen. Bis eines Tages mitten im See ein wahrscheinlich einhundert Jahre alter 80-Zentimeter-Karpfen (man hatte mir von solchen Viechern erzählt) direkt neben mir aus dem Wasser sprang. Leicht panisch flüchtete ich ans Ufer. Ab dem Tag beließ ich es lieber beim Joggen.

Meine Münchner Freundin schenkte mir irgendwann ein Kajak. Ein tolles Geschenk und eine super Idee, um ein bisschen Abwechslung in das Sportprogramm zu bringen. Leider funktionierte die Sache aber nicht. Als ich nämlich das Kajak eines Tages zu Wasser lassen wollte, tauchte aus dem Nichts ein Aufseher auf und stellte mich zur Rede. Unglaublich! Ich war schon Hunderte Male durch den Wald gelaufen und hatte nur ganz vereinzelt mal jemanden getroffen. Und jetzt, beim ersten Versuch, mit dem neuen Kajak zu fahren, hielt mich dieser Mann auf. Es sei verboten, Boote im Trinkwasserschutzgebiet zu benutzen. In den Gemeinden des Ostens hatten sich mitunter grüne Hardliner aus dem Westen festgesetzt, die die Chance nutzten, dort Forderungen durchzusetzen, die anderenorts aus guten Gründen abgelehnt wurden. Für Motorboote war das strikte Wassersportverbot ja nachvollziehbar, aber für so ein indianisches Sportgerät ohne Lärm und Abgase? Gereizt fragte ich, was denn der Sinn dieses Verbotes sei. Die Antwort lautete, es könnten sich ja Bakterien daran befinden. Ich ließ ihn stehen und gab zu erkennen, dass ich mich von ihm nicht abhalten lassen würde, worauf er wutschnaubend den Platz verließ, nicht ohne sich aber meine Autonummer aufzuschreiben und mir eine Anzeige anzukündigen. Ich habe nie wieder von der Sache gehört. Heute ist die Talsperre freigegeben und so kann das Reizvollste, was Zeulenrodas Natur zu bieten hat, auch genutzt werden.

PERSONELLE GRUNDLAGEN

1993

DIE ZEULENRODAER FRAUSCHAFT

Peu à peu lernte ich die Führungsmannschaft von Excellent Dessous & Mieder näher kennen, die eigentlich eine Frauschaft war. Die Abteilungsleiterinnen waren alle um die 50 Jahre, manche aber auch schon kurz vor dem Pensionsalter. Einige hätten altersmäßig auch meine Mutter sein können. Es wäre spannend zu wissen, was die Damen wohl damals über mich gedacht haben. Ich bin davon überzeugt, dass sie mir offener begegnet sind, als es bei einer männlichen Führungscrew der Fall gewesen wäre. Aber die Tatsache, dass es sich um Frauen handelte, hatte auch ihre Schattenseiten. Wie Männer in solchen Zusammenhängen ticken, das war mir vertrauter, das hätte ich einfacher durchschaut. Diese Frauen waren dagegen außerordentlich begabte Politikerinnen, die es verstanden, ihre Interessen mit großem Geschick zu verfolgen. Immerhin hatten sie zu DDR-Zeiten ein großes Industrieunternehmen geführt und sich dabei gegenüber einer männlich dominierten Partei- und Staatsführung behaupten können. Sie hatten gelernt, sich mit dem zu arrangieren, was ihnen vorgesetzt wurde.

Möglicherweise haben sie anfangs das unerfahrene »Greenhorn«, das ich war, gar nicht richtig ernst genommen. Andererseits blieb ihnen gar nichts anderes übrig, als an meine fachliche Kompetenz zu glauben. Außerdem wird sie schnell die Hartnäckigkeit beeindruckt haben, mit der ich einen neuen Weg verfolgte. Insgesamt werden sie ein Wechselbad der Gefühle durchlebt haben. Und es dauerte einige Zeit, bis sich über den alltäglichen höflichen Umgang hinaus so etwas wie Vertrautheit einstellte und sich Beziehungen entwickelten.

Jede Mitarbeiterin hatte ihre eigene Geschichte: Die langjährige Vertriebschefin Regine Bauer hatte die Erscheinung und die Attitüde einer alten preußischen Generalin. Hager, graue kurze Haare, schmale goldgerändete Brille, immer im offiziellen, sehr formalen Businesslook gekleidet. Ihr Verhalten war sehr korrekt mit einer natürlichen Autorität, die sowohl mit einer Portion Härte wie mit konkreter Sachlichkeit verbunden war. Sie war unverheiratet, was ihr zusätzlich eine gewisse Aura der Unantastbarkeit verlieh. Der ganze Vertrieb tanzte nach ihrer Pfeife. Sie sorgte für eiserne Ordnung und Disziplin. Alles funktionierte wie am Schnürchen. Die Frau war ein Phänomen. Mit ihrer Zuverlässigkeit und korrekten Art hatte sie sich auch im Kundenkreis bis in die obersten Etagen einen Namen gemacht. So verging z. B. kein Termin beim damaligen Großkunden Quelle, ohne dass die damalige Einkaufschefin im Vorstand dazukam, die Grande Dame des Unternehmens. Sie bestand auf den persönlichen Kontakt mit der Generalin. Ich war selbst einmal dabei, als sich die beiden Frauen mit Respekt begegneten und Freundlichkeiten austauschten. Man hatte bei Quelle mit dem Einkauf im Osten immer gerne auch eine Portion nationale Verantwortung übernommen. Und in der Generalin hatte man die Person gefunden, die dieser Aufmerksamkeit in würdiger Form gerecht wurde. Leider war sie schon kurz vor der Pensionierung. Ich konnte sie zwar überreden, noch einige Zeit Sonderaufgaben zu übernehmen, aber auf längere Sicht stand sie nicht mehr zur Verfügung.

An ihre Stelle trat ihre bisherige Assistentin Renate Lehmann. Sie war durch die Schule der Generalin gegangen, hatte vieles von ihr gelernt und besaß den gleichen scharfen Verstand. Sie hatte ein freundliches Wesen und machte den Eindruck eines in sich ruhenden, sehr gefestigten Menschen. Sie wirkte abgeklärt und sagte nie viel. Aber bei abendlichen Sitzungen oder langen gemeinsamen Autofahrten ergab sich doch manchmal die Gelegenheit, in ihre Seele zu blicken. Im Lauf der Zeit stellte ich dabei fest, dass sich hinter der Fassade ein manchmal freudloser Mensch verbarg, der zu harten, fast misanthropischen Urteilen über sich und andere fähig war. Was die tieferen Gründe dafür waren, habe ich nie erfahren. So nah kam man sich dann auch wieder nicht.

Dafür war ihre junge, rechte Hand Ursula Zaumsegel ein Sonnenschein. Sie war nicht nur kompetent, sie war außerdem immer freundlich, immer charmant, egal ob sie es mit mir, ihren Mitarbeitern im Innendienst oder Kunden zu tun hatte, mit denen sie auf den Messen und am Telefon viel Kontakt hatte. Sie war eine der Ersten, die mit dem neuen Wind im Unternehmen richtig umzugehen wussten und es verstand, ihre Aufgaben mit einem positiven Spirit und einer gewissen Leichtigkeit zu lösen.

Die Leiterin der Produktentwicklung Christine Dietzsch war das Gegenteil einer Modedesignerin, wie man sie sich landläufig vorstellen würde. Anfang fünfzig, etwas fester, mit einer dunklen Tolle und ebenfalls goldgerahmter Brille. Fachlich war sie hoch kompetent, insbesondere, was die technologische Seite der Entwicklung anging. Und sie war, wie sich schnell herausstellte, eine Politikerin reinsten Blutes. In jahrelanger DDR-Routine hatte sie gelernt, dass klare Aussagen gefährlich werden konnten. Also machte sie keine klaren Aussagen mehr. Sie war eine von denjenigen Menschen, die es vorsichtshalber vermieden, sich festzulegen, und eine Meisterin der Verschleierungstaktik. Auf direkte Fragen verstand sie wunderbar auszuweichen. Einmal hatte ich ihr einen Gestaltungsauftrag gegeben. Sie kam mit dem fertigen Teil in mein Büro. Ich war begeistert und wollte wissen, ob sie es auch war. Also fragte ich in bewusst herausforderndem Ton: »Und, wie sieht das aus? Was meinen Sie?« Sie antwortete in ihrer unnachahmlichen Art: »Nun, ich würde sagen, nicht ganz schlecht.« Ich war entrüstet, denn ich fand meine Idee genial. Darum sagte ich: »Was heißt denn hier nicht ganz schlecht?« Jetzt endlich war sie sich sicher, wie ich die Sache sah und stimmte mit plötzlicher Begeisterung zu: »Das ist super!«

Die Produktionsleiterin Karin Bernt war eine ruhige, kompetente Person, die ihr Handwerk von der Pike auf gelernt hatte und, wie die ganze Führungscrew, schon viele Jahre bei Exzellent war. Auf ihre Aussagen war, wie ich in den folgenden Jahren lernte, immer hundertprozentig Verlass. Außerdem hatte sie ihre Mitarbeiterinnen in Zuschnitt, Näherei und Endfertigung – immerhin fast 150 Frauen – total im Griff. Ihr Team vervollständigten eine Technologin und drei Meisterinnen, die sicher auch in jedem Westbetrieb ihren »Mann« gestanden hätten. Sie brachten fachlich alles mit, was an technischem Know-how für unsere Neuausrichtung erforderlich war. Rückblickend glaube ich, dass ohne diese Fähigkeiten der Produktions- und der Entwicklungsabteilung die Erfolge der folgenden Jahre völlig undenkbar gewesen wären.

Die Geschäftsführungssekretärin hieß Regina Masopust, wie der frühere tschechische Weltfußballer. Sie war schon für den ersten Geschäftsführer da gewesen. Und nun musste sie mit Stefan und mir die nächsten Egomanen ertragen. Sie war ebenfalls Anfang fünfzig. Dass sie nicht mehr die Jüngste war, machte ihr mehr zu schaffen als mir. Völlig grundlos. Erstens war das Äußere für mich nicht so entscheidend, wie sie vielleicht dachte. Außerdem sah sie gut aus. Gute Figur, obligatorischer blonder Kurzhaarschnitt. Was ich an ihr besonders mochte, war ein sehr trockener Humor gepaart mit gesunder Selbstironie. Einmal verließ sie das Büro und ich rief ihr nach:»Wenn ich Ihnen ein Kompliment machen darf: Sie sehen heute wieder aus wie ein junges Mädchen.« Sie drehte den Kopf über die Schulter und antwortete trocken:»Aber nur von hinten.«

Bezogen auf professionelle Unterlagen und Präsentationen für interne und externe Zwecke waren wir bei Roland Berger natürlich sehr geschult. Und diese Dinge waren jetzt auch sehr wichtig, um an allen Stellen den neuen Kurs darstellen und kommunizieren zu können. Aber bei Roland Berger hatte wir in Sekretariaten und einer eigenen Grafik Topleute gehabt. Der Anspruch war deshalb ziemlich hoch. Frau Masopust hatte jedoch zum allerersten Mal mit solchem Niveau zu tun. Zudem befand sich die Bürotechnik Anfang der 90er-Jahre noch in einem anderen Zeitalter. Natürlich gab es Word, Excel und Powerpoint schon. Aber die Hardware war eine andere. Und es gab noch kein Internet.

Heute würde niemand mehr eine Präsentation seiner Sekretärin geben, sondern sie deutlich schneller und effizienter am Notebook selbst schreiben. Damals war das noch anders. Neulich war ich mit meinen Kindern in der Pinakothek der Moderne in München. Im Untergeschoss war die Bürotechnik der 90er-Jahre ausgestellt. Es war ein komisches Gefühl, meine ersten Computer, Telefone usw. dort stehen zu sehen, im Museum. Da kommt man sich ganz schön alt vor. Dabei ist es erst 15 bis 20 Jahre her.

Das Sekretariat in seiner unmittelbaren Vorzimmer-Reichweite war der Katalysator zwischen alter und neuer Welt und bekam immer alles direkt ab, wenn Dinge noch nicht so funktionierten, wie es sein sollte.

Immer die volle Breitseite. Bei zwei Chefs war das mitunter einfach zu viel. Alles, was uns übel aufstieß, kam zunächst und ungefiltert bei Frau Masopust an. Sie musste wirklich kämpfen. Oft hatte sie Tränen in den Augen. Ich hörte sie nebenan in ihrem Büro fluchen. Ich glaube, sie hat im ersten Jahr wirklich gelitten. Sie musste so viel Neues, Ungewohntes handeln, so etwa jetzt die »Vogüh« (VOGUE) lesen. Aber sie biss sich durch und gab nicht auf. Und es wurde besser und besser. Außerdem wurde sie mit der Zeit eine Vertraute, die mir den Rücken frei hielt und lernte, alle meine Wünsche und Meinungen schon im Voraus zu erahnen. Kurz, sie wurde eine wirkliche Perle und große Stütze.

Alle internen Kommunikationsmittel bekamen eine feste Form. Unsere Navigationsinstrumente wurden praktisch täglich besser. Und am Ende war nicht nur ich zufrieden, sondern alle erkannten den Wert dieser neuen Arbeitsmittel und -methoden. Im Nachhinein scheint es mir, dass die Mitarbeiter sich geradezu danach gesehnt hatten, Mittel und Werkzeuge in die Hand zu bekommen, mit denen sie ihre Motivation in die richtige Richtung lenken und, wie man so sagt, ihre PS auf die Straße bringen konnten. Das galt für den Osten und das gilt auch für alle Beratungs- und Coachingprojekte, die ich in den letzten zehn Jahren im Westen gemacht habe.

Die anfängliche Doppelbürolösung war gut gemeint, aber längerfristig keine gute Idee gewesen. Zunehmend gingen Stefan und ich uns gegenseitig auf die Nerven. Deshalb teilten wir die Büros auf. Ich behielt das alte Zimmer des Generaldirektors, Stefan zog gegenüber vom Sekretariat in das zweite kleinere Geschäftsleitungsbüro, das wahrscheinlich früher schon den Prokuristen beherbergt hatte und immerhin auch noch wurzelholzfurnierte Türen hatte.

Frau Masopust blieb natürlich bei mir. Stefan bekam eine andere Sekretärin. Er hatte sie sich unter verschiedenen Kandidatinnen ausgesucht. Sie war schüchtern und blutjung. Sie hatte einen solchen Respekt vor ihm, dass sie, wenn er in herrischem Ton, den ich bis in mein Büro hören konnte, nach ihr rief, stets ein verschrecktes »Hmmmh« hören ließ, wenn sie von ihrem Stuhl aufsprang, um zu ihm zu eilen. Die leise Angst, die bei ihr immer mitspielte, gefiel ihm, glaube ich, ganz gut. Sie hatte eine eindrucksvolle Oberweite, ich schätze D- oder

E-Cup. Es dauerte nicht lang, und es kursierten die ersten blöden Witze im Unternehmen. Nach einem Jahr war sie mit den Nerven am Ende und kündigte. Stefan bekam eine Neue, die diesmal aus dem Unternehmen kam. Sie war zwar ebenfalls sehr jung, aber sie besaß eine ordentliche Portion Frechheit. Dazu die nötige Gelassenheit, war patent und ließ sich nicht aus der Ruhe bringen. Stefans teils unwirsche Attacken gingen ab sofort ins Leere. Komischerweise war diese Konstellation von Dauer.

Das Faktotum in der Firma war die schon erwähnte Hilde. Sie war Mitte siebzig und ein Urviech, wie man in Bayern sagt. Eigentlich war sie längst in Rente. Aber sie war fast 50 Jahre im Unternehmen gewesen. Noch als Kindermädchen bei den alten Römplers. Später als Näherin und Mädchen für alles im VEB-Großbetrieb. Über die Jahre war sie zum festen Bestandteil des Inventars geworden. Und so war sie immer noch allgegenwärtig. Hilde hatte schlechte Zähne und O-Beine, weshalb sie watschelte, sowie eine standfeste, kleinteilige Dauerwelle und trug immer Kittelschürze. Man wusste nicht so recht, war sie nun ein Relikt der DDR oder doch noch eine Trümmerfrau.

Dabei war sie von verblüffender Herzlichkeit und Offenheit. Und gleichzeitig so unverfroren und verrückt, dass sie keiner richtig ernst nahm und alle ihr ihren Freiraum ließen. Ohne jegliche Zurückhaltung und ohne Ansehen der Person oder der Stellung griff sie sich einen jeden, der ihr begegnete, und erzählte ihm alles, was er wissen oder auch nicht wissen wollte. Sie war irgendwie auch ein Stück Seele des Unternehmens. Wenn Heiner kam, konnte sie mit ihm noch darüber sprechen, wie es früher gewesen war, damals in der alten Römpler-Villa, wo Heiner als Kind oft seine Ferien verbracht hatte.

Hilde bewohnte die Dachwohnung in dem Gebäude, in dem Stefan und ich uns eingerichtet hatten, mitten im Firmengelände. Und weil sie schon einmal da war und weil der ganze Laden in gewisser Weise sowieso ihrer war – zumindest sah sie das so –, überwachte sie den Hof, die Ein- und Ausgänge und überhaupt alles, was sich rührte im Gelände. Die Mitarbeiter betrachteten sie gleichzeitig als Institution und als Plage. Ständig hielt sie einen auf und quatschte einen zu. Wer in Eile war oder dringend etwas erledigen musste, dem konnte nichts

Schlimmeres passieren, als Hilde zu begegnen. Aber Hilde war eben immer da gewesen. Es gab niemanden im Unternehmen, der Römpler, danach Elastic Mieder und jetzt Excellent ohne Hilde erlebt hatte. Man betrachtete sie als das, was sie war, nämlich ein Naturereignis.

Als ich nach Zeulenroda kam, hatte sie noch die Aufgabe erhalten, die Geschäftsleitungsbüros zu reinigen, was ihren Sonderstatus natürlich zusätzlich unterstrich. Bei unserer ersten Begegnung war ich leicht schockiert. Aber irgendwie hatte ihre Verrücktheit etwas Entwaffnendes. Mit ihrer Mischung aus Charme und Frechheit schaffte sie es spielend, auch mich sofort um den Finger zu wickeln. Ich ließ sie in den folgenden Jahren gewähren und sie dankte mir diese kleinen Freiheiten mit einer solchen Zuneigung, dass man gerührt sein musste. Jedes Mal, wenn ich montags auf den Hof fuhr, stand sie schon da (ich weiß gar nicht, wer sie immer informiert hat). Und dann kam sie zu mir gewatschelt, nahm meine Hand, drückte sie fest an ihren Busen, strahlte mich an und sagte: »Oh, mein lieber Herr Schworza, mein Gudter. Sind Sie och wieder da!«

NEUE DESIGNERIN AUS DEM SCHWABENLÄNDLE

Nach einigen Wochen war mir klar, dass unsere Designerinnen bei aller technischen Qualifikation nicht in der Lage waren, ohne fremde Hilfe eine attraktive Kollektion zu erstellen, die modernsten ästhetischen Ansprüchen genügte und die neuesten Trends beinhaltete. Ich nahm mit dem Verband Kontakt auf. Der damalige Geschäftsführer war ein netter Kerl und uns sehr zugetan. Er war bestens vernetzt und nach kurzer Zeit präsentierte er mir eine junge Designerin vom Bodensee, die bei Schiesser Wäsche und bei Fürstenberg Dessous gelernt hatte. Sie sei ambitioniert und genau die Richtige für den Job.

Schon in der darauf folgenden Woche saß Rose bei uns im Besprechungsraum. Sie war eine attraktive junge Frau mit Geschmack und Stil, die meinen Ideen und Plänen für das Unternehmen gebannt zuhörte. Ich hatte ein gutes Gefühl und wir verabredeten eine Zusammenarbeit mit ihr als Designerin und Coach der Entwicklungsabteilung. Sie arbeitete von zuhause aus, war aber im zweiwöchigen Rhythmus vor Ort in Zeulenroda. Gemeinsam mit der Entwicklungsleiterin, die auf der technischen Seite der Entwicklung herausragende Stärken hatte, sollte sie ein zukunftsfähiges, kompetentes Team bilden.

Rose – wir duzten uns erst sehr viel später nach vielen Auseinandersetzungen, Verzweiflungs- und Freudentränen – stieg vom ersten Tag an mit dem gleichen Biss ein, wie ich selbst. Auch ihr war es ernst mit der Realisierung der besprochenen Vision. Was ich allerdings total unterschätzt hatte, war die politische Dimension dieser Teambildung. Weder Rose noch die Entwicklungschefin hatten wirklich Bock aufeinander. Zwar zweifelten beide nicht daran, dass dieses Team grundsätzlich Sinn machte und dass jede über Fähigkeiten verfügte, die die andere eben nicht in dem Maße besaß. Nur reichte diese Erkenntnis nicht dafür, um zu klären, wer letztendlich den Hut aufhatte bzw. das letzte Wort sprach. Und beide waren Alphatiere. Rose war unbedingt erpicht darauf, den Thron zu erobern, die andere mindestens genauso entschlossen, diesen nicht herzugeben. Zudem waren sie äußerlich, von den Lebenswegen und ihrem Lebensumfeld her total unterschiedlich. Rose war unverheiratet, hatte als Selbstständige schon einige Zeit gutes Geld verdient und sich damit einen gewissen Lebensstandard erarbeitet, den sie auch zelebrierte. Die Entwicklungsleiterin hatte eine Familie mit erwachsenen Kindern. Sie hatte diese Familie und ihren Job immer verbinden müssen und dafür wohl auch viele Entbehrungen auf sich genommen. Von der Welt hatte sie wenig gesehen – außer dem Ort, in dem sie wohnte und der tatsächlich Neuärgernis hieß. Es gab wenig Gemeinsamkeiten.

Also begannen die Damen mehr schlecht als recht damit, sich miteinander zu arrangieren. Dabei ließen sie keine Gelegenheit aus, der anderen eins auszuwischen oder an der anderen vorbei ihre Meinung ins rechte Licht zu rücken.

Rose war grundsätzlich für »neu«. Neu war gut. Auf die Frage, warum ein Designentwurf gut wäre, antwortete sie regelmäßig mit schwäbischem Akzent: »Weil das Material ganz neu isch.« Genau das war für die Entwicklungsleiterin überhaupt kein Argument. Im Gegenteil, sie wollte lieber auf Bewährtes setzen. Möglichst keine Risiken, so wenige Unbekannte wie möglich. Beide brachten uns mit ihrer partiellen Optimierung nicht wirklich weiter.

Natürlich brauchten wir unbedingt Veränderung und neue Entwicklungen, um uns zu profilieren. Da hatte Rose recht. Andererseits brauchten wir keine Neuheiten um jeden Preis. »Neu« war nur bedingt von Vorteil. Wenn Neuheiten gleichzeitig gut waren, waren sie selbstverständlich perfekt. Aber das war keineswegs immer der Fall. Schließlich waren viele Dinge von Wettbewerbern aus gutem Grund nicht gemacht worden – nämlich deswegen, weil sie einfach nicht funktionierten. Rose verstand sich zuallererst als Designerin, die Dinge entwickeln wollte, die sonst niemand hatte. Sie griff begeistert zu jedem neu entwickelten Material der Stofflieferanten. Wenn wir aber Materialien anfassten, die nicht erprobt waren, mussten wir häufig damit experimentieren, um Probleme zu verhindern oder auszuschließen. Das ging nur in einem von drei Fällen gut. Mit Roses aktiver Mithilfe passierten uns solche Dinge ständig.

Die Entwicklungsleiterin dagegen sprang nicht über ihren Schatten. Sie war allem gegenüber skeptisch, was sie noch nicht gemacht und eingesetzt hatte. Jeder noch so kleine Fortschritt war extrem zäh. Sie sperrte sich mit jeder Faser gegen Dinge, die für sie unübersichtlich waren.

Das war Politik pur und extrem mühsam. Beide hatten aus ihrer Sicht recht und kämpften um gute Ergebnisse. Ein guter Kompromiss wäre aber oft die Lösung gewesen. Beide sagten aber nur das, was ihre eigenen Interessen unterstützte, und verschwiegen gerne, was für sie nicht zweckdienlich war oder die Meinung der anderen unterstützte. Immer musste man nachfragen und bohren, um den Dingen auf den Grund zu kommen. Weil beide keinen Zentimeter nachgaben, blieb es mir in den Kollektionsbesprechungen überlassen, den richtigen Kompromiss zu finden. Das Hickhack war unnötig und anstrengend. Ich hatte Sprengstoff in der Entwicklung und selbst die Zündschnur gelegt.

AUSSENDIENST- UND INNENDIENSTORGANISATION

Der Aufbau einer schlagkräftigen Außendienstorganisation war eine der wichtigsten Kernaufgaben. Andreas hatte dafür die Weichen gestellt, indem er eine ganz ansehnliche Mannschaft von Handelsvertretern für die alten Bundesländer und angestellten Reisenden für die neuen Bundesländer zusammengestellt hatte. Die Agenturen bestanden vorrangig aus altbewährten Wäschevertretern, die jahrzehntelange Erfahrung und Kundenkontakte im Markt mitbrachten. Ältere Herren, in Outfit und Auftreten wie gemacht für das »gepflegte Wäschefachgeschäft«.

Unter modischen Gesichtspunkten war die Truppe beileibe kein Dreamteam für ein lifestyliges Markenkonzept. Aber das war auch nicht das Wichtigste gewesen bei der Auswahl. Schließlich hatten wir keine junge Designermarke. Excellent war eher für das mittlere Alterssegment im gehobenen Genre geeignet. Die Fachhandelskunden in diesem Marktsegment waren ebenfalls keine Modefreaks, sondern in den allermeisten Fällen und vor allem bei den wichtigsten Kunden, ältere Damen, die von Mode relativ wenig, dafür von Miederhosen und Körbchengrößen aber umso mehr verstanden. Für diese Klientel waren diese Vertreter genau die Richtigen gewesen.

Sie machten zudem einen sehr ordentlichen Job. Die meisten waren Verkäufer alter Schule, die ihre Kunden erstaunlich gut im Griff hatten. Jeder hatte außerdem seine ganz eigene Geschichte und bei näherem Hinsehen traf man auf manch spannende Macke. Der Agent im Norden war eigentlich ein verhinderter Opernsänger, der bei den Außendienst-Tagungen zu fortgeschrittener Stunde als Heldentenor stimmgewaltig Arien aus Verdi-Opern schmetterte. Der Agent in Hessen repräsentierte seine Agentur als Familienunternehmen. Er trat auf den Regionalmessen nur im Doppelpack mit seiner Frau auf. Sie hatte etwas von der Mutter der ganzen Branche, schwatzte mit den Kunden um die Wette, machte die besten Plätzchen und war das personifizierte Customer-Relationship-Management alter Schule. Der Vertreter in Bayern hatte einen geradezu legendären Ruf. Neidvoll beobachteten die Konkurrenten, wie selbst Kunden nach seiner Pfeife tanzten, die sonst gefürchtet waren für die Art und Weise, in der sie mit dem Außendienst ihrer Lieferanten umsprangen. Bei ihm waren sie lammfromm. So hatte er z. B. während der Orderrunde in München immer eine Hotelsuite in Bahnhofsnähe als Showroom gemietet. Die Kundentermine waren eng getaktet und streng organisiert. Vor dem

Hotel gab es einen Parkplatz, den er für die Dauer der Hotelausstellung angemietet hatte. Jeder Kunde hatte ein Zeitfenster von exakt fünf Minuten, diesen Parkplatz anzusteuern. Er selbst stand dann dort als Parkplatzeinweiser und sorgte für einen reibungslosen Wechsel. Wer allerdings zu spät kam, den bestrafte das Leben bzw. die Strenge des Vertreters. Der Parkplatz war weg, ohne Ansehen von Rang und Bedeutung des Zuspätkommers. Und tatsächlich – jeder kam pünktlich. Der Mann hatte Autorität.

In drei wichtigen Reisegebieten, in NRW, Bayern und Hessen, brachten die alten Recken ihre Söhne mit, die ihre Agenturen später übernehmen sollten. Die neue Vertretung von Excellent sollte zur Existenzgrundlage für die nächste Generation werden. Diese Berufsanfänger brauchten natürlich Zeit, um richtig gut zu werden. Zeit, die wir eigentlich nicht hatten. Dafür hatten sie Ambitionen und machten die Sache, von ihren Vätern unterstützt, schon bald ganz gut. Wir unsere auch, indem wir ihnen neben unseren Kollektionen vor allem Anleitung dafür gaben, wie sie unser neues Markenkonzept im Markt einführen sollten. Und so wurden wir für alle diese Agenturen, für die Söhne und die Väter, bald von einer netten Ergänzung zur wichtigsten Marke ihres ganzen Portfolios. Das passte gut mit unseren Erwartungen zusammen, denn wir brauchten und forderten von jedem Partner hundertprozentigen Einsatz.

Ein Relikt früherer Zeiten waren einige internationale Vertreter, die mehr schlecht als recht, an frühere Preislevels anknüpfend, versuchten, Kaufhäuser und Supermärkte als Kunden zu gewinnen. Der französische Vertreter etwa war ein ziemlicher Halodri, lebte im Winter in der Karibik auf St. Barth und war im Sommer, so oft es ging, in St. Tropez. Ein netter Kerl, der genau wusste, wie Gott in Frankreich lebt, aber eben nicht arbeitete. Um zu schnellen Erfolgen mit Großkunden zu kommen, empfahl er uns dringend, die Messe Interselection in Paris zu besuchen. Das machten wir auch, waren aber dort, wie sich schnell herausstellte, völlig falsch aufgehoben. Denn Marken für den Fachhandel wurden auf dem Salon de la Lingerie ausgestellt. Aufgrund unseres Trading-up waren auch im Ausland die preisorientierten Großkunden kein Segment mehr für uns.

MARKTBEARBEITUNG UND RESSOURCENVERBESSERUNG

1994

NEUER VERTRIEBSLEITER

Die Position des Vertriebschefs bei Excellent war Ende 1993 verwaist. Für Andreas musste sofort Ersatz geschaffen werden, denn der Zugang zum westdeutschen Fachhandel war von zentraler Bedeutung. Es musste jemand aus dem Westen sein, der den Markt und den Handel kannte.

Die Suche gestaltete sich nicht einfach, weil gute Vertriebsleute bei starken internationalen Marken natürlich nicht scharf darauf waren, sich bei einem Underdog aus dem Osten zu engagieren. Noch hatten wir keinen Namen. Schließlich fanden wir aber doch einen Kandidaten. Er kam von der damals sehr erfolgreichen Dessousmarke Lejaby und hatte den Kundenzugang, den wir suchten. Vom Typ her entsprach er zwar nicht gerade meinen Idealvorstellungen. Ein kleiner Mann mit Schnauzbart und Bierplautze. Ein Sancho Panza, der zum Mode- und Markenbotschafter rein äußerlich nicht wirklich taugte. Das störte mich und führte später auch zu einigen Reibereien. Aber er war ein praktischer, umgänglicher Typ, und er wusste, wovon er sprach, wenn es um Unterhosen ging.

Seine Lieblingsbeschäftigung war Auto fahren. Mit seinem 5er BMW – der Firmenwagen war eines der wichtigsten Vertragsdetails für ihn gewesen – fuhr er absolut schmerzunempfindlich Hunderte von Kilometern an einem Tag. Das größte Vergnügen machte ihm dabei, dem Vordermann bei Tempo 150 bis auf 10 Zentimeter auf die Stoßstange aufzufahren. Mitarbeiter, die bei ihm mitgefahren waren, erzählten sich Schauergeschichten von seiner Fahrweise. Als ich ihn einmal ermahnte, das wäre doch wohl nicht die feine englische Art und er solle die Regel »halber Tacho« beachten, grinste er mich an und zeigte mit den Fingern, sein Tacho wäre nur so breit.

Sancho Panza hatte eine unnachahmliche Art, die Ware zu präsentieren. Mit einem eleganten Schwung warf er sich BH und Höschen über die ausgespreizte Hand und sagte dazu: »Dieses Teil möchte ich

Ihnen auch nicht vorenthalten.« Beim Kunden war er gefügig bis geschmeidig, hatte aber für mein Gefühl etwas wenig Biss.

Einmal telefonierten wir nach einem seiner Kundenbesuche in der Schweiz. Die Einkäuferin war berühmt und berüchtigt für die Art, mit der sie die Kollektionen der Lieferanten abqualifizierte. Auf meine Frage, wie es war, sagte er:»Gut, dass Sie nicht dabei waren.« Die Einkäuferin hatte die Bügel mit den Mustern gelangweilt und ohne wirklich hinzuschauen von links nach rechts geschoben. Dann nahm sie mit spitzen Fingern ein Teil von der Stange und fragte mit zweifelnder Mine:»Und was kostet dann so was?« Sancho Panza nannte den Preis, worauf sie das Teil mit den Worten zurückhängte:»Zu teuer für DDR.« Unglaublich, wie dumm und borniert manche Menschen waren.

Sancho Panza schnappte kurz Luft und packte dann seine Klamotten mit freundlichem Lächeln wieder zusammen. Er hatte mit seiner Erleichterung über meine Nicht-Anwesenheit völlig recht, denn ich wäre bestimmt aus der Haut gefahren. Das hätte ich mir nicht gefallen lassen, und wahrscheinlich hätte sich das Bemühen um diesen Kunden für die nächsten Saisons erledigt gehabt. Manchmal muss man im Vertrieb einfach nur geduldig und leidensfähig sein. Sancho Panza hatte das drauf. Er kommentierte die größten Zumutungen von Kunden stets mit einem nonchalanten Lächeln. Damit blieb die Tür offen und eine Saison später waren wir auch bei diesem Kunden drin. Qualität setzte sich durch. War doch nicht so schlecht, die»DDR-Ware«.

NEUER MESSEAUFTRITT

Um dem Markt zu zeigen, dass bei uns ein neuer Wind wehte, waren die Modemessen der unmittelbare Ansatzpunkt. Excellent hatte sich auf den ersten Ostveranstaltungen, z. B. der Leipziger Ringmesse, noch sehr brav und mit typischem Ostcharme präsentiert. Die Selbstdarstellung der Ost-Firmen auf diesen Messen war insgesamt mehr als unbeholfen. Man merkte überdeutlich, dass die Leute nicht die leiseste

Ahnung davon hatten, wie man auf Menschen zuging, wie man Verkaufsgespräche führte und wie man sich und sein Unternehmen einigermaßen charmant präsentierte. Die angeblichen Verkäufer saßen auf ihren Ständen und fühlten sich sichtbar unwohl. Sie vertrauten weder ihren Produkten, noch der Bühne, auf der sie standen, und schon gar nicht den Fremden, die ihren Stand betraten. Achtung, Kunde! schienen sich die Aussteller zu denken. Von verkaufstypischer Beflissenheit keine Spur. Eine zähe Veranstaltung.

Dabei war die ganze Wäschebranche besonders verstaubt und die Messlatte lag nicht so hoch, wie etwa in der Oberbekleidung. Auch als Einäugiger hätte man in dem Umfeld schon etwas dargestellt. Aber es konnte nicht unser Ziel sein, uns diesem Branchenniveau anzupassen. Unser Maßstab war von Anfang an die Mode, d. h. die Fashion-Branche. Wenn man heute von Fashion-Messen spricht, dann stellt man sich den Drive, das Flair, die Szenerie vor, die man z. B. auf der »Fashion Week« in Berlin, der »Bread & Butter« auf dem Tempelhofer Flughafen oder der »Premium« im Gleisdreieck antrifft. Damals fand die größte und bedeutendste deutsche Modemesse noch in Düsseldorf statt und hieß IGEDO bzw. später CPD. Und auch sie war weit entfernt von dem, was man heute erwarten kann. Allein schon das Messegelände konnte mit den heutigen Veranstaltungsorten nicht mithalten. Später wandten sich die Aussteller in Düsseldorf scharenweise vom Messegelände ab und errichteten ihre eigenen Showräume. Neue Orderzentren entstanden rund um die Kaiserswerther Straße und im Hafen.

Die zweimal jährlich stattfindende IGEDO Dessous – damals die größte Wäschemesse der Welt – war erst recht ein Ausbund an Langeweile. Biedere Herstellerstände, null Atmosphäre und ganz überwiegend alte Leute – sowohl auf Hersteller- als auch auf Handelsseite. Es hätten auch Hersteller von Camping-Mobilen oder Kaninchenzüchter sein können, die dort ausstellten. Es hätten dann nur die leicht bekleideten Mädchen gefehlt, ansonsten wäre der Eindruck der gleiche geblieben. Beim Betreten der Hallen bekam man eine »Staublunge« und ganz sicher keine Lust auf Mode.

Die großen deutschen Hersteller Triumph, Schiesser, Mey und Schöller sahen das wahrscheinlich damals auch schon so. Anstatt aber etwas daran zu verändern, was immerhin eine Chance gewesen wäre, blieben sie der Messe lieber fern (ich komme später noch einmal darauf zurück). Die Messeleitung begann dann auch noch, die Termine herumzuschieben. Die Folge war, dass die Franzosen diese Steilvorlage nutzten und sich daran erinnerten, dass doch eigentlich sie das Mutterland der Dessous und der Lingerie waren. Sie pushten Mitte der 90er-Jahre ihre eigenen Messen, den Salon de la Lingerie in Paris und in Lyon. Die großen französischen Hersteller wie Chantelle, Barbara, Lejaby, Lise Charmel u. a. zögerten keine Sekunde, dort, auf ihrem Domestic Market, einen fulminanten Auftritt beizusteuern. Und sogar die deutschen Messemuffel kamen dorthin. Schiesser veranstaltete Ende der 90er sogar einen riesigen Event mit einem Megastand, zu dem Einkäufer aus ganz Deutschland auf Firmenkosten eingeflogen wurden. Heute sind die französischen Messen der internationale Treffpunkt und das Mekka der Wäschebranche. Die IGEDO Dessous gibt es nicht mehr. Einige Jahre versuchte man noch verzweifelt und mit unterschiedlichen kreativen Ansätzen, sie am Leben zu erhalten. Ein gutes Beispiel dafür, wie wir Deutschen manchmal mit Zögerlichkeit und Miesmacherei Chancen vertun.

VERÄNDERUNG DER KUNDENSTRUKTUR

Im Jahr 1994 las sich unsere Kundenliste noch wie ein Auszug aus dem ostdeutschen Einzelhandelsverband, wenn es damals schon einen gegeben hätte. Die Topkunden hatten Namen wie z. B. »Wäschemoden für sie und ihn« in Erfurt, »Wäsche & Miederwaren« in Aschersleben oder »City-Collection« in Jena. Das waren Adressen, wo nicht gerade der modische Herzschlag pulsierte. Es war klar, dass diese Kunden für die Zukunftssicherung des Unternehmens nicht ausreichten. Wir mussten die Top-Häuser der Branche im Westen als Kunden gewinnen.

Eine gewaltige Umbauarbeit begann. Mit unserem Key-Account-Management, unserer Außendienstorganisation und unseren Messeauftritten gelang es, neue Türen aufzustoßen und ganz andere Kaliber von Kunden zu gewinnen. Dahinter stand eine mühsame Akquisitionsarbeit, die in mehreren Phasen ablief. Zuerst musste die Aufmerksamkeit gewonnen oder aktiv ein Kontakt hergestellt werden. Dann musste der Kunde im Verkaufsgespräch von Konzept und Angebot überzeugt werden. Wenn das gut ging, bekam man erste Testaufträge, mit denen man sich im Abverkauf bewähren musste. In dieser Phase war es wichtig, dem Kunden ein Commitment abzuringen, das ernsthaft war. Er musste uns wirklich eine Chance geben, wozu die richtige Platzierung am PoS (Point of Sale) genauso gehörte wie die Präsentation durch motiviertes Verkaufspersonal. Wenn der Kunde und sein Verkaufspersonal nicht dahinterstand, war die Wahrscheinlichkeit hoch, dass der Test in die Hose ging. Wenn aber der »Proof of concept« erst einmal erreicht war, wurde es spannend. Schon eine erhöhte Order in der Folgesaison war ein Erfolg. Ziel war aber letztendlich, einen festen Platz im Stammsortiment zu ergattern. Das dauerte meist einige Saisons, zumal es häufig mit der bewussten Entscheidung des Händlers verbunden sein musste, einen anderen Stammlieferanten dafür zurückzustufen oder ganz aus dem Sortiment zu werfen.

Vier Jahre später, 1998, standen in der Kundenliste Namen ganz oben wie Engelhorn in Mannheim, das KaDeWe in Berlin, Ludwig Beck in München, Dodenhof in Posthausen, L+T in Osnabrück, Leffers in Oldenburg, Jäger & Mirow in Hamburg, Wöhrl in Nürnberg und Zinser in Tübingen, um nur einige prominente Einzelhändler zu nennen. Unter den Top 100 des deutschen Wäschefachhandels gab es kaum jemanden, den wir nicht für uns gewonnen hatten. Bei den meisten standen wir noch in der Bewährungsphase, aber bei einigen hatten wir schon den Sprung ins Stammsortiment geschafft und waren zu einer festen Größe geworden.

Ich muss im Nachhinein den Einkäuferinnen, die bei Beck in München, Jaeger & Mirow in Hamburg oder bei großen Häusern der Warenhauskonzerne das Sagen hatten, ein Kompliment machen für ihre Kompetenz und Unvoreingenommenheit. Bei anderen Händlern, die in der Branche teilweise schicke Namen hatten, mussten wir oft viele Saisons warten und konnten uns nur über schleppende Testaufträge langsam Kredit erarbeiten. Die großen Einkäufer jedoch, vor denen die ganze Branche zitterte, weil sie Macht hatten und Vollprofis waren, gaben uns sehr bald eine Chance, nachdem sie sich mit sicherem Blick von unserer Leistungsfähigkeit überzeugt hatten. Bei manchen wurden wir innerhalb von drei Saisons zum Stammlieferanten. Und wir enttäuschten sie nicht.

ACHTUNG GROSSKUNDE

Das blieb auch den großen Filialunternehmen der Branche nicht verborgen. Schon vor meiner Zeit hatte Andreas die ersten Kontakte mit der Firma Palmers in Wien geknüpft.

Ein kleiner Exkurs zur Handelsentwicklung. Palmers war damals einer der größten Wäschefilialisten in Europa. Der Wäschemarkt hat sich in den letzten zwanzig Jahren fundamental verändert. So wie es u. a. auch bei Unterhaltungselektronik, Brillen, Sportartikeln und in weiten Teilen der Mode (Zara, H&M, Mango etc.) passiert ist: Die vertikalen Anbieter haben das Ruder übernommen!

Die heutigen Branchenleader in Europa waren damals gerade mal in den Anfängen. Inzwischen haben sie die Märkte aufgerollt. Intimissimi aus Italien wurde erst 1996, also zwei Jahre später, gegründet und ist heute mit über 1.000 Filialen weltweit in 23 Ländern tätig. Women's Secret aus Spanien, heute mit über 560 Stores sogar in 45 Ländern aktiv, war gerade ein Jahr alt. Und Hunkemöller aus den Niederlanden, heute auch schon mit 450 Filialen in 13 Ländern tätig, war damals, obwohl schon 1886 gegründet, noch ein regionales Benelux-Konzept. Unfassbar, wie sich diese Unternehmen entwickelt haben, und gleichzeitig ein Indiz dafür, wie hinterwäldlerisch die Branche europaweit aufgestellt war.

Gleichzeitig ein Zeichen dafür, wo die Reise bei den Handelsstrukturen generell hingeht. Es gibt zwei Megatrends. Die Vertikalisierung des stationären Handels und das boomende Onlinegeschäft. Die vertikalen Anbieter zeichnen sich durch hohe Effizienz in der gesamten Wertschöpfungskette aus. Von der Entwicklung bis zur Vermarktung der Ware greift eins ins andere, unterstützt von hocheffizienten Logistik- und Warenwirtschaftssystemen. Die traditionellen Hersteller-/Händler-Beziehungen können da kaum mithalten. Und das Onlinebusiness entspricht dem Zeitgeist, den gewachsenen technischen Möglichkeiten, der mit Tabletts und Smartphones ausgestatteten Konsumenten, sowie dem Interesse an mehr Convenience und Bequemlichkeit beim Shoppen. Der stationäre Handel macht den Konsumenten den Wechsel leicht, indem das Thema Einkaufserlebnis und Sortimentskompetenz bei den meisten Händlern deutlich zu kurz kommt. Experten schätzen, dass der Anteil des Onlinehandels in manchen Produktbereichen in den nächsten Jahren auf bis 50 Prozent steigen wird.

Palmers hat diese Entwicklung leider verschlafen und aus seiner damaligen Pole-Position nichts gemacht. Palmers hatte fast 300 Filialen, den Löwenanteil allerdings in Österreich. Anstatt in Wien in jeder Einkaufsstraße einen Laden aufzumachen, hätte man sich besser um ein international umsetzbares Konzept gekümmert. Zumal Palmers damals als Marke herausstach, weil sie hervorragende Werbung machten. Auf großen Plakatdoppelflächen präsentierten internationale Topmodels die zarten Spitzen und viel nackte Haut. Palmers wurde 2004 nach einem Eigentümerstreit an Finanzinvestoren verkauft, die es aber erst recht nicht besser machten. Die Schwesterfirma Wolford in Bregenz, im Besitz der gleichen Familie, hat es besser gemacht. Der Feinstrumpfhersteller leistete sich sogar einen Markenauftritt, der vom Starfotografen Helmut Newton geschossen wurde, und schafften damit die Grundlage für eine auch heute noch international führende Luxus-Strumpfmarke.

Palmers hatte damals ein reines Eigenmarkensortiment. Die Lieferanten waren Spezialisten aus verschiedenen Unterwäschesegmenten. Um mit Palmers ins Geschäft zu kommen, mussten wir eigene Musterungen durchführen, ein nicht unerheblicher Aufwand. Denn Palmers beanspruchte die ausgesuchten Produkte grundsätzlich exklusiv. Wir schafften die Exklusivität, indem wir in Serien unserer Markenkollektion einen Materialaustausch vornahmen.

Unsere Produkte kamen so gut an, dass wir, nach einer halben Mio.

DM mit Testaufträgen 1994, im zweiten Jahr der Zusammenarbeit, schon auf über 2 Mio. DM Umsatz hochschossen, was einer Steigerung von knapp 350 Prozent entsprach. Im Folgejahr erreichten wir fast 5 Mio. DM und damit weitere 110 Prozent Zuwachs. Innerhalb sehr kurzer Zeit sind wir zum zweitgrößten Lieferanten des Unternehmens geworden.

Das Geschäft machte allerdings von Anfang an nicht ganz so viel Spaß, wie man vielleicht denken könnte. Eine so explosionsartige Entwicklung birgt nämlich große Risiken und ist kaum gesund zu handeln. Wir mussten gesonderte Kapazitäten aufbauen. Die Vorfinanzierung der Aufträge machte uns zu schaffen. Die Anforderungen an Qualität und Lieferpünktlichkeit ließen keinerlei Nachlässigkeit zu.

Palmers forderte von den Lieferanten Abgabepreise, die uns zwangen, bei den Kalkulationen Abstriche zu machen. Aufgrund der großen Abnahmemengen ist es normal, dass die Lieferanten solchen Großkunden gegenüber Sonderkonditionen zu verkraften haben. Wir bekamen in der Regel einen Vororderauftrag, der sehr ordentlich war. So gut, dass man ihn im Vergleich zu den Minimengen des Fachhandels zuerst einmal gar nicht glauben konnte. Mit diesen Losgrößen ließen sich Fertigungsprozesse deutlich effizienter gestalten. Die Näherinnen waren begeistert, denn sie kamen bei dem Durchlauf großer Mengen und nur weniger verschiedener Arbeitsgänge wieder einmal richtig auf Leistung, was sich im Akkordlohn positiv bemerkbar machte. Ein wichtiger positiver Aspekt war zudem die Verhandlungsbasis gegenüber den Materiallieferanten. Mit den hier bewegten Volumen waren auch wir endlich einmal in einer komfortablen Verhandlungsposition und mussten uns nicht über Mindermengenzuschläge unterhalten. Unser Standing an dieser Front wurde ein ganz anderes und der Respekt uns gegenüber wuchs.

Aber das Geschäft mit großen Handelskonzernen hat seine besonderen Tücken. Die Machtverhältnisse zwischen einem marktstarken Händler und einem kleinen Markenhersteller sind für eine harmonische Beziehung tendenziell ungesund. Selten steigt der Hersteller so aus, wie es die Eingangskalkulation vorsieht. Das raffinierte Spiel mit Nebenbedingungen und Kleingedrucktem kann nur beherrschen, wer schon praktische Erfahrungen damit gesammelt hat. Und selbst wenn man die Tücken erkennt, ist es schwer, die eigenen Interessen durchzusetzen. Wir mussten z. B. für spätere Nachbestellungen gewisse Reserven halten – und zwar im eigenen Risiko. Wenn Palmers diese Mengen abnahm, gut. Wenn nicht, blieben wir darauf sitzen, was den Gewinn dieses Geschäftes komplett vernichten konnte. Sehr oft lassen sich Hersteller vom Umsatzvolumen solcher Aufträge blenden. Niedrigere Margen scheinen vermeintlich verkraftbar. Erst die Nachkalkulation ergibt dann ein ganz anderes Bild (weswegen sie häufig auch gar nicht erst gemacht wird).

Es kam zwar nicht oft vor, aber mindestens einen Fall habe ich in Erinnerung, der auch für uns zu so einer schmerzhaften Erfahrung wurde. Die Einkaufsleitung mit Stefan an der Spitze kam nämlich auf die glorreiche Idee, das Gewirke »Stickereijacquard« für die Palmers-Serie »Donna« – mit mehr als 200 000 Stück Absatzmenge im Jahr damals unsere beste Serie – in solchen Mengen einzukaufen, dass wir zwar den Stoff zu deutlich verbesserten Konditionen bekamen, er dafür aber auch für die nächsten drei Saisons reichte. Leider entschied sich Palmers aber nach kurzer Zeit, eine leicht modifizierte Serie zukünftig aus Fernost zu beziehen. 10 Prozent Kalkulationsverbesserung war denen selbstverständlich wichtiger als ein faires Verhalten uns gegenüber. Dieser »Schwenk« kam ohne jede Ankündigung, wodurch wir komplett überrumpelt wurden. Die vertraglich vereinbarten Einkaufsmengen beim Stofflieferanten waren auf mindestens eine zusätzliche Saison ausgelegt. Wir standen da, wie Loriot in ›Papa ante Portas‹, der zur Verbesserung des Einkaufspreises Tausende Pakete Schreibpapier einkauft. Aufgrund unserer zu optimistischen Absatzplanung und der rein preisorientierten Beschaffung saßen wir nun auf den Stoff- und Spitzenrollen und hatten noch Hunderte Meter auf dem Lager. Der gesamte Deckungsbeitrag eines Jahres war mit einem Schlag zunichte gemacht. Wir saßen noch einige Saisons auf dieser Ware. Bei jeder neuen Kollektionsentwicklung lag das Restmaterial als Problemposten wieder auf dem Tisch und die gleiche dringende Frage füllte den Raum, ob nicht irgendjemand eine Idee hätte, wie daraus noch etwas Sinnvolles zu machen wäre. Ich konnte den Begriff »Stickereijacquard« bald nicht mehr hören.

TOCHTERBETRIEB IN TSCHECHIEN

Unser Kapazitätsbedarf stieg in den Jahren 1994 und 1995 rasant. Die Mitarbeiteranzahl war durch Aushilfskräfte in der Produktion im Jahresverlauf schon auf 225 Personen erhöht worden. Damit bekam das Thema Lohnkosten zusätzliche Bedeutung. Es war als zweitgrößter Kostenblock direkt mit der Verbesserung unserer Profitabilität verbunden. Die Fertigungskosten machten, trotz moderater Lohnentwicklung in den NBL, bereits etwa die Hälfte unserer Herstellkosten aus. Bekleidungsproduktion ist leider lohnintensiv.

Wir wussten, dass die Lohnkosten in den östlichen Nachbarländern deutlich unter denen in Thüringen lagen. Das beflügelte Überlegungen für eine wenigstens teilweise Fertigungsverlagerung. Andererseits hatten wir mit unserer Produktion nur gute Erfahrungen gemacht. Die Mitarbeiterinnen standen für hohe Fertigungsqualität und hatten zudem schnell jedes neue Verarbeitungsdetail gelernt. Sie hatten jeden zugesagten Auslieferungstermin zuverlässig eingehalten und hatten sich als extrem belastbar und flexibel erwiesen. Solche Leistungsfähigkeit mussten wir im Ausland erst einmal finden. Ein paar Pfennig Ersparnis pro Lohnminute auf dem Papier konnten in der Realität leicht ein Verlustgeschäft werden, wenn dann nicht alles so reibungslos funktionierte wie bei uns im eigenen Betrieb. Zumal unsere Fertigungstätigkeit noch durch Vielfalt und geringe Mengen charakterisiert war, was die Komplexität steigerte und die Produktivität stark hemmte. Unter diesen Umständen war es umso schwieriger, externe Lohnpartner zu finden, mit denen man wirklich einen Schritt nach vorne machte.

Eines Tages kam Stefan mit dem neuen und spannenden Vorschlag, das nahe gelegene Tschechien zu nutzen, um ein Zweigwerk aufzubauen. Das Kalkül war, ein kleiner eigener Tochterbetrieb würde uns darin absichern, unsere Qualitätsstandards zu erhalten. Und aufgrund der räumlichen Nähe schienen auch die Flexibilität gewährleistet und die Logistikkosten überschaubar zu sein. Der Gedanke war der Produktionsleitung zunächst schwer aufgestoßen, aber nach einigem Zögern machte auch Frau Bernt mit.

Bei der Standortsuche stießen wir relativ schnell auf das nur 200 km entfernte Louny in der Nähe von Prag. Es handelte sich um eine Textilgegend, das heißt Arbeitskräfte waren verfügbar. Hin- und Rückfahrt inklusive Ladezeit waren von Zeulenroda aus innerhalb eines Tages zu bewältigen. Eine günstige kleine Immobilie gab es auch, in der wir zwei improvisierte Nähsäle für insgesamt 70 Näherinnen einrichten konnten. Die Maschinen hatten wir selbst. Schon nach sechs Wochen konnten wir die Produktion aufnehmen. Unsere besten Meister und Bandleiter übernahmen die Einarbeitung der tschechischen Mitarbeiterinnen vor Ort. Drei Mal wöchentlich fuhr der Fahrer mit einem VW-Bus bereits zugeschnittenes Material nach Louny und nahm die fertig genähten Teile mit, die dann in Zeulenroda noch die Endfertigung und Qualitätskontrolle durchliefen. Es funktionierte alles erstaunlich gut. Die Einsparungen waren nicht riesig, aber ein paar Pfennige pro Nähminute sprangen trotz Transport- und Zollkosten netto bei der Sache heraus, was unter dem Strich zu einer ordentlichen Einsparung führte.

Ein Teil der neuen Kapazitäten wurde für unser Wachstum gebraucht. Aber ein anderer Teil, ungefähr die Hälfte (ca. 35 Mitarbeiter), musste nun in Zeulenroda abgebaut werden. Das war keine schöne Sache. Aus Sicht der Näherinnen musste es ungeheuer undankbar wirken. Monatelang hatten sie alles geleistet, was ihnen abverlangt wurde, und zum Dank dafür wurden jetzt einige nach Hause geschickt. Zum Glück konnten wir einige befristete Arbeitsverhältnisse auflösen und Vorruhestandslösungen nutzen, so dass die Aktion einigermaßen glimpflich vonstatten ging. Es gab aber auch keinen Widerstand und keine bösen Worte. Die Leute – die, die bleiben durften, und auch die, die gehen mussten – fügten sich in das Unvermeidbare. Die Motivation nahm keinen Schaden. Und Stefan schrieb später seine Diplomarbeit über dieses Thema Fertigungsverlagerung.

SANIERUNGSARBEIT IM »KONZERN«

Für mich als angestellten Geschäftsführer bestand ein wesentlicher Teil meiner Aufgaben auch in der Pflege der Beziehungen zum Eigentümer und der turnusmäßigen Berichterstattung über den Geschäftsverlauf. Eigentümer der Excellent Dessous GmbH, wie auch der Schwestergesellschaft, der Wirkelastic GmbH, war die wiederhergestellte Römpler AG. Die Gesellschaftsform einer Aktiengesellschaft war natürlich etwas hoch gegriffen. Eine GmbH hätte es von der Sache her auch getan. Aber Römpler war als AG in den 50er-Jahren untergegangen und genau so jetzt im Reprivatisierungsprozess wieder auferstanden.

Den Gesellschaftern der Römpler AG, den Erben der früheren Familiengesellschafter, war dies in Rückbesinnung auf das große Erbe der Firma Römpler ganz recht so. Denn die Rechtsform der Aktiengesellschaft war auch gesetzlich mit einem gehobenen Anspruch verbunden, der rein äußerlich schon anhand der Organe und der vorgegebenen Abläufe und Prozesse eine wahrnehmbare höhere Bedeutung und Würde atmete.

Es gab jetzt sogar einen Vorstand. Allerdings bestand der nur aus der Person von Heiner. Aus Kostengründen hatte man sich für einen Alleinvorstand entschieden – was sich aber sogar noch besser anhörte. Heiner bekam ein kleines, sehr bescheidenes Büro in der Excellent-Verwaltung, das er im zweiwöchigen Rhythmus besuchte. Und er bekam einen Dienstwagen, denn er wohnte im holländischen Amsterdam und hatte für jeden Aufenthalt 1400 km zu fahren. Bei aller Zurückhaltung erfüllte er seine neue Aufgabe mit großem Ernst und Pflichtbewusstsein. Er war in Zeulenroda ein gern gesehener Gast – bei mir und allen Mitarbeitern. Weil er unaufdringlich, liebenswürdig war und so etwas wie Güte ausstrahlte. Alle hatten ihn gern.

Außerdem gab es einen Aufsichtsrat. Diesen besetzten als Vorsitzender der Berliner Anwalt und mein Vater, der die Rolle des Sparringspartners für die strategische Weiterentwicklung des Unternehmens übernahm. Für alle markt- und markenbezogenen Aspekte war er der beste Ratgeber, den man sich denken konnte. Trotz nur weniger Besuche in Zeulenroda, war er bei den Mitarbeitern, die ihn erlebten, sehr beliebt. Seine Persönlichkeit und Seniorität sprachen für sich allein. Und weil er es gleichzeitig verstand, zu allen Menschen einen ganz direkten Draht zu entwickeln, sorgte er für Vertrauen und Zuversicht, die auch mir sehr zugutekamen. Man hoffte wahrscheinlich, der Apfel fiele nicht weit vom Stamm.

Der Aufsichtsrat trat vier Mal im Jahr zusammen, zumeist in der Berliner Kanzlei am Kurfürstendamm, weil das reisetechnisch einfacher war. Dazu geladen wurde außerdem immer der Wirtschaftsprüfer Zwackelmann, um Stellung nehmen zu können zu den Berichten, die die beiden Geschäftsführungen der Tochtergesellschaften vorzutragen hatten. Ich besuchte diese Aufsichtsratssitzungen gerne. Zwar war das formale Gehabe reichlich aufgesetzt. Doch die Stimmung wurde von Monat zu Monat besser, weil wir von ordentlichen Fortschritten berichten konnten. Ich freute mich immer, die Begeisterung und den Stolz zu erleben, den mein Vater sichtbar empfand. Außerdem war ich froh, wieder in Berlin zu sein.

Das Highlight allerdings war die jährlich stattfindende Hauptversammlung der Aktionäre, die immer in Zeulenroda in unseren Räumen abgehalten wurde. Für diese Hauptversammlung musste einiges vorab organisiert werden. Das betraf nicht nur die erforderlichen Unterlagen, sondern insbesondere auch das Organisatorische. Ein Raum musste hergerichtet werden, der ausreichend groß war, denn es kamen insgesamt ca. 25 Personen. Die Agenda für die Veranstaltung musste erstellt, die Einladungen samt Tagesordnung mussten versendet werden, die Bewirtung musste organisiert werden und so weiter.

Diese Dinge wurden von meiner Seite sehr professionell erledigt. Umso eklatanter war die Diskrepanz zu den Teilnehmern der Hauptversammlung. Dieser Aktionärsverein glich eher den Reisegruppen bei Kaffeefahrten, die aus den Bussen steigen, wenn der Zielort erreicht ist. Von der beigegrauen Kleidung über die Wanderstöcke bis zu einem grauen Pudel, den einer der Aktionäre hartnäckig zu jeder Versammlung mitbrachte, meistens, indem er ihn auf dem Arm trug.

Die vorgeschriebenen Programmpunkte wurden abgearbeitet. Soweit es etwas zu beschließen gab, machten die grauen Panther artig ihr Kreuzchen. Jedem war klar, dass diese Hauptversammlungen reine Formalität waren und inhaltlich nicht den geringsten Sinn machten. Aber man hatte dem Aktiengesetz zu entsprechen.

SCHWESTERGESELLSCHAFT WIRKELASTIC

Andreas hatte Excellent zwar im Herbst 1993 verlassen. Aufgrund der neuen Eigentumsverhältnisse hatte er aber inzwischen seine Einstellung gegenüber dem Thema »Zeulenroda« geändert und war interessiert daran, in der neuen Konstellation weiterhin mitzuwirken. Er wechselte deshalb Anfang 1994 von Excellent zur Schwestergesellschaft Wirkelastic. Römpler hat ihn dafür als Geschäftsführer verpflichtet, weil auch dort der Mann für den Markt fehlte. Das alte Ost-Management war noch in Amt und Würden. Beide Herren waren Techniker. Der jüngere war sehr clever und aufgeweckt. Groß, mit Nickelbrille und dunklem Vollbart sah er aus wie ein Ebenbild von Karl Marx.

Die Wirkelastic fertigte gewirkte Stoffe, deren Qualität allerdings so wenig attraktiv war, dass sie von den Designern bei Excellent vollständig abgelehnt wurden. Für das neue modische Produktniveau der Marke Excellent waren sie ungeeignet. Auch sonst gab es nur wenige interessierte Abnehmer im Modebereich. Die Folge war, dass das Unternehmen in der Sanierung so gut wie keine Fortschritte machte. Dabei waren die technischen Verantwortlichen durchaus gute Leute. Sie hatten allerlei Pläne und Absichten für interessante Entwicklungen erarbeitet, darunter ein neues Abstandsgewirke, bei dem zwischen zwei Stoffschichten ein Luftkissen lag. Für dieses neue Gewirke waren alle möglichen funktionalen Anwendungen in der Mode und im Sportbereich vorstellbar. Allerdings waren nicht nur die Innovationen selbst, sondern vor allem deren Vermarktungskonzepte unausgereift. Darum sollte sich Andreas jetzt kümmern. Von den noch bestehenden Defiziten in der Vermarktung ganz abgesehen waren jedoch die Innovationen für Römpler gänzlich ungeeignet, denn dafür brauchte es Zeit und Geld. Beides hatte man nicht. Auch die Vermarktungsbemühungen brachten nicht die erhofften schnellen Erfolge. Die Wirkelastic wurde dadurch zu einem Cash-Burner und bei Römpler reifte in den folgenden Monaten langsam, aber sicher, die Erkenntnis, dass man sich von dem Unternehmen trennen musste.

Die Wirkelastic hatte einen großen Kunden in der Schweiz, für den sie Lohnfertigungsaufträge ausführte. Diese Firma mit dem Namen

Feinelast florierte. Verhandlungen mit deren Inhaber wurden begonnen und einige Monate später übernahm tatsächlich die Schweizer Feinelast die Assets der Wirkelastic und baute danach mit neuen Maschinen und millionenschweren Investitionen in Zeulenroda eine hoch effiziente Umspinnerei auf. Es wurden nach dieser Neuausrichtung also nicht mehr Stoffe gefertigt, sondern Fäden gewickelt für die spätere Stoffproduktion. Dieses aber hoch spezialisiert. Ein Gang durch die riesigen, weitgehend menschenleeren Produktionshallen war immer sehr spannend. Tag und Nacht liefen die Maschinen mit gewaltigem Lärm. Eine solche Atmosphäre in Produktionsbetrieben – der Lärm laufender Maschinen rund um die Uhr, gesteuert und überwacht von einigen wenigen qualifizierten Mitarbeitern – ist meistens ein untrügliches Zeichen dafür, dass es dort läuft.

Nach der Übernahme wurde »Karl Marx« zum Geschäftsführer gemacht, da nur noch ein guter Techniker benötigt wurde. Das Unternehmen entwickelte sich in der neuen Konstellation prächtig und besteht heute noch.

BESUCH DES THÜRINGISCHEN MINISTERPRÄSIDENTEN VOGEL

Eines Tages meldete sich die thüringische Staatskanzlei bei uns und kündigte den Besuch des Ministerpräsidenten Bernhard Vogel mit einer kleinen Wirtschafts- und Pressedelegation in unserem Betrieb an. Es war Wahlkampf. Und da kamen wir der Politik als größter Frauenarbeitgeber in Ostthüringen gerade recht. Der Ministerpräsident wollte gerne medienwirksam den Betrieb besichtigen. Allerdings ließ sein persönlicher Referent ausrichten, ein Zusammentreffen mit leicht (nur in Dessous) bekleideten Mädchen wäre dabei auf gar keinen Fall gewünscht. Bis heute weiß ich nicht, ob dieser Wunsch durch pressepsychologische Intelligenz begründet war oder persönlicher Schüchternheit entsprang. Der Berliner Bürgermeister Wowereit hätte da sicher weniger Skrupel gehabt. Aber der hätte von leicht bekleideten Frauen ja auch nichts zu befürchten gehabt.

Ministerpräsident Vogel war an seinen Job gekommen, wie die Jungfrau ans Kind – genau wie ich. Bundeskanzler Kohl hatte 1992 keinen Ossi-Kandidaten für das Amt des Ministerpräsidenten in Thüringen und so musste der von einem Kohl-nahen Kreis ausgekungelte Vogel quasi über Nacht den Vorsitz der Konrad-Adenauer-Stiftung sausen lassen und nach Erfurt umziehen. Halb war er getrieben von der Verpflichtung, im Osten mit seiner Erfahrung beim Aufbau zu helfen, halb wollte er, wie er einmal selbst gesagt hat, es seinen »dussligen« CDU-Leuten in Rheinlad-Pfalz zeigen, die ihn dort abserviert hatten.

Vogel wurde begleitet von der Landrätin des Kreises Zeulenroda, die dem Unternehmen Excellent verbunden war, da sie schon die Reprivatisierung durch Römpler wohlwollend begleitet hatte. Sie war eine patente, kluge Frau und hatte ein ernsthaftes Interesse am Erhalt des Unternehmens. Wir bereiteten uns akribisch vor und konzentrierten uns insbesondere auf die kurze öffentliche Pressekonferenz, in der wir die Gelegenheit bekommen sollten, individuelle Fragen zu stellen. Mich interessierte speziell die Frage, warum Investitionen vom Land Thüringen bevorzugt für Substanzthemen, nicht aber für die marktseitige Entwicklung befürwortet wurden. Letztere waren für uns wesentlich sinnvoller und notwendiger.

Der große Tag nahte und der Ministerpräsident kam mit großer Eskorte. Leider lief dann alles ganz anders als geplant. Vogel war nämlich unter Zeitdruck und absolvierte den Pflichttermin mit größter Eile. Er flog durch die Räume, nahm sich kaum Zeit, wirkte gehetzt. Offensichtlich ging es ihm eher um die Schlagzeilen und einige werbewirksame Bilder in der Presse, als um unser Unternehmen.

Der Höhepunkt war die abschließende Pressekonferenz. Meine Fragen wurden nicht von ihm, sondern von seinem Ministerialdirigenten ausweichend und wenig konkret beantwortet. Ich empfand das als große Enttäuschung, hatte ich doch gehofft, diese Gelegenheit nutzen zu können. Die Empörung bei meiner Nachbarin, der Landrätin, war allerdings noch größer. Entsetzt flüsterte sie mir ins Ohr: »Der labert doch, oder?« Und sie hatte recht. Der Ministerpräsident war mit seiner Entourage genau so schnell wieder weg, wie er gekommen war. Das konkrete Ergebnis für uns war gleich null.

GESCHÄFTSFÜHRER TEIL 2 – FORTGESCHRITTENENSTATUS

1995

SANIERUNGSWEG

Die Etablierung eines neuen Produktniveaus trug nach zwei Jahren bereits deutliche Früchte und die Kollektion war nicht mehr wiederzuerkennen. Allerdings bedeutete diese immense Veränderung für alle Beteiligten auch eine lange und teilweise recht kostspielige Lehrzeit. Die experimentelle Sammlung von Erfahrungen hat einiges Geld gekostet, was extrem ärgerlich war, aber ohne die Nutzbarkeit bereits funktionierender Systeme oder vorhandener Erfahrungen kaum vermieden werden konnte. An der Stelle wäre es uns sehr zugutegekommen, wenn die Sanierung durch einen industriellen Partner oder Mutterkonzern begleitet worden wäre, der geholfen hätte, manche Fehler zu vermeiden.

Denn ich konnte leider nicht einfach den Hebel umlegen und dann funktionierte alles auf Anhieb so wie gewünscht. Der Gebrauch neuer, bisher nicht verwendeter Materialien etwa hatte zur Folge, dass sich bewährte Schnitte nicht mehr in gleicher Form einsetzen ließen. Neue Elastizitäten und Grundeigenschaften machten vielmehr raffinierte technische Lösungen erforderlich. Mit unbedingtem Willen und viel Engagement und Kreativität fanden wir solche Lösungen – aber erst die 100-prozentige Umsetzung brachte ausreichenden Umsatz und Markterfolg. Die nur schrittweisen Fortschritte brauchten Zeit und kosteten Geld.

Einige Zeit später war ich so in die Materie eingetaucht und meinerseits zum Selfmade-Experten für BHs und Unterhosen geworden, dass es mich extrem nervte, in der Diskussion mit meinen Designern und Entwicklern immer wieder an Grenzen zu stoßen, was Machbarkeiten, Schnitt- und Verarbeitungsdetails betraf. Im entscheidenden Moment hieß es immer, dass eine Frau nun mal dieses oder jenes Trageempfinden habe (was ich natürlich nicht beurteilen könnte).

Mir war die Anekdote bekannt, der zufolge die Holys, die Gründer der Firma BOSS, früher bei jedem Fertigungspartner zuerst Musterteile anprobiert hatten, bevor sie über eine mögliche Zusammenarbeit verhandelten. Überzeugt von der Richtigkeit dieser Vorgehensweise, forderte ich deshalb meine Mitarbeiter viel später einmal auf, auch für mich einen maßgeschneiderten BH zu konstruieren. Ich gab ihnen meine Maße, denn ich wollte endlich wissen, ob sie recht hatten mit den zu schmalen Trägern und anderen Details, die ich aus modischen und stilistischen Gründen forderte. Mir war schon klar, dass dieses Anliegen etwas merkwürdig wirken musste. Ich war mir auch nicht so ganz sicher, ob sich das Bild von mir in Dessous mit der Würde des Geschäftsführers verbinden ließ. Also sprach ich die Sache zwar immer wieder an, ohne meinen BH jedoch in letzter Konsequenz einzufordern. Ich habe ihn nie bekommen und musste deshalb über das Trageempfinden der Damenwelt weiterhin spekulieren.

PRODUKTMANAGEMENT UND BAUKASTEN-SYSTEM

Jede Saison entwickelten wir neue Kollektionen. Jede Saison brachte Fortschritte, aber jede Saison quälten wir uns auch wieder mit den gleichen Problemen. Innovativ zu sein, neue Styles, neue Schnitte und neue Materialien auszuprobieren, war eine Verpflichtung, um uns im Wettbewerb zu profilieren. Diese Innovationen mussten wir uns mit einer Portion Experimentierfreudigkeit teuer erkaufen. Denn jede Saison gab es neben Bestsellern auch Misserfolge mit einzelnen Serien und Produkten, die nicht funktionierten wie erhofft. Und jedes Mal gab es andere Gründe dafür. Mal waren es die zu großen oder zu kleinen Dehnungswerte des Materials, aus denen Passformdefizite resultierten, weil z. B. die Cup-Tiefe zu groß oder zu klein ausfiel. Oder das sich beim Waschen ergebende Schrumpfen des Materials oder Fadenzieher an der Oberseite oder irgendetwas anderes. Man sieht es diesen Produkten nicht an, aber ihre Komplexität ist groß und die möglichen Fehlerquellen sind vielfältig. Wenn wir das eine Problem im Griff hatten, tauchte ein Neues auf, mit dem kein Mensch gerechnet hatte. Die Lerneffekte waren aus meiner Sicht viel zu gering.

Es ist kein Zufall, dass die erfolgreichen Unternehmen im Wäschemarkt alle auf langjährige Erfahrung zurückgreifen können und in den meisten Fällen im Laufe der Zeit bestimmte Erfolgsformeln und -faktoren für sich definiert haben, die dann strikt durchgehalten werden. Dadurch werden Fehlerquellen systematisch reduziert oder sogar ausgeschlossen, und die Trefferquote wird deutlich erhöht. Die Eintrittsbarrieren für neue Anbieter sind deshalb relativ hoch. Eine sichere Beherrschung dieses komplexen Business ist erst möglich, wenn gewisse Volumina erreicht werden und sich eine Erfahrungskurve eingestellt hat. Dann allerdings ist eine Optimierung möglich, die zur Erwirtschaftung von auch im Branchenvergleich sehr guten Renditen taugt.

Die belgische Firma Van de Velde mit ihren Marken »Marie Jo« und »Prima Donna« ist ein gutes Beispiel dafür, wie man dieses Business perfektionieren kann. Sie war in den letzten zwanzig Jahren extrem erfolgreich und erzielte regelmäßig hohe zweistellige Renditen. Bei deren Lieblingsmarken des Fachhandels werden in schöner Regelmäßigkeit immer gleiche Schnitt-/Material-Kombinationen eingesetzt. Die Passform ist dadurch weitgehend standardisiert. Wem ein BH passt, passen eigentlich alle. Und diese Passform ist einer der zentralen Erfolgsfaktoren von BHs, wie ich ganz schnell lernen musste. Die Damenwelt greift einfach gerne auf Bewährtes zurück, wenn es um ihren Intimbereich geht. Die Verkäuferinnen haben dann leichtes Spiel mit ihnen und müssen sich nicht mehr so viel Mühe geben. Und das gefällt ihnen natürlich sehr.

Nachdem ich die Tücken des Geschäftes über einige Saisons hatte erfahren müssen, wuchs in mir die Überzeugung, der Entwicklungsprozess müsse stärker standardisiert werden können. Ich war mir sicher, dass eine Art Baukastensystem möglich war, mit dem Entwicklungen standardisiert und Erfolg reproduziert werden konnten. Ziel war die Definition von zentralen Grundschnitten und Verarbeitungstechniken sowie deren planmäßiger Einsatz. Das Maß an Differenzierung und kompletter Erneuerung musste deutlich reduziert werden. Die Diskussion mit der Entwicklung war wenig ergiebig. Ein Baukastensystem wäre zwar prinzipiell denkbar, aber andererseits wäre jeder BH anders und da gäbe es nicht viel zu standardisieren. Aber ich ließ nicht locker und etablierte ein Produktmanagement als Gegenstück zum Design.

Es brauchte viel Geduld und Hartnäckigkeit und es dauerte einige Saisons, bis alle Grundschnitte analysiert und systematisiert worden waren. Im Ergebnis zeigten sich tatsächlich bei erfolgreichen Serien wiederkehrende Erfolgsparameter als Kombinationen bestimmter Schnitte und Materialien. Diese Erfolgsmodelle waren sogar mit ziemlich exakter Planbarkeit reproduzierbar. Nachdem diese Zusammenhänge klar waren, wurde streng nach den neuen Systemen gearbeitet und sofort verbesserten sich die Erfolge neuer Entwicklungen spürbar.

LIZENZMARKE BERND BERGER

Bei allen Fortschritten, die wir innerhalb von zwei Jahren in der Aufmerksamkeit des Marktes und unserer Fachhandelskunden erreicht hatten, merkten wir dennoch Vorbehalte gegenüber dem ostdeutschen Hersteller bezüglich der wahrgenommenen Mode- und Markenkompetenz. Außerdem bereitete mir die Spreizung der Marke Excellent Sorgen. Wir schleppten dort aus früheren Zeiten noch ein Miederwaren-Basic-Segment mit uns herum, das natürlich überhaupt nicht mehr zur neuen Markenpositionierung passte. Auf der anderen Seite war es ein relativ sicheres und ertragreiches Geschäft, denn hier mussten keine neuen Kollektionen gemacht, sondern nur hier und da einzelne Produkte ergänzt werden. Die Absatzzahlen ließen sich ziemlich exakt planen und die Deckungsbeiträge waren gut. Wir hatten dieses Segment zwar inzwischen durch einen Zusatz »Basic« sowie anders gestaltete Verpackungen und Verkaufsunterlagen separiert, aber dennoch war der Spagat zwischen ollen Miederhosen und modischen Dessous nicht gesund.

Im modischen Segment gab es tolle Chancen mit neuen Materialqualitäten, mit denen wir die Dynamik unserer Umsatzentwicklung sogar noch steigern konnten. Allerdings war für das gehobene Genre auch der Faktor Image noch einmal deutlich wichtiger. Wir brauchten einen Türöffner, mit dessen Hilfe Distanz und Vorurteile überwunden werden konnten.

Ich hatte in den letzten Jahren Kontakt gehalten zu Bernd Berger, dem Inhaber der Bernd Berger Mode GmbH in Bad Honnef bei Köln, mit dem wir bei der Treuhand über einen Firmenkauf verhandelt hatten. Wir hatten uns während der harten Verhandlungen näher kennengelernt und danach sogar angefreundet. Bernd hatte mir, schon nachdem er zum ersten Mal gehört hatte, dass ich zu Excellent gehen würde, spontan, aus einem schnellen Impuls heraus, gesagt, dann würde er mit mir Unterwäsche machen. Nun kam ich darauf zurück.

Die Marke Bernd Berger war Anfang der 90er-Jahre sehr erfolgreich. Sie war im gehobenen Mittelfeld positioniert und zeichnete sich durch einen Premiumauftritt aus. Die gesamte Kommunikation wurde nämlich von der Hamburger Top-Agentur Springer & Jacoby durchgeführt. Aber auch schon in den Jahren zuvor hatte Bernd es geschafft, mit mutiger Fotografie das typische Grau der Mittelpreisanbieter abzustreifen und damit eines der am schnellsten wachsenden Bekleidungsunternehmen in der DOB (Damenoberbekleidung) geschaffen.

Wir sahen in der Nutzung der Marke Bernd Berger den Vorteil eines Türöffners beim Fachhandel. Wir waren sicher, dass gerade für das Segment der typischen Wäscheeinkäuferinnen diese Marke aus dem gehobenen Genre näher lag, als eine Top-Designermarke, die vielleicht »too much« gewesen wäre. Außerdem sahen wir aufgrund der Anlehnung an die Oberbekleidung die Möglichkeit, auch in der Wäsche eine ganz neue Stilrichtung und Handschrift zu entwickeln.

Schon in den Verhandlungen wurde allerdings deutlich, dass Bernd uns nichts schenken würde. Zwar war die Stimmung gut und die Euphorie groß. Aber die Forderungen hatten es in sich. 9 Prozent Lizenzgebühr und 6 Prozent Marketingaufwand reduzierten als umsatzabhängige variable Kostenpositionen den realisierbaren Deckungsbeitrag erheblich. Andererseits konnten wir die bekannte Marke mit höheren Zuschlägen kalkulieren, sodass die Nettomarge nicht erheblich von der der Eigenmarke Excellent abwich. Der eigentliche Anreiz für uns war aber die Dynamik und Anerkennung, die die Marke damals in der Öffentlichkeit erfuhr und die sich für uns darstellte wie ein günstiger Wind zum Segeln.

In der Tat gelang es uns, dies umzusetzen. Entscheidenden Anteil daran hatte Rose, die es schaffte, mit dem Einsatz modernerer Materialien einen Look zu kreieren, der eigentlich typisch für die DOB war und neu für den Wäschemarkt. Insbesondere landeten wir einen Glücksgriff mit einer neuartigen Mikrofaser-Serie, die wir »Pretty Baby« nannten. Ganz schlicht, ohne Spitzen und Stickereien, war sie eine echte Innovation für den Markt. Wir boten sie in vielen Farben an. Und sie hatte einen entscheidenden Vorteil: Das Material war so angenehm und dehnbar, dass sich jede Frau darin pudelwohl fühlte. Sie hatte außerdem eine hohe Toleranz in puncto Passform und wurde diesbezüglich vom ganzen Handel über den grünen Klee gelobt. Diese Serie war der Schlüssel für einen großartigen Erfolg des Lizenzprojektes.

Der Markt nahm die neue Marke »Bernd Berger Body« mit Begeisterung auf. Die Agentur Springer & Jacoby hatte sich eine witzige Einführungspromotion überlegt. Sie produzierten einen kurzen Film mit dem Titel »Hart aber zärtlich« (in Anlehnung an die US-Fernsehserie »Hart aber herzlich«), der als ultimativer Markttest deklariert wurde. Ein sexy Mädchen in Bernd Berger Lingerie lief durch Hamburg, gehüllt in einen langen Pelzmantel. Am Flughafen, auf dem Jungfernstieg und in einer Einkaufspassage ging sie gezielt auf männliche Passanten und Geschäftsleute zu und riss kurz vor ihnen ihren Mantel auf. Darunter trug sie nichts außer der verführerischen Wäsche. Die Reaktionen der völlig überraschten, teilweise begeisterten, teilweise schockierten Herren wurden mit geheimer Kamera gefilmt, was sehr lustig war. Dieses Video verschickten wir zur Markteinführung an alle Wunschkunden.

Wir konnten die neue Marke auf Anhieb fast im gesamten Wunschkundenkreis platzieren. Mit einer Ausnahme: An Breuninger in Stuttgart bissen wir uns die Zähne aus. Das lag insbesondere an einer kleinen Privatfehde zwischen der Chefeinkäuferin und unserem Lizenzgeber, die sie auf unserem Rücken austrugen. Bernd hatte sie nämlich auf einer Messe an unserem Stand, dem er immer einen Besuch abstattete, bedrängt. Weil er in der DOB mit Breuninger sehr gute Geschäfte machte, forderte er, die Listung der Body-Linie wäre ein Must. Aber da hatte er sich getäuscht. Auf diese Weise unter Druck gesetzt, weigerte sich die Einkäuferin beharrlich, die Marke aufzunehmen, und ließ uns als Rache für den Nötigungsversuch noch jahrelang zappeln.

Das Projekt Lizenzmarke war ein großer Erfolg. Dennoch haben wir später oft darüber nachgedacht, ob die Entscheidung der Lizenzübernahme damals richtig gewesen ist. Bernd hat vor allem durch uns und den anderen sehr erfolgreichen Lizenzpartner für Schuhe Geschmack am Lizensieren seiner Marken Bernd Berger und Viventy bekommen. Wir waren beide so erfolgreich, dass es für Bernd so ausgesehen haben muss, als habe er das Rezept zum Gelddrucken gefunden. Er vergab in den folgenden Jahren sage und schreibe 26 Lizenzen. Jeder, der irgendetwas produzieren konnte, was entfernt mit Mode in Verbindung zu bringen war, wurde im Handumdrehen mit einem der beiden Label verarztet. Darüber wurde die Mode selbst etwas vergessen und der Glanz der Marke begann zu bröckeln.

Umgekehrt waren unsere modernen Dessous etwas sehr Besonderes, weil sie eine ganz eigene Handschrift zeigten, die von der Oberbekleidung inspiriert war. Sie wären wohl auch unter einem eigenen Namen gut angekommen bei Handel und Konsumenten. Die Markteinführung hätte wahrscheinlich deutlich länger gedauert, weil der Türöffner gefehlt hätte. Aber wir hätten die Lizenzgebühren sparen können, die empfindlich beim Deckungsbeitrag fehlten und später fast die Größenordnung von einer dreiviertel Million DM erreichten.

Ich hatte in den letzten Jahren viel mit Lizenzprojekten zu tun. In den meisten Fällen führen diese Partnerschaften nicht zu befriedigenden Ergebnissen. Es ist wie bei jeder Beziehung sehr schwierig, ein ausgeglichenes Geben und Nehmen der (Lizenz-)Partner zu erreichen. Meistens ist nach einiger Zeit die eine oder andere Seite unzufrieden, weil der Partner nicht die erwarteten Beiträge erbringt. Internationale Top-Marken wie Gucci oder Dolce & Gabbana haben ihre Lizenzpartnerschaften früher oder später wieder aufgelöst, weil es Konflikte gab. Auf Lizenznehmerseite sind z. B. für das Unternehmen Schiesser Lizenzen mit Top-Marken wie Boss und Ralph Lauren weit unter den Erwartungen geblieben.

Es gibt Fälle, in denen sich die gegenseitigen Stärken so gut ergänzen, dass Lizenzpartnerschaften Sinn machen. Aber für die meisten markenorientierten Unternehmen mit Kreativität und Vision wird die eigene Marke immer das bessere Investitionsprojekt sein als fremde Lizenzen.

LEISTUNGSFÄHIGKEIT

Der Tanz auf mehreren Hochzeiten, nämlich Eigenmarke, Lizenzmarke und Private Label (Palmers), beanspruchte unsere Abläufe und Prozesse außerordentlich. Der Entwicklungsaufwand hatte sich in etwa verdoppelt, insbesondere, was die technologische Umsetzung von Schnitten mit bis dahin ungewohnten Materialien betraf. Aber auch Einkauf und Produktion hatten mit großer Komplexität und im Fachhandel mehrheitlich immer noch geringen Losgrößen zu kämpfen. Kleinstmengen sind in der Mode generell unwirtschaftlich. Welche Produktivität und Effizienz hinter großen Stückzahlen steckt, kann man am besten bei Firmen wie Tchibo sehen, die mit wenigen ausgewählten Artikeln in sehr hohen Mengen trotz aggressiver Billigpreise in der Lage sind, ordentliche Qualität zu Spotpreisen mit einem exzellenten Preis-Leistungs-Verhältnis und guten Margen zu realisieren.

Produktionstechnisch und beschaffungsseitig war Palmers demgegenüber durch die deutlich größeren Mengen pro Artikel eine ganz andere Sache – 1994 lag die Jahresabsatzmenge dort schon fast bei 300 Tsd. Stück. Dafür waren hier die fixen Liefertermine meistens sehr knapp bemessen. Häufig lag der zeitliche Engpass bei den Lieferanten und wir mussten verzögerte Materiallieferungen verkraften. Einmal bekamen wir die Spitzen und Gewirke erst an einem Freitag, obwohl der Liefertermin schon am darauf folgenden Montag war. Ich informierte den Palmers-Einkauf darüber, dass sich die Lieferung um ein paar Tage verzögern würde. Man war natürlich nicht begeistert, aber akzeptierte. Ich bat die Produktionsleitung, eine Lieferung unbedingt bis zur Mitte der darauf folgenden Woche zu ermöglichen.

Als ich aber am Montagmorgen in die Firma kam, war die Auslieferung bereits geschehen. Die Produktion hatte auf Initiative von

Fr. Bernt über das Wochenende Sonderschichten eingelegt und mich nicht einmal dazu befragt. Zuschnitt, Näherei und Endfertigung, insgesamt über 100 Mitarbeiterinnen waren ohne Murren zur Arbeit erschienen. Ohne Forderungen, nur aus Pflichtgefühl und einem Korpsgeist, der viel vom Obama'schen »Yes, we can« hatte.

Ich war überwältigt und dankbar. Palmers war begeistert. Und diese Moral war kein Einzelfall.

MEDIENINTERESSE UND -VERÖFFENTLICHUNGEN

Schon bei unseren ersten Messeauftritten waren die Medien auf uns aufmerksam geworden. Seit 1993 hatten wir regelmäßig Anfragen von Fernsehteams, meistens von MDR und ARD, aber auch von RTL und SAT1. Teilweise wurden unsere Fotoshootings begleitet, vor allem eines, das wir mit einem deutschen Fotografen in einem Pariser Fotostudio durchführten. Noch lieber kamen die Teams zu uns nach Zeulenroda. Der Ablauf war dann immer der gleiche: Einige Szenen und Gespräche im Design, danach ein Besuch in den Nähsälen mit Nahaufnahmen einzelner Arbeitsgänge und schließlich das obligatorische Gespräch mit dem Geschäftsführer, in dem ich auf fünf Sätze komprimiert, unsere Marken- und Wettbewerbsstrategie zusammenfassen musste. Dazwischen Einspieler von den Modenschauen auf den Messen, an denen wir regelmäßig teilnahmen und oft die schönsten Bilder hatten. Oder kurze Sequenzen mit Hausmodels, die an allen möglichen passenden und unpassenden Stellen im Betrieb in den neuesten BHs und Höschen durch das Bild huschen mussten. Diese Auftritte wurden bald zur Routine und waren uns natürlich höchst willkommen, um trotz nicht vorhandener Marketingbudgets öffentlich auf uns aufmerksam machen zu können.

Ab 1995 mehrten sich auch die Veröffentlichungen in der Presse. Unsere Markterfolge hatten sich herumgesprochen und die Redakteure wurden auf uns aufmerksam. Anfangs waren es mehr die Ost-Medien wie regionale Tageszeitungen und ›SUPERillu‹. Außerdem die für die Branche wichtigen Fachzeitschriften ›Textilwirtschaft‹ und ›Textilmitteilungen‹. Aber dann erschienen wir zunehmend auch in der Wirtschaftspresse.

»Reprivatisierter Betrieb entwirft erfolgreich Markenwäsche« lautete die griffige Headline eines ›Handelsblatt‹-Artikels im April 1995. Der Mut zum Risiko wurde gelobt und im Untertitel wurde bereits mitgeteilt, dass ich auch über einen unternehmerischen Einstieg nachdenken würde.

»Neue Mieder aus Zeulenroda« schrieb die Zeitschrift ›Capital‹ im September 1995 unter der Rubrik Aufschwung Ost. »Wer hätte das gedacht: Wäsche aus Thüringen ist eines der Erfolgsprodukte ehemaliger VEBs.« Und: »Geschäftsführer Christopher Schwarzer bringt Excellent in Form.«

Viele positive Stories über Markenfirmen aus dem Osten gab es zu der Zeit nicht. Aber wir hatten es auf den Radar geschafft. Und zwar nicht aufgrund der Tatsache, dass wir von einem großen Wettbewerber aus dem Westen geschluckt worden waren, sondern aufgrund unserer eigenen Leistungen. Ich war stolz. Wir waren stolz.

Ich erinnere mich an ein von der Deutschen Bank veranstaltetes Symposium zum Thema Markenaufbau und Neuausrichtung, bei dem ich für die Podiumsdiskussion eingeladen war. Neben mir saß der Geschäftsführer der Köstritzer Schwarzbier-Brauerei und schwadronierte über seine Markterfolge. Aus meiner Sicht war das kein Kunststück, denn diese Brauerei war 1991 von der Bitburger-Gruppe übernommen worden, die danach viel Geld für den weiteren Markenaufbau über Werbung per Anzeigen und Plakatstellen in die Hand nahm. So konnte das jeder. Auch die vielen Kleinunternehmer im Auditorium werden sich wie ich gedacht haben, »mit voller Hose ist gut stinken«.

Die Presseberichte nutzten uns in doppelter Hinsicht. Zum einen konnten wir den Kunden gegenüber etwas vorweisen. Viel wichtiger aber war, dass die Mitarbeiter durch die öffentliche Berichterstattung sahen, dass etwas vorwärtsging und dass sich ihre Mühen lohnten. Das war nicht unerheblich für die Pflege des Wirgefühls.

SOMMERFEST IM TSCHECHISCHEN TOCHTERBETRIEB

Eigentlich war Louny Stefans Angelegenheit. Denn er war für die Produktion verantwortlich. Die direkte Leitung lag in der Hand von Frau Bernt. Ich musste mich nur von Zeit zu Zeit dort blicken lassen, um ein Zeichen zu setzen und den Mitarbeitern meine Wertschätzung zu zeigen. Eines Tages hatten wir ein Sommerfest organisiert. Wir veranstalteten auch in Zeulenroda jedes Jahr Sommerfeste mit allen Mitarbeitern und manchmal auch deren Familien. Diesen Brauch, der viel Positives zu unserem Betriebsklima beigetragen hatte, wollten wir nun auf den neuen Tochterbetrieb übertragen und da sollte ich dabei sein.

Am Morgen fuhr ich von der Wohnung meiner Freundin in München aus los. Als ich meine Sachen packte, fiel mir zufällig ein Kondom in die Hand, das mir meine Freundin einmal augenzwinkernd zugesteckt hatte (»weil ich so viel unterwegs wäre, im Zeitalter von AIDS«). Weil ich diesen Gag witzig fand, hatte ich das Kondom nicht weggetan, sondern seit Jahren in verschiedenen Taschen mit mir herumgeschleppt und es immer wieder bei den unpassendsten Gelegenheiten, wie z. B. am Skilift, urplötzlich in der Hand gehalten. In einer momentanen Eingebung steckte ich es in meine Hosentasche, um es endgültig irgendwo zu entsorgen. Dann fuhr ich los.

Es ging über Regensburg und die B8 nach Cheb und schließlich nach Prag. Hinter der Grenze sah ich den berühmt-berüchtigten Straßenstrich, wo die Mädchen kilometerweit an der Straße standen. Auf der tschechischen Seite musste ich irgendwo tanken. Da ich keine Kronen dabeihatte, musste ich mit einem 100-DM-Schein zahlen und bekam das Restgeld in tschechischen Kronen zurück. In Louny angekommen, begegnete ich zuerst unserem Buchhalter, Herrn Eiben, der mit Frau Bernt vor dem Haus stand. Nach der Begrüßung fiel mir ein, dass ich noch das tschechische Wechselgeld in der Tasche hatte, mit dem ich später nichts mehr anfangen konnte. Ich zog dieses und die Tankquittung hervor, um sie Herrn Eiben zu geben.

Da bückte sich Frau Bernt mit den Worten »Sie haben da etwas verloren« und hob das unsägliche Kondom auf, das mir aus der Tasche gefallen war. Oh Gott, war mir das peinlich! Der Chef fährt einmal nach

Tschechien und stattet sich gleich aus für den Straßenstrich. Kondom für jede Gelegenheit immer am Mann. Das musste Frau Bernt ja wohl denken. Mir fiel nichts Besseres ein, als zu stammeln:»Es ist nicht so, wie Sie vielleicht jetzt denken.« Sie glaubte mir natürlich kein Wort, ich konnte es deutlich in ihren Augen lesen. Und obendrein sagte sie: »Sie brauchen sich nicht zu entschuldigen. Sie sind ja noch jung.« Ich habe später noch mehrmals versucht, die Sache aufzuklären. Aber Frau Bernt hat immer nur leise gelächelt. Geglaubt hat sie mir wohl nie.

Das Sommerfest wurde zu einer feucht-fröhlichen Angelegenheit, bei der wir feststellten, dass die tschechischen Näherinnen den thüringischen keineswegs nachstanden, wenn es um »kleine Feiglinge« und andere hochprozentige Stimmungsmacher ging.

EIGENER RETAIL – DESSOUS GALLERY

Als Relikt der DDR-Zeit hatten wir noch einen eigenen Wäscheladen in Dresden. Der war eigentlich mit fast 200 qm ein bisschen groß. Aber er lag zentral hinter der Kreuzkirche, hatte eine gute Stammkundschaft und die Immobilie war architektonisch sehr besonders, Plattenbauarchitektur, aber innen wie Art déco ausgestattet.

Aufgrund der modischen Ausrichtung unserer Kollektionen wurde auch die Verwertung der Überhänge am Saisonende zu einem immer wichtigeren Thema.

Dies ist die Kehrseite schnell wechselnder Mode-Kollektionen: Die Mengenplanung geht selten auf, es bleibt meistens etwas übrig. Was dies für die Hersteller bedeutet und dass ein Ventil für Modeanbieter von elementarer Bedeutung ist, kann man unter anderem an der explosionsartigen Entwicklung der sogenannten Outlet-Center und Factory-Stores in den letzten Jahren erkennen. Outlets dienen zur Vermarktung von Restposten und zweiter Wahl. Eigentlich. Andererseits hat die Erfahrung gezeigt, dass die Konsumenten inzwischen so verwöhnt sind, dass sie nicht wiederkommen, wenn da immer nur die gleichen alten Schätzchen hängen. Preisnachlässe von bis zu 50 Prozent bekommt man in den Preisschlachten der saisonalen Sales auch. Also wird zur Befriedigung der Schnäppchenjäger längst auch schon reguläre Ware angeboten – unter der Hand versteht sich. Eigene Läden, in Form von sogenannten Flagship Stores, sind aber auch aus einem anderen Grund in den letzten Jahren zum Wunschprojekt vieler Modeanbieter geworden. Ein eigener Laden hat den Vorteil, dass man die Markenwelt und die Kollektionen in einer Breite und Konsequenz zeigen kann, wie es kein Handelskunde tut. Zu jeder ambitionierten Modemarke gehört deshalb ein eigener Flagship Store, in dem man allen zeigt, wie man die eigene Marke sieht und wie sie angeboten werden soll. Solche Handelsaktivitäten rechnen sich allerdings – anders, als die oben beschriebenen Outlets – häufig nicht, weil die meisten Marken schlecht allein stehen können und auf relativ großen Flächen ohne das Multi-Label-Umfeld keine ausreichenden Flächenproduktivitäten erwirtschaften. Eigene Stores sind deshalb keineswegs ein Selbstgänger und haben schon so manchem namhaften Hersteller das Genick gebrochen.

Bei uns sollte es beides in einem sein, Flagship und Outlet. Wir hatten in Dresden den Vorteil der Heimatmarke und aufgrund eines langjährigen Mietvertrags noch eine sehr moderate Miete. Also renovierten wir den Store nach unseren Vorstellungen und machten ein modernes, schönes Wäschegeschäft daraus. Die Kundinnen, die dort tatsächlich einkauften, sahen nicht ganz so aus, wie wir uns das in der Zielgruppendefinition ausgemalt hatten, aber mit dieser Diskrepanz haben sich in der gesamten Modebranche ambitionierte Hersteller und mutige Händler auseinanderzusetzen. Der Laden lief jedenfalls so gut, dass wir ein halbes Jahr später noch eine kleine Dependance in Leipzig eröffneten. Dort stellten wir eine junge, noch unerfahrene Filialleiterin ein, die einen ganz tollen Job machte und einige Jahre später im Management von Engelhorn & Sturm in Mannheim landete, einem der besten und wichtigsten Wäschehäuser, die es in Deutschland gibt.

TROUBLE MIT DEM GROSSKUNDEN

Mitte des Jahres besuchten uns Vorstand und Einkaufsleitung von Palmers in Zeulenroda. Das war etwas ganz Besonderes. Die Kundengespräche bei Palmers fanden normalerweise in den schmucklosen Orderräumen im Erdgeschoss des repräsentativen Firmensitzes in Wiener Neudorf statt. Ich war bei den Palmers Kollektions-Vorlagen immer dabei – und mochte die Atmosphäre nicht besonders. Man wurde wie bei allen Großkunden ziemlich routinemäßig abgefertigt. Meistens sah man während der Vorbereitung irgendwelche Wettbewerber wartend und Fingernägel kauend in den Gängen stehen. Einer belauerte den anderen, ob der gut gelaunt oder deprimiert aus der Vorlage herauskam. Die Einkäufer hatten einen Marathon von Terminen zu bewältigen und erschienen meistens mit leichter bis ordentlicher Verspätung. Es war kaum Zeit für ein persönliches Wort. Geschäftsmäßig wurden die Kollektionen gesichtet. Wenn es gut lief, hatte man einige Artikel oder Serien, die zu bemustern waren. Wenn es zu viele waren, musste man sich Sorgen machen, weil die latente Gefahr bestand, dass die Produkte nur gemustert wurden, um kopiert zu werden.

Die Gespräche waren immer freundlich. Wir machten ja auch gute Geschäfte miteinander. Ich schätzte besonders die Einkäuferin sehr, die eine zurückhaltende Art hatte und sehr kompetent war. Doch trotz dieser guten Basis blieb immer eine gewisse Distanz erhalten. So etwas wie Herzlichkeit oder gar Vertrautheit, wie es sich zu vielen anderen Einkäuferinnen entwickelt hat, gab es hier eher nicht. Dafür waren die Kräfteverhältnisse zu unausgeglichen. Und vor allem dem Einkaufsvorstand gegenüber mussten wir immer auf der Hut sein.

Deshalb hielten wir den Besuch in Zeulenroda für eine besondere Auszeichnung. Die Weichenstellung für die zukünftige Zusammenarbeit stand auf der Agenda. Wir legten uns richtig ins Zeug und ich lud die beiden Damen nach Kollektionsvorlage und Betriebsführung zum Wildessen in ein nahe gelegenes Spezialitätenrestaurant ein. Sie sagten uns, wir würden unter ihren absoluten Top-Lieferanten rangieren und seien außerdem inzwischen neben ihrem Haus- und Hoflieferanten in Wien der zweitgrößte im Segment Dessous und Miederwaren. Hin-

Aus dem Schriftverkehr der Julius Römpler AG (1907)

Die Römpler-Villa (um 1910)

Die Renovierung der Römpler-Villa

Relikte aus der Zeit des VEB elastic mieder: eine Porzellanpuppe aus den 50er-Jahren und die Betriebsfeuerwehr

veb elastic·mieder zeulenroda·thür.

VEB elastic-mieder · DDR · 6570 Zeulenroda · Postfach 18 und 19

1972 1976
1974 1981
1982

Ihre Zeichen	Ihre Nachricht vom	Fernsprechangabe	Unsere Zeichen	Datum
				29. 9. 1986

Betreff

Abrechnung der Wettbewerbsergebnisse anläßlich des
37. Jahrestages der DDR - 7. Okt. 1986

In Vorbereitung unseres Nationalfeiertages setzen sich die
zahlreichen Initiativen und Aktivitäten der vorangegangenen
Wettbewerbsetappen 1986 erfolgreich fort. Mit schöpferischer
Masseninitiative und hoher Einsatzbereitschaft realisieren
die Werktätigen unseres Großbetriebes in Auswertung der Beschlüsse
des XI. Parteitages ihre übernommenen Verpflichtungen.
Mit Stolz können wir berichten, daß wir gestützt auf den Fleiß
unserer Werktätigen, besonders unserer Näherinnen, Umspinnerinnen
und Wirker in den wichtigsten Kennziffern per 30. 9. 86 folgende
Ergebnisse abrechnen können:

Position	ME	Plan BZR	Ist BZR	% BZR	ATL Mehrprod.
Nettoproduktion	TM	45543	46166	101,4	
Nettogewinn	TM	13202	13202	100,0	3,4
IWP zu IAP	TM	336550	342600	101,8	≙ zusätzl.arbeits- tägl.Leistg.
FE f.BV/IAP	TM	136600	138400	101,3	
Export SW	TEM	47100	47230	100,3	
dav.Export SU	TEM	37500	37627	100,3	
Export NSW PG	TVM	13245	13245	100,0	
Ap auf Basis NP	M	14000	14540	104,1	
MK/100 M Wp		61,34	62,21	101,4	
GSK/100 M Wp		96,66	97,51	100,9	
Prod.Gütez."Q"	TM	240640	267378	111,1	≙ 78,0 % Anteil
NWE	TM	109539	136580	124,7	≙ 40,0 % Anteil

Werk 1:   Fernruf: Telex: Drahtwort: Bankkonto: Bahnverbindung:
6570 Zeulenroda,   Zeulenroda 410   0588962 elaz dd und   elastic-mieder   Staatsbank der DDR   Zeulenroda ob. Bf.
Heinrich-Heine-Str. 2   0588964 elaze dd für DBA und DB M/K   Zeulenroda 4511-10-1
                                                                                            Postscheckkonto:
Anschriften für die anderen Werke siehe Rückseite   Erfurt 7399-56-105 10

427503 V 7 7 50,0 483 MkG 19/83

Planerfüllung 1986

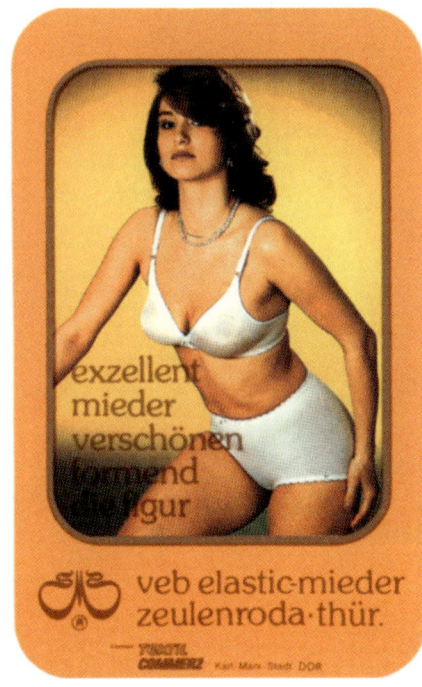

Werbemittel des
VEB elastic mieder

Auszeichnung mit einer Goldmedaille 1986

Außenwerbung

Die Gänge im Gebäude am Alexanderplatz

Dr. Detlev Rohwedder

Präsident der Treuhandanstalt   27. März 1991

An alle Mitarbeiterinnen
und Mitarbeiter der Treuhandanstalt

Sehr geehrte Damen und Herren,

als Lektüre für die bevorstehenden Ostertage schicke ich Ihnen
einige Gedanken zur gegenwärtigen Position der Treuhandanstalt.

Ich wünsche Ihnen ein frohes Osterfest!

Mit freundlichem Gruß

Alexanderplatz 6   Telefon: (030) 3 90 71 - 0
O – 1026 Berlin   2 10 94 21
                                 Telefax: (030) 39 07 11 30
                                 Telex: 1152417

Der letzte Brief von Detlev Rohwedder, Präsident der Treuhandhanstalt,
an die Mitarbeiter (kurz vor seiner Ermordung 1991)

Das alte Produktionsgebäude auf dem Firmengelände von Excellent

Das alte Verwaltungsgebäude

Die Näherei

EXCELLENT

Marketingmotiv Excellent

Modell Tricia

TENDRILS

Marketingmotiv Cheek

BERND BERGER BODY

Marketingmotiv Berger Body

Marketingmotiv Bernd Berger

Das neue Produktionsgebäude (eingeweiht im Dezember 1998)

Das Loft in der alten Maschinenschlosserei

sichtlich Qualität und Zuverlässigkeit seien wir im internen Lieferanten-Ranking ganz vorne. Deshalb könnten wir uns auf ein dauerhaftes jährliches Geschäftsvolumen von ca. 5 Mio. DM einstellen. Das hörte sich wunderbar an, vor allem, weil die Zusammenarbeit planmäßig entwickelt werden sollte, anstatt von der Zufälligkeit des Gefallens einzelner Produkte abzuhängen. Ich brachte die Damen abends persönlich zum 80 km entfernten Leipziger Flughafen. Auf der Rückfahrt war ich rundum glücklich. Wir hatten die wichtige dauerhafte Auslastung der Produktion gesichert und konnten unsere Kapazitäten entsprechend planen.

Doch schneller als wir schauen konnten, erlebten wir, welche Halbwertzeit solche vollmundigen Aussagen haben konnten. Einige Monate später traf ich die Damen auf dem Salon de la Lingerie in Paris wieder. Sie waren dort immer unterwegs, um bei den Kollektionen der Markenhersteller nach interessanten neuen Styles zu suchen, die sie kaufen oder gegebenenfalls auch kopieren konnten. Wegen Letzterem waren sie bei den Topmarken nicht so gern gesehen.

Ohne lang zu fackeln, mitten auf dem Gang, eröffnete mir der Einkaufsvorstand, dass sie bei ihrem Besuch doch ganz vergessen habe, das Thema Konditionen anzusprechen. Vergessen! Die Flächenexpansion von Palmers erfordere ein Entgegenkommen aller Lieferanten.

Für eine Diskussion dieses essentiellen Themas waren weder Zeit noch Ort angemessen. Die Zumutung wurde dadurch nicht geringer, dass Madame versuchte, deren Bedeutung durch die eher beiläufige Erwähnung herunterzuspielen. Jedes Prozent an zusätzlichen Kundenrabatten tat uns weh. Und so fragte ich nur indigniert, welche Größenordnung sie sich denn vorgestellt habe. Sie antwortete direkt und dabei harmlos lächelnd, »zweistellig« sollte der Rabatt schon sein.

Ein Zugeständnis in dieser Größenordnung war für uns jedoch völlig undenkbar. Palmers hatte die bereits beschriebenen Sonderkonditionen und bekam die Waren aufgrund der großen Abnahmemengen im Vergleich zur Fachhandels-Preisliste mit einem erheblichen Rabatt von über 20 Prozent. Wenn wir an der Geschäftsbeziehung noch etwas verdienen wollten, waren weitere Zugeständnisse nicht möglich.

Ich antwortete dementsprechend reserviert, wovon sie aber nicht im Mindesten überrascht zu sein schien. Vielmehr äußerte sie Verständnis. Es wundere sie nicht, wenn wir da nicht mitmachen würden, da Excellent sich ja generell so positiv entwickeln würde. Wir hätten sicher andere Prioritäten. Dennoch müssten wir uns darauf einstellen, dass »es dann weniger werden würde«. Damit war das Gespräch zu Ende. Es wurde tatsächlich weniger, und zwar schneller als uns lieb sein konnte. Innerhalb von nur zwei Jahren fielen wir wieder auf eine halbe Mio. DM Umsatz zurück. Palmers verlagerte in diesem Zeitraum einen Großteil der Beschaffung nach Fernost (was der Firma später nicht gut bekommen ist). Unser Verlust war also kein individuelles Schicksal.

Es war sicher zum damaligen Zeitpunkt richtig, sich auf dieses Spiel nicht einzulassen. Denn Geld wäre mit diesem Kunden nicht mehr zu verdienen gewesen. Überhaupt war daraus nur eine Lehre zu ziehen, dass es nämlich falsch oder zumindest sehr bedenklich ist, sich über ein gesundes Maß hinaus auf die Abhängigkeit von einem einzigen Kunden einzulassen. In unserem Fall lag der Umsatzanteil dieses einen Kunden bei fast 25 Prozent, was schon grenzwertig war. Wenn wir nicht so komplett umsatz- und break-even-orientiert hätten denken müssen, wären wir in der Entwicklung dieser Kundenbeziehung mit Sicherheit vorsichtiger gewesen. Zuerst war es fast unmöglich gewesen, das schnelle Wachstum zu meistern, nun mussten wir die Kapazitäten schlagartig wieder zurückfahren. Palmers lenkte vorne wild am Steuer und wir wurden hinten im Anhänger hin und her geschleudert.

Dennoch gelang es uns, die Rückwärtsentwicklung bei Palmers weitgehend durch den Geschäftszuwachs im nationalen und internationalen Fachhandel zu kompensieren.

BRANCHENINTEGRATION

Ende 1995 wurde ich vom Geschäftsführer des Modekreises Wäsche Mieder Homewear angesprochen. Aufgrund unserer erfolgreichen Entwicklung im Markt trug man uns als erstem ostdeutschen Unternehmen der Branche die Mitgliedschaft in diesem honorigen Kreis an. Dies kam einer großen Auszeichnung gleich, denn die anderen Mitglieder waren sämtlich etablierte Hersteller mit teilweise marktbeherrschender Stellung. Im Modekreis hatten sich die größten deutschen Wäschehersteller Triumph, Schiesser, Felina, Mey und Schöller zusammengeschlossen. Schiesser, Mey und Schöller standen für das Segment Tagwäsche, oder Daywear, wie es neudeutsch heißt. Triumph und Felina standen für Dessous und Miederwaren.

Bei den beiden Letzteren spielte sicher auch ein bisschen der Gedanke mit, uns durch die Mitgliedschaft im Modekreis ein wenig auf die Finger schauen zu können, denn es war Gepflogenheit, sich bei den regelmäßig stattfindenden Treffen über die aktuellen Entwicklungen auszutauschen. Einige Monate zuvor hatte ich das Triumph-Designerteam mit dem deutschen Geschäftsführer auf der Pariser Messe getroffen. Er stellte mich den Damen vor, worauf diese durch die Zähne pfiffen. Ach, ich sei also dieser Herr Schwarzer von Excellent. Wegen uns könnten sie sich die ganze Zeit etwas anhören. Wir wurden offensichtlich von dem Goliath Triumph nicht nur wahrgenommen, sondern auch beäugt und verglichen. Das freute mich diebisch. Ich sagte die Mitgliedschaft im Modekreis unter der Bedingung zu, dass wir zunächst Sonderkonditionen bekamen. Warum sollten wir als Einsteiger so viel bezahlen, wie unsere westlichen Wettbewerber, die Hunderte Millionen Umsatz realisierten. Man akzeptierte das.

Die nächsten Jahre nahm ich an den quartalsweisen Meetings am Stuttgarter Flughafen teil. Es handelte sich um typische Verbandskungelei. Es wurde über vieles ausschweifend debattiert und wenig entschieden. Mein Eindruck bestätigte sich, dass der Sinn dieses Modekreises viel eher die Beobachtung der Hauptwettbewerber war, als wirklich etwas zu bewegen. Mir passte das überhaupt nicht. Ich empfand es oftmals als reine Zeitverschwendung. Und Zeit hatte ich am wenigsten. In meiner jugendlichen Unbekümmertheit und Respektlosigkeit verpasste ich auch keine Gelegenheit, durch forsche Bemerkungen und unkonventionelle Vorschläge unangenehm aufzufallen. Die Vorstände und Inhaber der großen Firmen werden sich ihren Teil gedacht haben über den jungen bornierten Wichtigtuer. Aber ich fand die Trägheit der Branche einfach nervend, und die Politik in diesem Kreis setzte dem Ganzen die Krone auf.

Einmal im Jahr fand in Stuttgart ein Get-together statt, zu dem alles eingeladen wurde, was im deutschen Wäschehandel Rang und Namen hatte. Bei der großen Galaveranstaltung im altehrwürdigen Haus der Wirtschaft waren über 200 handverlesene Gäste anwesend. Es wurden die neuesten Trends und Kollektionen gezeigt. Außerdem sprachen interessante Gastredner. Und zum Abschluss gab es ein großes Diner.

Das absolute Highlight meiner Erlebnisse im Modekreis war bei einer dieser Veranstaltungen zwei Jahre später die Rede des Gastredners Holger Jung von der Werbeagentur Jung van Matt aus Hamburg, damals der Shootingstar unter den deutschen Agenturen. Die Firma Mey hatte sich dazu durchgerungen, Jung van Matt zu engagieren. Das war für dieses urschwäbische Unternehmen ein gewaltiger Schritt. Ich erinnere mich noch daran, wie der Vertriebsleiter mich auf einer Messe ansprach, die Augen verdrehte und stöhnte, dass sie kein Kunde mehr verstünde mit der neuen Kommunikation. Aber sie haben es durchgehalten. Und heute ist Mey eine der wenigen Wäschemarken, die es geschafft hat, ein modernes Image aufzubauen.

Damals war Holger Jung noch neu in der Wäsche. Und er fand die Branche genauso langweilig und verstaubt wie ich. Wie es schien, war er nicht richtig darüber informiert, wer in diesem illustren Kreis vertreten war. Jedenfalls zog er bei seinem Vortrag über die Branche her und zeigte Negativbeispiele von den Auftritten gerade auch der großen Mitglieder des Modekreises Triumph und Schiesser. Der versammelte Handel wusste vor Peinlichkeit nicht, wie er reagieren sollte. Die Meys gingen nachher in Sack und Asche. Sie hätten ja nicht geahnt usw. Ich habe mich köstlich amüsiert. Und Jung hatte natürlich total recht.

Man konnte sich im Modekreis auch nicht dazu durchringen, gemeinsam für den Messestandort Düsseldorf einzutreten. Die IGEDO Dessous war zu dem Zeitpunkt zwar noch die größte internationale Wäschemesse, begann aber bereits zu kränkeln. Ein Grund dafür war sicher, dass die größten deutschen Hersteller dort nicht ausstellten. Längst buhlte der Salon de la Lingerie sehr erfolgreich um die Gunst der internationalen Wäschehändler. Und die großen französischen Anbieter hätten niemals infrage gestellt, sich dort mit großen Auftritten zu präsentieren. Unvorstellbar, dass sie an ihrer Heimatmesse nicht teilgenommen hätten. Ganz anders unsere deutschen Key-Player.

Ich versuchte, mit der Messegesellschaft IGEDO einen Deal einzufädeln. Gemeinsam brachten wir es so weit, dass das nächste jährliche Treffen des Modekreises nicht mehr in Stuttgart, sondern in Düsseldorf an einem der Messeabende stattfand. Die Messegesellschaft kam dem Modekreis bei den Kosten für den Event sehr großzügig entgegen. Ich dachte, die Mitglieder würden sich nun alle auch dazu bewegen lassen, auf der Messe auszustellen – aber Pustekuchen. Man beobachtete nur das Geschehen und gefiel sich danach in ellenlangen kritischen Betrachtungen.

LOFT IN DER MASCHINENWERKSTATT

Meine WG mit Stefan war inzwischen am Ende. Zwei Jahre Zwangsgemeinschaft waren genug, der Charme dieser Lösung hatte sich abgenutzt. Wir gingen uns inzwischen schon mit Kleinigkeiten auf die Nerven. Wer zuerst ins Bad ging. Wer sich abends noch etwas in der Küche zu essen machte. Und so weiter. Wie ein altes Ehepaar. Außerdem fand ich diese Lebensumstände auch einfach nicht mehr adäquat. Ich sehnte mich nach ein bisschen Lifestyle in meiner thüringischen Diaspora der Lebensart.

Zunächst hatte sich die Produktentwicklung in einem entlegenen Gebäudetrakt auf dem Firmengelände im ersten Stock des Garagenkomplexes befunden. Ganz früher war dort in einem einzigen großen Raum von 250 qm die alte Maschinenschlosserei der Römpler AG untergebracht gewesen. Die Entwicklung war inzwischen umgezogen, denn die Wege waren einfach zu lang. Es waren fast 300 Meter, die man, quer über das Gelände und durch verschiedene Gebäude gehend, zur vorderen Verwaltung zurücklegen musste. Die Entwicklung hatte ständig Abstimmungen mit anderen Abteilungen durchzuführen, da war das unzumutbar. Deshalb hatten wir das Parterre unterhalb der Verwaltung in eine großzügige Raumflucht für Entwicklung und Technologie ausgebaut.

Die alte Maschinenschlosserei stand nun leer und wurde deshalb für mich zum Objekt der Begierde. Man brauchte gar nicht viel zu machen, um diesen Raum zu gestalten. Er war quadratisch, hatte hohe Decken und vier gemauerte Säulen in der Längsachse. Auf drei Seiten lagen jeweils vier 2 x 2 Meter große Fenster, die den Raum mit Licht durchfluteten. Das Schönste war der alte Industrieparkettboden. Der hatte, wie die tiefen Kerben und Spuren erkennen ließen, schon viel erlebt, und eine dunkelbraune Patina.

Mein Loft-Konzept war einfach. Neben der großen Flügeltür am Eingang rechts war Platz für eine Küchenzeile. Links vom Eingang ließ sich eine Parzelle als Bad abtrennen. Der Rest blieb offen und wurde nur durch Möbel in verschiedene Zonen wie Esszimmer, Wohnzimmer, Schlafzimmer, Ankleidezimmer und Fitnessraum unterteilt. Wenn man abends das Licht anschaltete und Musik hörte, war man wie in einer anderen Welt. Es fehlte nur noch der Ausblick auf Manhattan, um den Eindruck perfekt zu machen.

Ein so abgefahrenes Ambiente konnte man auch in München kaum realisieren. Viele Gäste teilten in den folgenden Monaten meine Begeisterung. Zum Beispiel meine Ex-Kollegen von Roland Berger und aus der Treuhandanstalt, die ich zu einem Adventswochenende nach Zeulenroda einlud. Unter anderem kamen Tobias, Holger und Udo und es wurde ein großes Revival. Wir feierten bei Rotwein und schwarzen Trüffeln, die Tobias mitgebracht hatte. Man konnte ganz vergessen, wo man war … Der Einzige, der sich zunächst überhaupt nicht mit meinem neuen Zuhause anfreunden konnte, war mein Vater. Ich hatte meinen Eltern davon vorgeschwärmt. Und als er zur nächsten Aufsichtsratssitzung nach Zeulenroda kam, sagte er voller Erwartung: »Zeig mir doch mal deine neuen Räume.« Aber als ich die große Flügeltür öffnete, schaute er einigermaßen irritiert in den riesigen Raum und fragte: »Und wo kommen denn da die Wände hin?«

MBO-VORHABEN UND START DER BVS-VERHANDLUNGEN

1995

DIE HAUSBANK

Unsere Hausbank, die Deutsche Bank, hatte ihren Sitz anfangs in Zeulenroda am Marktplatz. Wir hatten einen sehr engagierten und kompetenten Filialleiter als Ansprechpartner. Nach einiger Zeit änderte sich das. Die Bank musste ihr Firmenkunden-Geschäft in den neuen Bundesländern restrukturieren und die Zuständigkeit wechselte in die Regionalleitung nach Gera.

Die neuen Herren residierten in einem alten Palais, das die Bank sich herrschaftlich renoviert hatte. Die Geschäftsleitung bewegte sich in diesem Umfeld auch gleich mit ganz anderer Eleganz. Gera war so eine Art Durchgangsstation zu höheren Weihen auf dem Frankfurter Finanzparkett. Der Regionalleiter hatte die Attitüde des weltmännischen Bankdirektors. Er hatte schon etwas gesehen vom Big Business und sein Adlatus auf der Karriere-Durchgangsstation Gera empfand davor tiefen Respekt. Im Umgang war er jovial, dabei ein wenig gönnerhaft. Im persönlichen Auftritt hatte er alle Insignien des honorigen Bankers, von der Hermes-Krawatte über den Montblanc-Füllfederhalter bis zum Siegelring.

Die Bank war im Prinzip froh, in diesem traurigen Umfeld auf mich als hoffnungsvollen Aufsteiger zu treffen, als den sie mich damals ansehen mussten. Viele Manager gab es ja nicht, die aus dem Westen kamen und sich der Ostbetriebe annahmen. Und dann kam ich auch noch von einer echten Kaderschmiede wie Roland Berger. Unsere Bank befand sich in einer komfortablen Situation. Wie alle Banken. Man war von der Regierung und der Treuhandanstalt prächtig installiert worden. Diese ganze Wiedervereinigung war ein Geschenk des Himmels. Man konnte sich wunderbar daran sanieren. Die Zuflüsse waren so üppig, dass sich Misserfolge und Missmanagement an anderer Stelle wie Peanuts ausmachten. (Erinnern Sie sich noch an den Baulöwen Schneider?)

Alles, was die Finanzierung in den neuen Bundesländern betraf, lief über die Geschäftsbanken. Zwar gab es eine Vielzahl von staatlichen Bankhäusern, wie die Kreditanstalt für Wiederaufbau, die Deutsche Ausgleichbank oder die Landesbanken (wie in unserem Fall, die Thüringer Aufbaubank). Doch alle Kreditgeschäfte mit den Ostunternehmen wurden unmittelbar von und durch die Geschäftsbanken ausgehandelt und gesteuert. Das war politisch so verordnet. Sämtliche Fördermittel und -programme mussten von den Kreditnehmern explizit und exklusiv über die Geschäftsbanken beantragt werden. Selbstredend nutzten die Geschäftsbanken diese Stellung vor allem zu ihrem eigenen Vorteil, wodurch die staatlichen Banken praktisch zu Wasserträgern der Geschäftsbanken degradiert wurden.

Mit dem staatlich geförderten Kreditgeschäft waren hervorragende Zinseinnahmen verbunden. Und das Schöne war: Es gab kaum Risiken. D. h., es gab natürlich schon Risiken, sogar erhebliche. Nur eben nicht für die Geschäftsbanken. Denn die hatten in Bonn und Berlin unmissverständlich deutlich gemacht, dass sie sich durchaus vorstellen konnten, an der Wiedervereinigung mitzuwirken (um davon ordentlich zu profitieren), dass es aber keinesfalls sie sein durften, die für ihren selbstlosen Einsatz im Osten womöglich noch Schaden nehmen dürften. Für den Schaden waren andere da. Nämlich die Treuhandanstalt und die Landesbanken mit ihren Ausfallbürgschaften. Das war ein wunderbares Geschäft.

VERSUCH EINES WECHSELS DES BANKPARTNERS

Wir waren nun gezwungen, unsere Finanzen in Ordnung zu bringen. Doch die Deutsche Bank schien uns nicht unbedingt der richtige Partner dafür zu sein. Es gab keine langfristige Finanzierungszusage, kein grundsätzliches Commitment, sondern nur einen Mix aus mittel- und kurzfristigen Darlehen in Verbindung mit einer teuren Kontokorrentlinie. Diese Finanzierungsstruktur war nicht befriedigend. Wir lagen im Durchschnittszinssatz mindestens 2 Prozent über dem, was unter optimalen Bedingungen am Markt erreichbar schien. Das machte immerhin einen Jahresbetrag von ca. 100 Tsd. € aus, also beileibe keine Kleinigkeit. Wir nahmen Verhandlungen mit drei anderen Banken auf, die ebenfalls ortsansässig waren, nämlich der Dresdner Bank in Schleiz, der Bayerischen Vereinsbank in Gera und der Bayerischen Hypotheken- und Wechselbank ebenfalls in Gera.

Von allen Instituten bekamen wir aber nach eingehender Prüfung unserer Unterlagen eine Absage. Die Dresdner Bank schrieb im Juni, eine Ablösung der Deutschen Bank käme für sie nicht infrage, da sie aus aktueller Sicht die von uns genannte Kreditobergrenze von 5 Mio. DM nicht erkennen könnten (also annahmen, wir würden noch mehr Geld brauchen). Außerdem wäre der Erlass der BvS-Altkredite notwendig, aber noch nicht abschließend geklärt. Sie sähen jedoch unsere eindrucksvollen Markterfolge, die ihrer Überzeugung nach mit meiner Person verknüpft seien, und schlügen deshalb vor, den Finanzierungswunsch erneut zu prüfen, wenn die Finanzierungskonstellation endgültig geklärt wäre, »evtl. mit Erwerb der Geschäftsanteile durch Sie persönlich«.

Auch die Bayerische Vereinsbank schrieb im Juli mit Bedauern, sie könnten eine Ablösung der Deutschen Bank nicht vornehmen. Dafür gebe es drei Gründe. Man erwartete für weitere 2–3 Jahre noch Verluste, bis der Turnaround endgültig gelungen wäre. Man sah sich außerstande, einen Beleihungswert für die Immobilien festzusetzen, für die man erheblichen Investitionsstau sah. Und schließlich die aus ihrer Sicht unbefriedigende Eigenmittelsituation. Inbesondere wäre »nicht geklärt, ob und in welcher Höhe die BvS eine nach unserer Meinung erforderliche Darlehensverzichtserklärung abgeben« würde.

Die Bayerische Hypo wollte der Finanzierung »zum gegenwärtigen Zeitpunkt« ebenfalls »nicht nähertreten« (wie überaus charmant formuliert). Aus vier Gründen: Kein Turnaround, Finanzierung bei laufenden Verlusten, »unter Berücksichtigung des Ertragsausgleichs durch die BvS ist die derzeitige Ertrags- und Kapitalstruktur als unzureichend zu bezeichnen«, kein Erfahrungshintergrund mit unserem Unternehmen und ein schwieriges Branchenumfeld. »Ob es Ihnen gelingen wird, sich dort nachhaltig zu behaupten, ist derzeit nicht abschließend einschätzbar.« Die waren wenigstens ehrlich und geradeaus.

Im Nachhinein muss man konstatieren, dass alle angefragten Banken die Unternehmenssituation durchaus richtig und kompetent beurteilten. Ein Wechsel der Hausbank war jedenfalls keine Option. Offensichtlich waren wir mit der Deutschen Bank bis auf Weiteres verheiratet und auch nicht so schlecht bedient, wie wir wahrgenommen hatten. An anderer Stelle war nichts zu holen, weil unsere substanziellen Schwächen jeden anderen potenziellen neuen Bankpartner abschreckten. Trotz aller Anerkennung, die wir für die Markterfolge bekamen, kristallisierte sich heraus, dass es nicht ohne frisches Eigenkapital gehen würde. Es führte kein Weg an der Erkenntnis vorbei, dass unsere kapital- und liquiditätsseitige Konstitution sonst immer schlechter werden musste. Die Mittel aus der Reprivatisierung waren nahezu aufgebraucht. Römpler würde in absehbarer Zeit finanziell die Luft ausgehen. Das Unternehmen brauchte dringend frisches Eigenkapital als Basis einer mittel- und langfristigen Finanzierung des Wachstumskurses. Es zeichnete sich ab, dass es, falls das nicht gelänge, im Laufe des Jahres 1996 zu einer Krise kommen musste. Dies galt es meiner Meinung nach unbedingt zu vermeiden.

PRIVATE EQUITY-VERHANDLUNGEN UM BETEILIGUNGSKAPITAL

Für die Gewinnung neuen Eigenkapitals waren zwei Wege denkbar. Ein Verzicht der Treuhandanstalt auf deren alte Darlehen aus der Restitutionsvereinbarung (in Höhe von 3 Mio. DM) – und/oder neue Geldgeber.

Die Chance zur Verhandlung des Restdarlehens mit der Treuhandanstalt schien ein beruhigendes Pfand zu sein, das wir in der Hinterhand hatten. Denn wir waren sicher, dass unsere Entwicklung im Vergleich zu den allermeisten anderen privatisierten und reprivatisierten Unternehmen so überzeugend war, dass man uns in einer Notsituation zu Hilfe kommen würde und musste. Ich wollte mich aber aus taktischen Gründen nicht so zeitnah schon wieder an Berlin wenden, bevor ich nicht zunächst alle anderen Möglichkeiten geprüft hatte. Also wandten wir uns zunächst an Finanzinvestoren, die möglicherweise interessiert sein konnten, sich am Unternehmen zu beteiligen. Immerhin schienen doch unsere Markterfolge ein Zeichen dafür zu sein, dass sich hier etwas entwickelte, das Potenzial besaß und zu einer, wie es in Insiderkreisen so schön heißt, »Equity Story« taugte.

Mitte 1995 sprach ich zwei bankennahe Beteiligungsgesellschaften an. Die DBG Deutsche Beteiligungsgesellschaft, ein Tochterunternehmen der Deutschen Bank. Und die Bayerische Beteiligungsgesellschaft des Landes Bayern. Die TIB, die Beteiligungsgesellschaft des Landes Thüringen, ließen wir aus, weil wir von unserem Nachbarn, den »Zeuro Möbelwerken«, die von einem Privatunternehmer aus München übernommen worden waren, massiv vor unlauteren Geschäftsmethoden gewarnt worden waren.

Es folgte die übliche Zusammenstellung der aktuellen Unterlagen. Man kann sich nicht vorstellen, wie derartige Gespräche die Verwaltung eines Unternehmens blockieren. Alle Daten müssen aktuell aufbereitet sein. Lediglich die abgeschlossenen Zeiträume bleiben in Form von Vorjahresabschlüssen unangetastet. Aber die laufende Geschäftsentwicklung ändert sich mindestens monatlich. Neue Soll/ Ist-Werte müssen mit den berechneten Forecasts abgeglichen werden. Unebenheiten in den Unterlagen werfen ein fatales Licht auf das Unternehmen. Also muss man alles sorgfältig überprüfen und zusammenstellen.

Obwohl wir uns in den Folgemonaten erhebliche Routine in diesen Dingen zulegten, kam ich über die ständige Aufbereitung aktueller Daten kaum mehr dazu, mich mit den Dingen zu befassen, die eigentlich unser Business waren. Vom sauberen Reporting allein konnten wir uns nichts kaufen.

Dann gab es nette, sehr gepflegte Gespräche in Zeulenroda. Wie schon zuvor in den Bankengesprächen stellte ich ausführlich unsere Strategien und Konzepte vor. Geschliffene Präsentationen im Roland-Berger-Look, von Frau Masopust inzwischen glänzend umgesetzt, machten erkennbar Eindruck. Die Führung durch das Unternehmen tat ein Übriges. Der Betrieb war blitzblank und aufgeräumt. In den Produktionssälen ratterten die Nähmaschinen. Alles machte einen gut organisierten Eindruck (was auch stimmte). Die Mitarbeiter arbeiteten emsig und fanden zwischendurch auch noch Zeit für ein gewinnendes Lächeln und nette Erläuterungen für die Besucher. Die Gäste waren sichtlich beeindruckt und man konnte Hoffnung schöpfen.

Der eine oder andere verkniff sich auch nicht, am Ende des Besuches augenzwinkernd noch nach der kleinen Modenschau zu fragen, die man(n) sich erwartet hätte. Und wenn unser Hausmodel, das eigentlich in der Näherei beschäftigt war, Zeit hatte, dann zeigten wir den begeisterten Herren – es waren immer nur Herren – auch gerne ein/zwei Outfits.

Man hätte fast ins Träumen kommen können, so harmonisch und positiv aufgeladen war die Stimmung, wenn, ja wenn da nicht immer wieder Fragen gekommen wären, die zeigten, dass die Gesprächspartner in den allermeisten Fällen nicht im Geringsten beurteilen konnten, was wir da eigentlich genau machten. Diese Rückschläge gipfelten bei einem Termin in der abschließenden Frage eines Gastes:»Eine Frage habe ich aber noch: Sieht man es Ihren Produkten denn noch an, dass sie aus dem Osten kommen?« Vier Stunden lang hatte ich den Herren erklärt, dass unser Anspruch war, Dessous zu machen, die die Qualität und den modischen Anspruch der Wettbewerbsprodukte aus Frankreich und Italien erreichten. Ich hatte ihnen sogar Beispiele gezeigt und dann diese Frage. Mir wurde schlagartig bewusst, dass die rein gar nichts begriffen hatten. Und sofort stellte sich ein mulmiges Gefühl ein im Hinblick auf die Erfolgsaussichten dieser Bemühungen.

Prompt kamen dann von den potenziellen Investoren trotz der vielen netten Worte auch klare Absagen bezüglich einer möglichen Beteiligung an Excellent. Zwar sah man die ganze Angelegenheit positiv und würdigte»die beachtliche Vorwärtsentwicklung, die Excellent nicht zuletzt dank Ihrer Tätigkeit in den letzten zwei Jahren gemacht hat und von der wir meinen, dass sie sich fortsetzen lässt«.

Für die Deutsche Beteiligungsgesellschaft wäre grundsätzlich sowohl eine offene als auch eine stille Beteiligung denkbar gewesen. Allerdings meinte man, diese würde die Liquidität des Unternehmens bei einem Entgelt von 15 Prozent auf das bereitgestellte Kapital zu sehr belasten. Denn man sähe»in den nächsten zwei Jahren noch Ergebnisbelastungen durch die Eroberung einer nachhaltigen Wettbewerbsposition im Markt sowie notwendige Investitionen am Standort Zeulenroda«. Vor diesem Hintergrund wäre Excellent mit einer Beteiligung der DBG »nicht hinreichend gedient«. Insgesamt sähe man deshalb »keine für beide Seiten befriedigenden Ansätze für eine Beteiligung«. Wie nett, die hatten sich die Mühe gemacht, unsere Interessenlage gleich mit zu prüfen und zu beurteilen.

Die Bayerische Beteiligungsgesellschaft brachte es noch direkter auf den Punkt. Grundsätzliches Interesse ja, aber bitte erst die Sanierung erfolgreich beenden. Und dann, 15 Prozent Eigenkapitalquote wären doch etwas wenig und nicht branchenadäquat (Ach was, warum hatten wir sie denn angesprochen?). Gleichwohl würde man eine Beteiligung nach Abschluss der Sanierungsphase – wenn also nachhaltig Gewinne erwirtschaftet würden, ausreichend Eigenkapital und ein gesunder Cash-flow vorhanden wäre, sprich kein Beteiligungspartner mehr gebraucht wird – gerne noch einmal prüfen. Na bitte!

Die Absagen erfüllten mich mit einigem Ärger. Unsere Schwächen waren mir bewusst gewesen. Deshalb hatte ich ja diese Gespräche gesucht. Anstelle eines Lösungsansatzes wurden mir nun in den Absagen die bekannten Probleme nur noch einmal unter die Nase gerieben.

Durch die Gespräche zum Thema Beteiligungskapital wurden wir vertraut mit einem für Banken typischen Dilemma. Banken möchten Unternehmen nämlich am liebsten dann Geld borgen, wenn diese keines brauchen. Die Kreditverkäufer sind in solchen Fällen nicht zu beneiden. Sie müssen unablässig vorstellig werden, wie Staubsaugervertreter, und mit hartnäckiger Liebenswürdigkeit Verkaufsgespräche führen, um den Kunden Kredite aufzuschwatzen. Wenn aber ein Unternehmen wirklich Geld braucht – womöglich sogar dringend –, dann laufen Bankgespräche unter völlig umgekehrten Vorzeichen. Schon das Anliegen an sich ist Grund für Skepsis und Zweifel, die man in der Regel nur durch erhebliches Familiensilber in der Hinterhand beruhigen kann. Mit abschlägigen Auskünften ist zu rechnen. Das liegt selten an den Verkäufern selber als vielmehr an irgendwelchen internen Anweisungen oder der Politik des Hauses. Klar, man möchte es sich persönlich mit dem Antragsteller auch nicht verderben. Vielleicht kommt der Moment wieder, wo sein Unternehmen kein Geld mehr braucht – und dann wird es ja wieder interessant.

ERSTE MBO-GEDANKEN

Beteiligungskapital war also, wie sich herausgestellt hatte, auch keine Option. Damit wurde eine erneute Ansprache der Treuhandanstalt unvermeidbar. Obwohl ich mich über die Absagen geärgert hatte, schienen mir die Stellungnahmen nun auch ein gutes Pfund zu sein, um bei der Treuhand damit zu wuchern. Schließlich hatte niemand den strategischen Kurs und die erfolgreiche Unternehmensentwicklung infrage gestellt. Vielmehr war klar festgestellt worden, dass die mangelhafte Unternehmenssubstanz als Kernproblem angesehen wurde und die Tatsache, dass der Sanierungsweg noch nicht erfolgreich zu Ende geführt war. Das musste die Treuhand zur Hilfestellung verpflichten.

Auch bei der Deutschen Bank war aber inzwischen die Erkenntnis gereift, dass die Konstellation Römpler AG mit Tochterfirmen keine Zukunft hatte. Für diese Beurteilung reichte ein Umstand, den die Bank, die in alle wirtschaftlichen Verhältnisse kompletten Einblick besaß, am besten beurteilen konnte: Der Weg war noch lang und Römpler hatte nichts mehr zuzusetzen. Um das zu konstatieren und Alarm zu schlagen, musste ein Banker nicht einmal eine besonders geschulte Spürnase haben. Auch die Bank sah, dass es nur wenige Optionen gab. Das einzige denkbare Element für eine Lösung war aus ihrer Sicht – ich. Ganz behutsam fühlte man deshalb vor, ob und unter welchen Umständen ich mir vielleicht vorstellen könnte, das Unternehmen zu übernehmen und in die Unternehmerrolle zu schlüpfen.

Das gefiel mir natürlich gut. Denn insgeheim hatte ich längst mit dem Gedanken gespielt, dass aus meiner Gastvorstellung in Zeulenroda mehr werden könnte, wenn die Sache funktionierte. Wenn ich der war, der den Laden flottmachte, wollte ich natürlich auch davon profitieren. Der zweijährige Geschäftsführervertrag war zwar noch einmal verlängert worden. Aber wenn Römpler nicht genügend Substanz hatte, um die Sanierung zu einem guten Ende zu führen, war meine ganze Aufbauarbeit am Ende umsonst und auch alle Möglichkeiten, zukünftig von der Entwicklung zu profitieren, infrage gestellt. Insofern deckten sich die Bankideen mit meinen eigenen Gedanken.

Außerdem schien mir die Option, ein MBO in enger Kooperation und mit Unterstützung der Bank zu machen, viel aussichtsreicher und in gewisser Weise gesichert. Die Bank würde sicher kein Himmelfahrtskommando finanzieren.

Noch im Juli fand eine erste zaghafte Annäherung mit den Reprivatisierern statt. Für die Aktionäre war das eine völlig unbegreifliche Wendung. Erst hatten sie mehrheitlich ja schon die ganze Reprivatisierung nicht verstanden. Was mein Vater, die Berater und Heiner StrÖssner auf den Weg gebracht hatten, war ihnen völlig schleierhaft gewesen. Dann hatten sie sich eine Zeit lang mit dem Projekt angefreundet und in dem neuen Aktionärsstatus gesonnt. Und mit den Markterfolgen, die das Unternehmen vorzuweisen hatte, hatten sie auch begonnen, eine Ahnung zu entwickeln, dass das Projekt wirtschaftlich Sinn machen und dass dabei etwas für sie herausspringen könnte. Jetzt hieß es auf einmal, die Römpler AG habe kein Geld mehr und müsse sich von den Tochterfirmen trennen.

Etwa zur gleichen Zeit stattete ich dem Münchner Roland-Berger-Büro mal wieder einen Besuch ab. Dort traf ich auch meinen früheren Chef Kapitän Haddock. Wir hatten ein nettes Gespräch, in dessen Verlauf ich ihm erzählte, was ich seit meinem Ausscheiden bei Roland Berger bei Excellent gemacht hatte. Über die Markterfolge und Umsatzzuwächse, die Fortschritte bei der Sanierung, aber auch über die schwache Unternehmenssubstanz und magere finanzielle Ausstattung. Je länger meine Ausführungen dauerten, desto mehr verfinsterte sich seine Miene, und als ich ihm dann noch gestand, dass ich mit dem Gedanken spielte, das Unternehmen zu übernehmen, war es ganz aus. Sein aufmunternder Kommentar lautete: »Machen Sie sich doch nicht unglücklich!«

Er meinte, ich könne wesentlich spannendere Sachen machen. Er fand das Projekt nicht attraktiv genug. Er sah zu viele Risiken und Unwägbarkeiten. Wir hatten uns früher schon einmal darüber unterhalten, dass ich gerne in ein Auslandsbüro von Roland Berger gewechselt hätte, z. B. nach Barcelona, in die pulsierende spanische Olympiastadt. Um gleichzeitig mein Spanisch aufzubessern. Das fand er damals gut. Seine Reaktion auf das Thema Excellent war dagegen alles andere als ermutigend. Immerhin besaß er sehr viel wirtschaftlichen Sachverstand und Erfahrung. Und obwohl er den Fall nicht so gut kannte wie ich, fragte ich mich, ob ich vielleicht doch zu euphorisch war? Andererseits hatte ich schon zu sehr Feuer gefangen, um mich dadurch bremsen zu lassen. Ich kannte Kapitän Haddock als einen Skeptiker, der immer gern den Advocatus Diaboli spielte und mit Inbrunst die negativen Aspekte an jeder Sache suchte. Nicht anders hatte ich ihn in allen Projekten kennengelernt. Überhaupt hatte ich ein etwas gespaltenes Verhältnis zu ihm, denn außer Druck hatte er mir wenig gegeben. Nie hatte man ihm etwas recht machen können.

Bei unserem Gespräch über mein mögliches Management-Buyout lebten die alten Erfahrungen wieder auf und sorgten für eine geballte Faust in meiner Tasche. Kapitän Haddock sollte mir nicht mal eben mein Business miesmachen. Er hatte weder das Unternehmen gesehen, noch interessierte ihn irgendein Detail. Es war einfach eine pauschale Ablehnung, die mich kein Stück weiterbrachte. Ich würde es ihm schon zeigen, dachte ich, und malte mir dabei aus, wie es sein würde, wenn ich ihn in zwei, drei Jahren wieder traf. Als inzwischen gestandener Unternehmer, der nachweisbare Erfolge vorzeigen konnte. Das würde ein Triumph werden!

BVS ALS NACHFOLGER DER TREUHAND

Die Berliner Treuhandanstalt war per Ende 1994 planmäßig aufgelöst worden. Das bedeutete keineswegs, dass die Treuhandaufgaben erledigt gewesen waren. Deshalb hatte man sie neu geordnet und den Laden umbenannt in »Bundesanstalt für vereinigungsbedingte Sonderaufgaben«, kurz BvS. Wahrscheinlich war der Name Treuhand, um den herum es eine Menge Skandalgeschichten gegeben hatte, den Politikern auch nicht mehr opportun und man hatte deshalb dieses neue Wortmonster geschaffen.

Die BvS hatte den Auftrag, die von der Treuhand geschlossenen Verträge zu managen und die Altlasten abzuwickeln. Im ersten Jahr hatte man die Businessplanung noch eingehalten, indem man vor allem die Zuschüsse an privatisierte Unternehmen gekürzt hatte. Allerdings lag die Anzahl der zu bearbeitenden Verträge deutlich über Plan und eine Vielzahl von notwendigen Nachverhandlungen zeigten, dass es schwer werden würde, den Planungshorizont Ende 1998 bis zur Erledigung der wesentlichen Aufgaben aufrechtzuerhalten. Letztendlich wurde der operative Betrieb dann erst Ende 2000 eingestellt.

Obwohl der damalige Bundesfinanzminister Theo Waigel die BvS dafür gelobt hatte, dass sie in den ersten 20 Monaten ohne Mittel aus dem Bundeshaushalt ausgekommen war, zog der BvS-Präsident Heinrich Hornef zur gleichen Zeit eine ernüchternde Zwischenbilanz. Ich zitiere aus der FAZ: Der Aufbau einer wettbewerbsfähigen Wirtschaft in Ostdeutschland verlange von allen Beteiligten mehr Kraft, mehr Engagement und mehr Bereitschaft zu Flexibilität und Wandel, zu Geduld und Ausdauer. Denn der Weg zu einer breiten Basis finanziell gesunder Unternehmen sei steiniger als erwartet.

Weiterhin hieß es bei der BvS etwas kühl: Die Zusammenarbeit mit den Landesregierungen sei »sachbezogen und fruchtbar«. Allerdings sei die BvS mit dem Vorhaben, die Aufgabe der Sanierungsbegleitung Schritt für Schritt auf die für Strukturpolitik zuständigen neuen Länder zu übertragen, »noch nicht in befriedigendem Umfang« vorangekommen. Im Klartext bedeutete das, der Bund hatte keinen Bock mehr und wollte die heißen Kohlen gerne an die Länder weiterreichen, die dieses Danaergeschenk jedoch nicht mit der erhofften Begeisterung annahmen. Früher, zu DDR-Zeiten, hätte man noch freudig salutiert.

BVS – ERSTER AKT – DIREKTORAT REPRIVATISIERUNG

Die Ausgangssituation war klar. Wir mussten eine substanzielle Hilfe in Form des Erlasses der Altkredite erreichen. Dann schienen alle weiteren Schritte möglich und die Zukunft gesichert.

Bereits im Juni 1995 hatten wir den Kontakt mit der BvS aufgenommen. Zufälligerweise hatte nämlich R3, das Direktorat Reprivatisierung, zu dieser Zeit nachgefragt, ob wir denn auch unsere Verpflichtungen aus der Reprivatisierungsvereinbarung in puncto Arbeitsplätze und Investitionen einhielten. Wir sollten dafür ein Testat unseres Wirtschaftsprüfers beibringen.

Da wir diese Zusagen ja deutlich übererfüllten, schien der Zeitpunkt günstig, mit der befriedigenden Antwort gleich das Thema Schuldenerlass auf den Tisch zu bringen. Also baten wir bei R3 in Berlin um ein Gespräch zu den vertraglichen Vereinbarungen mit der Treuhandanstalt. Danach gab es einen Ortstermin in Zeulenroda, den wir gewissenhaft vorbereiteten, und dann die obligatorische Antragstellung und -begründung für die Entscheidungsgremien der BvS. Alles in sehr freundschaftlicher Atmosphäre. So weit, so gut.

Im Antrag auf Darlehenserlass erläuterten wir die schon bekannten Kernpunkte, dass die Kapitalstruktur des Unternehmens nicht adäquat sei für eine gesunde Weiterentwicklung und dass die Fortsetzung der Sanierung durch einen Schuldenberg belastet würde. Ich wäre bereit, zur Sicherung der Zukunft des Unternehmens ein MBO durchzuführen und damit auch zusätzliches frisches Eigenkapital einzubringen. Eine mögliche Übernahme dürfe jedoch nicht zu einem unkalkulierbaren Wagnis werden. Wir würden die BvS deshalb dringend bitten zu überprüfen, ob sie ein MBO möglicherweise durch den Verzicht auf die direkten BvS-Kredite in Höhe von 3 Mio. DM unterstützen könnte.

Schon bei den ersten Gesprächen wurde deutlich, dass man in der BvS die Presseberichte über Excellent durchaus zur Kenntnis genommen hatte. Und dass man deshalb den Eindruck hatte, wir befänden uns auf einem sehr guten Weg und seien bei der Sanierung schon über den Berg. Unsere Gesprächspartner empfanden es offensichtlich als eklatantes Missverhältnis, dass wir nun das Gespräch suchten, weil wir eine Nachverhandlung der Treuhand-Vereinbarungen wünschten, während gleichzeitig in der Fachpresse zu lesen war, wie erfolgreich wir waren. Dennoch erklärte man sich bereit, in Nachverhandlungen einzutreten.

Bei R3 setzte man einen Mitarbeiter auf den Fall an, der sich sofort intensiv mit unserem Fall auseinandersetzte. Diese erneute Prüfung, während der wir nun schon ganz routinemäßig alle notwendigen Unterlagen bereitstellen und durch die Feedbacks der Banken und Beteiligungsgesellschaften komplettieren konnten, dauerte zu unserem

Entsetzen volle fünf Monate. Die Analysen verursachten erhebliche Mehrarbeit und hielten vor allem mich von dem ab, was ich eigentlich zu tun hatte, nämlich das Geschäftssystem und die operativen Prozesse weiter zu verbessern. Aber wir mussten uns dem stellen. Und es traten dabei auch einige wertvolle Erkenntnisse und Anregungen zutage. Das Ergebnis allerdings konnte nicht zufriedenstellen! R3 schlug nämlich nur eine Prolongation der Kredite und einen Zinserlass vor. Mit anderen Worten, Problem aufgeschoben, nicht aufgehoben. Als großzügige Hilfe bot man allerdings an, Druck auf die TAB auszuüben, damit diese neue Kredite zur Verbesserung der Liquidität ausreichen sollte. Als ob immer neue Kredite eine Lösung gewesen wären.

Die Umsatzzuwächse und die gute Presse für das Unternehmen erwiesen sich als tückisch, denn sie hatten eine kontraproduktive Wirkung auf die Bereitschaft der Treuhandanstalt, wirtschaftliche Zugeständnisse zu machen. Wir brauchten Spielräume, ein Entgegenkommen in substanziellen Fragen, und diese Leute sahen nur die strahlenden Markterfolge. Man schenkte meinen kritischen Ausführungen und Argumenten wenig Glauben. Die Entscheider auf der anderen Seite des Verhandlungstisches verstanden es nicht, zwischen Markterfolg einerseits und Unternehmenssubstanz andererseits zu differenzieren. Oder wollten es zumindest nicht. Man verstand außerdem nicht, dass ein Unternehmen auch durch Erfolg (in Form von Wachstum) in Probleme kommen konnte.

Passagen aus dem Schriftwechsel zum Jahresende machen die Absurdität der Logik deutlich. Die BvS schrieb: »Die BvS kann nicht vorab einen Verzicht auf ein Darlehen üben, wenn die Nichtrückzahlungsfähigkeit dieses Darlehens noch gar nicht feststeht.« Anders ausgedrückt, die BvS kann erst handeln, wenn es zu spät dafür ist. Dabei zeigte man Verständnis, dass ich unter den Umständen nicht übernehmen könnte, sondern hielt das auch »für eine Einzelperson für zu risikoreich.« Die Lösung sei ein »kapitalstarker Beteiligungspartner«. Nur zur Erinnerung: Zu dem Zeitpunkt hatten wir bereits Absagen von zwei Beteiligungsgesellschaften. Niemand wollte in ein Unternehmen investieren, das nur für den Kapitaldienst arbeitete.

Ich stand ziemlich unter Schock. An der Unterstützung der Treuhand für den Fall, dass wir einmal Schwierigkeiten bekommen sollten, hatte ich nie gezweifelt. Aber sofort dachte ich daran, dass es sich hier nur um die erste Instanz handelte, um Juristen, die die wirtschaftlichen Aspekte halt nicht beurteilen konnten. Deswegen ging ich davon aus, dass wir nur eine »Partie«, nicht aber das »Spiel« schon verloren hatten.

PRIVATER SONNENSCHEIN

Im privaten Bereich hielt das Jahr noch eine schicksalhafte Überraschung für mich bereit. Und die hatte wieder mit Palmers zu tun, mit denen wir zu dieser Zeit noch voll im Geschäft waren. Diesem Problemkunden verdanke ich nämlich ganz persönlich, dass ich meine Frau kennenlernte. Es war nach dem beschriebenen fiesen Meeting auf der Pariser Messe im Oktober 1995. Noch war nichts von der Vorhersage zu spüren, dass »es weniger würde«. Und eine gute Beziehung zu unserem größten Kunden hatte für mich persönlich noch höchste Priorität. Zum Saisonanfang im Herbst führte Palmers in Wien immer eine Verkaufsschulung für das gesamte Filialpersonal durch. Mit Modenschau und allem Pipapo. Ein richtig großer Event. Aktuell waren wir einer der größten Lieferanten, und so bekam ich die Einladung, daran teilzunehmen. Ich konnte schlecht Nein sagen und flog nach Wien.

Der Abend war ziemlich langweilig. Schnell hatte ich das Pflichtprogramm absolviert, alle meine ständigen Ansprechpartner begrüßt und die üblichen Small Talks geführt. Die Palmers-Manager hatten danach in dem ganzen Trubel viele andere Verpflichtungen und ich nutzte die Gelegenheit, um mich ein bisschen umzusehen. Während ich durch die Räume schlenderte, sah ich eine Schaufensterpuppe, auf der ein interessantes Dessous dekoriert war. Ich trat näher heran und fasste aus Neugier in den Stoff des Höschens, um den Griff des Materials zu prüfen.

Da hieß es hinter mir zurechtweisend: »He, he, nicht fummeln!« Ich drehte mich um und da standen zwei entzückende junge Wienerinnen, die eine blond, die andere dunkel. Dani, die Dunkle, war, wie sich später herausstellte, die österreichische Königin der Aufstriche und Mayonnaise-Salate. Sie war und ist bis heute die beste Freundin meiner Frau. Sie war es auch, die mich kess zurechtgewiesen hatte, weil ich ihr wohl ganz gut gefallen hatte. Die Blonde war meine spätere Frau Daniela, die damals zwar auf Anhieb mein Interesse fesselte, für die ich aber umgekehrt nicht das Highlight des Abends zu sein schien. Die beiden nahmen mich später mit in die Stadt. Wir hatten zusammen mit einigen Bekannten einen sehr lustigen Abend im Do&Co-Restaurant im Haas-Haus gegenüber dem Stephansdom. Trotzdem sollte es noch fast zwei Jahre dauern, bis aus diesem zufälligen Kennenlernen Liebe wurde.

FORTSETZUNG
BVS-VERHANDLUNGEN UND MBO

1996

BVS – ZWEITER AKT – SONDERBEAUFTRAGTER DOHNANYI

Die Zwischenergebnisse der monatelangen BvS-Verhandlungen waren also ziemlich ernüchternd. Ich überlegte noch, wie ich einen neuen Anlauf nehmen sollte, da fielen mir Anfang 1996 Presseberichte über die Tätigkeit des früheren Hamburger Bürgermeisters Klaus von Dohnanyi in die Hand. Er war vom BvS-Vorstand als Sonderbeauftragter »Markt & Staat« engagiert worden. Dohnanyi hatte in der Presse ganz neue Ansätze formuliert, die aufhorchen ließen, indem sie des Übels Wurzel beschrieben. Sie machten Hoffnung. Dohnanyi war der Meinung, dass man die Stabilisierung der existierenden Unternehmensstrukturen in den Mittelpunkt der Förderung stellen musste. Er plädierte dafür, dass die Unternehmen in der Aufbauphase von allen Beteiligten noch enorme Anstrengungen, großzügige Hilfe und innovative Lösungsansätze verlangten: »Die Ost-Unternehmen haben eine unglaublich harte Wegstrecke hinter sich. Kein West-Unternehmer hat jemals in so kurzer Zeit und mit so knapp bemessenem Eigenkapital aus einzelnen Brocken eines riesigen Produktionsapparates marktfähige Betriebe machen müssen ... Denen, die das Überleben schaffen könnten, muss man jetzt die notwendige Hilfe zukommen lassen.«

Ich war wie elektrisiert. Dohnanyi war vom Vorstand ganz offiziell mit einer Vermittlerrolle beauftragt. Dann musste sein Wort doch etwas gelten. Und in ihm würde ich endlich einen Fürsprecher finden, nachdem die Verhandlungen mit den Juristen der Reprivatisierung völlig festgefahren waren. Mit einem dringenden Hilferuf wendete ich mich im Februar 1996 an sein Büro. Und tatsächlich bekam ich eine schnelle Antwort. Sein persönlicher Referent bat um detailliertere Information, die ich auch postwendend erteilte. Schließlich waren wir inzwischen sehr virtuos in der Zusammenstellung von Anträgen und Back-up-Material.

Tatsächlich nahm sich Herr von Dohnanyi unseres Falles an. Er nahm Kontakt zu den Entscheidern im Vorstand und Direktorat auf und gab ein Statement ab, in dem sinngemäß stand, er würde unseren Fall als ein sehr hoffnungsvolles Unternehmen betrachten, das aber noch auf sehr wackeligen Füßen stünde. Vor diesem Hintergrund wäre angesichts der 200 Arbeitsplätze seine Empfehlung, unserem Antrag stattzugeben. Das war ein Fest, als mir sein Referent dieses Schreiben zur Kenntnisnahme zusandte. Da die Stelle von Herrn von Dohnanyi speziell zur Vermittlung bei solchen Fällen wie unserem eingerichtet worden war, hoffte ich, dass nunmehr endlich der Durchbruch gelingen würde.

NEUE VERTRIEBSLEITUNG

Zwischendurch gab es zur Abwechslung auch mal etwas, was mit meinem eigentlichen Job zu tun hatte. Sancho Panza, unser Vertriebsleiter, hatte nämlich gekündigt. Ich glaube, er fühlte sich einfach nicht mehr wohl mit dem Druck, der auf ihm lastete. Die Schuhe waren gewachsen und zu groß für ihn geworden. Gut gemachte Kollektionsvorlagen reichten nicht mehr aus. Jetzt musste der Vertriebschef in der Lage sein, Markenkonzepte zu verkaufen. Außerdem war er Vater geworden und hatte verständlicherweise keine Lust mehr, neben der ständigen Reisetätigkeit für die Kunden auch noch von zuhause aus Hunderte Kilometer zum Firmensitz zurücklegen zu müssen.

Sancho hatte einen guten Job gemacht, aber für das nächste Level brauchte es einen Spieler mit anderen Fähigkeiten. Die gute Nachricht war, dass an seiner Stelle Andreas wieder zurück zu Excellent kam. Die Wirkelastic war inzwischen verkauft worden (was zum Leidwesen von Römpler aber auch kein »winning deal« gewesen war). Wir hatten uns in den vergangenen Jahren nicht nur in den Aufsichtsratssitzungen und auf dem Firmengelände getroffen, sondern uns auch privat angefreundet. Andreas stand mir persönlich am Nächsten. Ich brauchte dringend Unterstützung durch Gleichgesinnte und Andreas hatte signalisiert, gerne wieder bei Excellent mitwirken zu wollen. Vielleicht war auch das ein Grund gewesen für Sancho Panza, zu kündigen. Er machte damit den Weg fei und Andreas übernahm die Leitung des Vertriebs. Damit kam ein neuer Drive in diesen Bereich. Andreas war in der Lage, strategische Kundengespräche zu führen und die Kundenbeziehungen zu managen. In Anspruch und Auftritt war zwischen ihm und mir wenig Unterschied. Das gab mir ein gutes Gefühl. Ich wusste, dass wir ab sofort bei jedem Kundentermin optimal vertreten waren und dass der Stil und die Argumentation stimmten, mit dem wir im Markt auftraten. Endlich entwickelte sich mal etwas von ganz alleine in die richtige Richtung.

PRÜFUNG DURCH DEN LEITUNGSAUSSCHUSS

Mit diesem guten Gefühl konnte ich mich aber nicht lange aufhalten, denn der BvS-Verhandlungsmarathon ging in die nächste Runde und musste weiterhin im Fokus stehen. Ob durch die Intervention des Herrn von Dohnanyi oder dadurch, dass wir auch gegenüber R3 einfach keine Ruhe gaben: Die BvS schickte uns Anfang des Jahres den Leitungsausschuss zur Prüfung unserer Unternehmenssituation ins Haus. Denn eine Entschuldung setzte die Entscheidung des Gesamtvorstandes voraus.

Und welche Duplizität der Ereignisse: Der Prüfer war doch tatsächlich ein Berater von Roland Berger. Nun hatte ich es zur Abwechslung mit so einem Prüfer zu tun, der geschickt wurde, um dem Geschäftsführer auf die Finger zu schauen.

Ich kannte ihn nicht. Er war noch ganz frisch dabei, einer der vielen Nachwuchsleute, ich glaube aus dem Berliner Büro. Ein Doktor, aber wie sich zu meinem Erstaunen herausstellte, ein ausgebildeter Mediziner. Ich mag eigentlich Quereinsteiger, weil sie oft kreativer und nicht so festgefahren sind, wie andere, die nur eine einzige fachliche Perspektive und deshalb häufig Scheuklappen haben. Der Doktor schien außerdem ganz nett. Er bewunderte offen, was sich bei Excellent inzwischen entwickelt hatte. Die Mitarbeiter, die er in den Gesprächen vor Ort kennenlernte, machten ihren Job sehr gut und präsentierten sich wie gewohnt kompetent und engagiert. Der Doktor war so beeindruckt, dass er mir sagte, genau so ein Projekt wie meines wäre das, was auch er für sich persönlich suche. Das wäre sein größter Wunsch. Er nahm alle Unterlagen mit und versprach mir augenzwinkernd eine wohlwollende Prüfung. Alles schien sich prächtig zu entwickeln.

Im April – seit der ersten Kontaktaufnahme mit der BvS war inzwischen fast ein ganzes Jahr vergangen – erhielten wir jedoch die schwer enttäuschende Nachricht, dass der Leitungsausschuss unseren Entschuldungsantrag ablehnte. Man sah keine wirtschaftliche Notwendigkeit dafür, Excellent erneut unter die Arme zu greifen. Vielmehr attestierte man uns eine »nachhaltige und anhaltende Sanierungsfähigkeit«.

Der Roland-Berger-Kollege hatte es sich sehr leicht gemacht: Wir könnten doch erstens 30 Mitarbeiter, insbesondere in der Verwaltung, abbauen, und zweitens sollte es möglich sein, eine niedrigere Materialeinsatzquote zu erreichen. Mit geringerem Overhead und höherem Rohertrag solle es sich schon ausgehen mit einem ausgeglichenen Ergebnis und der Bedienung des BvS-Darlehens.

Geld bräuchten wir keines. Es sei nicht einsehbar, warum wir zum pünktlichen Zahler unserer Lieferanten oder gar Skontozahler werden müssten (obwohl gerade das eine Kostensenkung beim Materialeinsatz ergeben hätte). Der Mann hatte auch noch nie davon gehört, dass Lieferanten die Risiken ihrer Kunden einpreisen. Wir zahlten vor allem deshalb mehr, weil unser Unternehmen ein Newcomer war, zu dem keine langjährigen Geschäftsbeziehungen bestanden. Sodann, weil das Unternehmen in den neuen Bundesländern lag, was grundsätzlich und berechtigterweise als sehr kritisch eingeschätzt wurde. Und schließlich, weil wir unsere Rechnungen niemals pünktlich bezahlten, sondern unter einer grenzwertigem Ausnutzung des Goodwills unserer Partner die Zahlungsziele bis zum Äußersten ausschöpften und überzogen. Mit dieser aus Sicht des Leitungsausschusses offenbar sehr vernünftigen Verfahrensweise sollten wir weitermachen, nur dass wir gleichzeitig die Einkaufspreise um ein paar Prozent drücken sollten.

Diese Empfehlung waren reine Theorie. Wir konnten froh sein, dass wir angesichts der beschriebenen Handlungsweise überhaupt noch beliefert wurden. Mehr noch, dass man für uns sogar eigene Materialentwicklungen machte und enge Partnerschaften mit uns einging. Insbesondere die Neukirchener Firma Elastic ist an dieser Stelle zu nennen. Allen unseren deutschen, französischen und Schweizer Lieferanten ist im Nachhinein hoch anzurechnen, dass sie es nie an Unterstützung haben mangeln lassen. Sie hatten natürlich auch ein veritables Geschäftsinteresse. Zu der Zeit gab es nur wenige Firmen im Markt, denen man eine dynamische Entwicklung in der Zukunft zutrauen konnte. Das sprach für uns. Aber dennoch haben die damaligen Lieferanten in der Geschäftsbeziehung mit Excellent viele Dinge möglich gemacht und in Kauf genommen, die nicht selbstverständlich waren.

Es war unglaublich. Auch der famose Doktor von Roland Berger hatte meinen Erklärungen nicht getraut oder er hatte sie zumindest nicht verstanden. Wahrscheinlich wäre es doch besser gewesen, es hätte sich um einen Betriebswirtschaftler gehandelt. Vielleicht war auch einfach nur der Neidfaktor so groß, dass er mein Ansinnen abschlägig beurteilt hatte, ohne nochmals mit mir zu diskutieren oder mir auch nur Gelegenheit zu geben, seiner Einschätzung etwas entgegenzusetzen. Ich hatte gehofft, der Umstand, dass die Prüfung durch einen Roland-Berger-Mann erfolgte, würde hilfreich sein. Stattdessen war mir der quasi »eigene Mann« in den Rücken gefallen. So kann man sich irren.

Dieses Ergebnis war nicht nur ein Rückschlag, es war ein Tiefschlag, den ich erst einmal wegstecken musste.

REAKTIONEN

In mir kochte es. Auf der Stelle widersprach ich der Entscheidung vehement und schlug gleichzeitig einen kurzfristigen Termin für ein neues persönliches Gespräch vor.

Die Antwort lautete: »Da wir in der Sache bereits ausführlich die jeweiligen Standpunkte ausgetauscht haben, möchten wir an dieser Stelle lediglich abschließend noch einmal betonen, dass gemäß dem Gutachten des Leitungsausschusses das Unternehmen genügend Potenzial besitzt, eine von Ihnen angesprochene Konkursgefahr zu beseitigen. Die Ausschöpfung der Unternehmenspotenziale ist naturgemäß Aufgabe der Unternehmensleitung.«

Das würzte die Angelegenheit noch mit einer Portion Zynismus. Auch der beste Geschäftsführer kann Eigenkapital nicht herbeizaubern. So eine Einschätzung konnte nur von Leuten stammen, die übel gesinnt waren, oder von solchen, die nicht in der Lage waren, die Sachlage fachlich richtig zu beurteilen. Da ich dem Direktorat Reprivatisierung nichts Böses unterstellen will, gehe ich von Letzterem aus. Sie wussten es ganz einfach nicht besser.

Einige Tage später schrieb der Direktor R3 persönlich in ruppigem Ton, das Gutachten des Leitungsausschusses sei wie auch schon das Direktorat Reprivatisierung zu dem Ergebnis gekommen, dass zur Absicherung des Sanierungsprozesses der Firma Excellent eine Darlehensprolongation ausreichend wäre. Die Überlegungen des Direktorats seien mir bekannt. »Zur Vermeidung von Wiederholungen« wolle man »deshalb darauf verzichten, sie hier nochmals darzulegen.« So wischt man lästige Dinge endgültig vom Tisch bzw. so entledigt man sich unangenehmer Bittsteller. Schließlich machte er auch noch Termindruck. Die Prolongation wäre zügig zu vereinbaren. Die Modalitäten sollten deshalb »nächste Woche« festgelegt werden. Für die behäbige Behörde BvS hieß das: Sofort, oder gar nicht!

Nicht nur ich, sondern auch die Banken, insbesondere die Thüringer Aufbaubank, waren geschockt. Sie waren ja deutlich auf meiner Linie und sahen nun auch ihre eigenen Felle wegschwimmen. Der TAB-Geschäftsführer hakte sofort bei der BvS nach und erhielt vom Direktor Reprivatisierung Anfang August ebenfalls eine spärliche Erläuterung zur Ablehnung des Entschuldungsantrages.

MOBILISIERUNG DER LETZTEN RESERVEN

Ich hatte eine unbeschreibliche Wut auf die – aus meiner Sicht – ignoranten Dilettanten, mit denen wir es zu tun hatten. Allerdings habe ich damals nicht berücksichtigt, dass die BvS inzwischen massiv in der Öffentlichkeit kritisiert wurde. Das ›Manager-Magazin‹ berichtete z. B. später unter der Überschrift »Die Milliarden-Schleuder« von schlampiger Kontrolle und konzeptloser Führung. Bei der BvS ginge es drunter und drüber. Der Vorstand wurde als »drittklassiges Polittrio« bezeichnet, das aus Altmanagern und Karrierebeamten bestünde. Der Rechnungshof würde die Zustände bei der Berliner Anstalt demnächst vor das Bonner Parlament bringen.

Die BvS-Manager standen also selber mit dem Rücken an der Wand und wurden von den Fehlern der Vergangenheit eingeholt. Die waren von der Treuhand und der Politik gemacht worden. Etwa 500 Privatisierungen waren nämlich, so mutmaßte man, mit öffentlichen Beihilfen von jeweils über 100 Mio. DM gemacht worden. Prominente Fälle waren Buna/Dow Chemical, Leuna/Elf, Eko Stahl/Cockerill Sambre sowie Kali und Salz/BASF, um nur einige Beispiele zu nennen. Vereinzelt war es sogar um Milliarden gegangen. Den Großen hatte man das Geld nur so hinterhergeworfen.

So etwas wiederholt sich in der Politik regelmäßig. Noch während meiner Excellent-Zeit, Ende 1999, warf Bundeskanzler Schröder im Fall Holzmann sein politisches Gewicht in die Waagschale und setzte sich vor den Holzmann-Mitarbeitern kameratauglich in Szene. Hier ging es um über 40 000 Arbeitsplätze. Also wurde ein »Rettungspaket« geschnürt, das mit einer Staatsbürgschaft von 250 Mio. DM einherging. Holzmann ging trotzdem 2002 in die Insolvenz. Die Exekutive liebt die großen Namen und die große Bühne. Da kann man glänzen und sich als Retter feiern lassen. Und die Opposition kann auf einer Welle der Empörung mitschwimmen, wenn, wie im Falle Schlecker 2012, die Regierenden einmal nicht den Rettungsschirm ausfahren, »weil ihr das Schicksal der 36 000 Mitarbeiter gleichgültig ist«.

Die Treuhand hatte also in vollkommener politischer Kontinuität agiert. Bei den Großen war man lautstark vorgeprescht. Bei den Kleinen dagegen waren die Taschen zugenäht. Außerdem war man zu Beginn des Abenteuers »Wiedervereinigung« noch in Spendierlaune gewesen. Diese Einstellung hatte sich inzwischen gewandelt, nachdem man nämlich realisiert hatte, dass die Ostwirtschaft sich als Fass ohne Boden präsentierte.

Das musste jetzt die BvS ausbaden. Denn die vielen kleinen Privatisierungen kamen nicht so wie erwartet auf die Beine und konnten oder wollten die vertraglichen Verpflichtungen nicht erfüllen. Tausende von Verträgen mussten nachverhandelt werden. Zudem verdienten Berater und Rechtsanwälte prächtig an diesen Nachverhandlungen. Auch deshalb schaltete die BvS mittlerweile auf stur. Die Zeiten des Goodwills und der Zugeständnisse waren vorbei. Der Gürtel musste jetzt enger geschnallt werden. Finanzielle Disziplin war das Gebot der Stunde.

Mir war die politische Stimmungslage egal. Ich musste eine Lösung finden! Der Krimi ging weiter. Wenn es nicht in meiner Kraft stand, sollten sich jetzt andere in die Bresche werfen. Schließlich waren da einige, für die wirtschaftlich viel auf dem Spiel stand. Sie alle hatten mir bisher mehr oder weniger bei dem Versuch zugeschaut, die Kartoffeln aus dem Feuer zu holen. Ich hatte weder Lust noch Kraft, diesen Kampf alleine weiterzuführen. Also mobilisierte ich alle Zweckverbündeten, von Römpler über Bernd Berger bis zur Deutschen Bank und der TAB, indem ich sie alle davon in Kenntnis setzte, dass die BvS-Verhandlungen gescheitert seien und ich hiermit von meinen MBO-Absichten zurücktreten würde.

Na, da brach ein Gewitter los. Bernd drohte per Einschreiben mit der Beendigung der Lizenzpartnerschaft. Die TAB und die Deutsche Bank schlossen schriftlich jedes weitere Engagement aus. Ich leitete alles postwendend an R3 weiter.

Und tatsächlich: Das führte endlich wenigstens zu einer minimalen Bewegung der Gegenseite. Die BvS konnte sich einfach nicht mehr völlig querstellen, nachdem sich alle anderen Beteiligten kollektiv auf meine Seite stellten. Aber unserem Antrag deshalb komplett zuzustimmen, das ging den Herren dann doch zu weit. Der Druck reichte lediglich so weit, uns einen ziemlich mauen Deal anzubieten: Die BvS war nun bereit, wenigstens auf 900 Tsd. DM des Alt-Darlehens zu verzichten, wenn im Gegenzug die restlichen 2,1 Mio. DM von Excellent vorfristig getilgt würden.

Wahrscheinlich war man sogar der Überzeugung, dass dies für uns ein großartiges Entgegenkommen wäre. Verbunden wurde dieses Angebot deshalb mit einem vom Direktor persönlich erklärten Ultimatum zur Annahme innerhalb von zehn Tagen. Sonst gäbe es gar nichts. Da war er bei mir aber an den Richtigen geraten. Die 30-prozentige Teilentschuldung war nicht das, was wir für ausreichend hielten. Und ein Ultimatum akzeptierten wir selbstverständlich schon gar nicht. Vielmehr beantragten wir eine Fristverlängerung. R3 informierte mich daraufhin postwendend über das offizielle Ende der Verhandlungen. Wir waren inzwischen im Kriegszustand.

BVS – DRITTER AKT – VORSTAND BREITENSTEIN

Die von mir sofort weitergeleitete Nachricht vom Abbruch der Verhandlungen mobilisierte vor allem die Banken erneut, die es nun mit der Angst bekamen, sie müssten vielleicht am Ende die Suppe auslöffeln. Man wird sich im Hintergrund entsprechend geäußert haben. Und tatsächlich konnte die BvS nicht anders, als nach deren Intervention an den Verhandlungstisch zurückzukehren. Allerdings schien eine Einigung in der verfahrenen personellen Konstellation der Verhandlungspartner illusorisch. Als Ultima Ratio blieb dafür nur noch die letzte Instanz, der BvS-Vorstand. Das zuständige Vorstandsmitglied war Dr. Peter Breitenstein, ein früherer Referatsleiter im Bonner Finanzministerium. Ende Juni nahm ich den direkten persönlichen Schriftwechsel mit ihm auf. An meinem Schreiben hatte ich mehrere Tage gefeilt. Es stellte die Thematik noch einmal übersichtlich dar und zeigte auch den Stil der Argumentation. Deshalb gebe ich es hier in Auszügen wieder:

»Sehr geehrter Herr Dr. Breitenstein,
in echter Sorge um die Fortexistenz unseres Unternehmens möchte ich mich noch einmal persönlich an Sie wenden, da unsere Verhandlungen mit dem Direktorat Reprivatisierung bislang leider keinen Erfolg hatten.

Wie Sie sicher wissen, hatten wir im Juni 1995 beantragt, dass uns unser BvS-Darlehen in Höhe von 3 Mio. DM erlassen werden sollte, da dies für die Sicherung unserer über 200 Arbeitsplätze unverzichtbar wäre.

Dazu wurde von uns ein Unternehmenskonzept vorgelegt, das als »Real Case« eine durchschnittlich zu erwartende Entwicklung des Unternehmens zugrunde legte. Dieses Konzept wurde gleichzeitig der Thüringer Aufbaubank und unserer Hausbank, der Deutschen Bank, vorgelegt, da deren Unterstützung ebenso notwendig war.

Während Letztere inhaltlich mit den von uns getroffenen Planungen und Aussagen übereinstimmten, wurde von den wirtschaftlichen Gutachtern in der BvS eine bessere Entwicklung des Unternehmens für möglich gehalten und daraus folgend eine eigenständige Sanierungsfähigkeit unterstellt.

Aus diesem Grund wurde unser Entschuldungsantrag abgelehnt. Dabei wurde seitens des Direktorates immer wieder betont, dass man uns wohl helfen könnte, wenn wir diese Hilfe wirklich bräuchten, dass aber diese Hilfsbedürftigkeit eben nicht zu erkennen wäre.

Wir haben in den letzten Jahren in der Tat erhebliche Fortschritte in der Unternehmenssanierung erreicht und das Unternehmen völlig neu aufgestellt.

Excellent ist heute einer der ganz wenigen eigenständigen Markenhersteller aus den neuen Bundesländern mit nationaler Marktgeltung. Sicherlich lässt sich daher der Glaube aller Beteiligten an das Unternehmen ableiten.

Markterfolge sind jedoch nur der erste Schritt zur Sanierung, und diese ist bei uns noch nicht abgeschlossen. Insbesondere leiden wir unter Eigenkapitalschwäche und Liquiditätsproblemen, aber auch unter einer z. T. maroden Substanz, vielen Planungsunsicherheiten und einer noch extremen Anfälligkeit für sich wandelnde Rahmenbedingungen.«

Danach erläuterte ich detailliert und unter konkreter Benennung aller Zahlen und Fakten noch einmal die wichtigsten Gründe für unseren Entschuldungsantrag. Ich betonte noch einmal, dass ich bereit wäre, durch ein Management-Buy-out dem Unternehmen die notwendige managementseitige Perspektive zu geben und mich dafür finanziell bis zur erreichbaren Höchstgrenze der Existenzfördermittel zu verpflichten. Und ich verwendete sogar den Begriff Konkurs:

»Da ein Konkurs oder auch nur die Öffentlichmachung unserer wirtschaftlichen Schwierigkeiten mit erheblichem Image- und Vertrauensverlust verbunden wäre, sind wir gezwungen, eine kurzfristige Lösung zu finden, wenn wir nicht die Erfolge der letzten Jahre zunichtemachen wollen.

Ich bitte Sie heute deshalb persönlich um Ihre Unterstützung. Angesichts der verfahrenen Verhandlungssituation halte ich eine Lösung nur noch für möglich, wenn Sie selbst sich des Falles annehmen. Am kommenden Montag, den 24. Juni 1996, findet in Erfurt unter Beisein der BvS die Ministerrunde statt, bei der unser Fall auf der Agenda steht. Damit besteht die einmalige Chance, auf höchster Ebene schnelle Entscheidungen zu treffen. Mit Ihrer Unterstützung wäre, so hoffe ich, eine kurzfristige Lösung denkbar, die das Überleben der Firma Excellent ermöglichen würde.

Ich erlaube mir, dieses Schreiben angesichts unserer prekären Situation den Teilnehmern der Ministerrunde, die unseren Fall bereits kennen, vorab zu übersenden – in der Hoffnung, damit diese, für uns letzte Chance zu nutzen.

Mit nochmaliger Bitte um Ihre Unterstützung verbleibe ich
mit freundlichen Grüßen
Christopher Schwarzer«

Ich komme heute noch in Wallung, wenn ich den Text lese. Ich schickte dieses Schreiben voller großer Erwartung und Hoffnung ab, cc an die Herren im Thüringer Wirtschaftsministerium und in der Thüringer Aufbaubank.

Ende Juli kam die Antwort. Und die fiel nun wirklich niederschmetternd aus. Denn auch der Vorstand Breitenstein stellte sich hinter die Einschätzung von Leitungsausschuss und Direktorat. Der guten Ordnung halber sei auch hier der Wortlaut wiedergegeben:

»Sehr geehrter Herr Schwarzer,
Ihr oben genanntes Schreiben habe ich mit Dank erhalten. Daraus ergeben sich jedoch nach Prüfung der von Ihnen zwischenzeitlich eingereichten weiteren Unterlagen keine ausreichenden Anhaltspunkte, die Ihnen bekannte Position unseres Hauses zu ändern. Ich habe mich nach Rücksprache mit dem Direktorat Reprivatisierung davon überzeugen können, dass das Ihnen seitens der BvS unterbreitete Vertragsangebot eine entgegenkommende und gangbare Möglichkeit darstellt, um die Unternehmensfortführung zu gewährleisten. Nach meiner Einschätzung läge es im Interesse des Unternehmens, wenn entsprechend dem Angebot möglichst zügig eine Vereinbarung geschlossen würde.

Erlauben Sie mir, um Wiederholungen zu vermeiden, auf den bisherigen Schriftwechsel mit dem Direktorat Reprivatisierung zu verweisen. Grundlegend neue Aspekte, die eine grundsätzlich neue Sichtweise erforderten, werden in Ihrem an mich gerichteten Schreiben nicht dargetan.

Mit freundlichen Grüßen
Dr. Breitenstein«

Auch Breitenstein hatte es sich leicht gemacht. Anstatt noch einmal grundsätzlich zu prüfen, was an meinen Argumenten richtig sein könnte, hatte er beim Direktorat nachgefragt. Die hatten beim Namen Schwarzer wahrscheinlich die Augen verdreht und gesagt, dass er es hier mit der schrecklichsten Nervensäge zu tun hätte, die das Direktorat zu ertragen hatte. Die Nachverhandlung hätte sich inzwischen zu einem dauerhaften Ärgernis entwickelt.

Dass man ihm dies dort sagen würde, konnte Breitenstein nach meinem Schreiben erwarten. Hätte er wie ein guter Mediator oder Richter gehandelt, hätte er sich nicht so einfach hinter der Position seiner Mitarbeiter verschanzen dürfen. Das ist jedenfalls meine Meinung. Aber welcher Vorstand steigt heutzutage noch in die Niederungen des Tagesgeschäftes hinab ...

An dieser Stelle fällt mir die Art und Weise ein, in der Friedrich der Große Gericht hielt. Regelmäßig erhielt dabei der kleine Mann

Gelegenheit, seine Anliegen direkt dem König vorzutragen. Und nicht selten fiel das spätere Urteil pro Antragsteller und gegen die Beamtenbewertung aus. Friedrich der Große nahm sich das Recht heraus, die praktische Vernunft im Einzelfall über Bestimmungen und Paragrafen zu stellen. Das begründete in erheblichem Maße seinen legendären Ruf, den Respekt des Volkes und der Historiker. Ich kann mir nicht vorstellen, dass er einen Bittsteller mit den Worten abgewiesen hätte, er habe sich nach Rücksprache mit seinen Beamten davon überzeugt usw.

KAPITULATION

Es blieb also endgültig nur bei einer möglichen Teilentschuldung mit vorfristiger Resttilgung. Sie war ein armseliges Angebot, wenn man sich unsere Situation vor Augen führte.

Ich hatte bei der Deutschen Ausgleichsbank (DtA) den Maximalbetrag von 600 Tsd. DM als Existenzgründungsdarlehen beantragt. Diese sollten von der Kreditanstalt für Wiederaufbau (KfW) um 2,1 Mio. DM aufgestockt werden, die aus dem Aufbaufonds Ost bereitgestellt werden konnten. Insgesamt hätte ich also den Maximalbetrag von 2,7 Mio. DM aufbringen können, um sie in das Unternehmen Excellent zu investieren und eine unternehmerische Existenz zu gründen. Der von der BvS vorgeschlagene Deal bedeutete nun, dass ich von diesen 2,7 Mio. DM unmittelbar 2,1 Mio. DM wieder an die Bundesrepublik zurückzahlen sollte, anstatt sie in das Unternehmen stecken zu können. Linke Tasche, rechte Tasche. Für das MBO blieb danach nur ein Nettobetrag frischen Geldes in Höhe von 600 Tsd. DM übrig. In etwa die Personalkostensumme eines Monats.

Die Banken beeilten sich, der Gefahr entgegenzuwirken, ich könne nun frustriert hinschmeißen und das Weite suchen. Die TAB bot zur Unterstützung des MBO an, die stille Beteiligung von 2 Mio. DM, die sie 1995 unter Römpler eingegangen war, zu verlängern. Die war allerdings ein Darlehen, das keinen Eigenkapitalcharakter hatte, auch wenn es offiziell Beteiligung hieß. Die Deutsche Bank bot ein Paket aus lang- und mittelfristigen Darlehen sowie einer Kontokorrentlinie an, zusammen 6,7 Mio. DM. Dazu KfW und DtA auf der persönlichen Seite mit zusammen 2,7 Mio. DM. Die stolze Gesamtsumme von Bankkrediten in diesem Finanzierungskonzept belief sich somit auf 11,4 Mio. DM. Zum Fürchten!

Immerhin, so die Stellungnahme der Banken, hätten wir doch einen Etappensieg zu verzeichnen. Der Teilerlass der BvS würde unser Eigenkapital um 900 Tsd. DM erhöhen und ein positives Jahresergebnis liefern. Damit würde die Kapitalausstattung und die Liquiditätsversorgung für einen Zeitraum von ca. zwei Jahren abgesichert und in diesem Zeitraum würde sich die wirtschaftliche Sanierung ohne Zweifel weiter fortsetzen lassen, sodass bis zu dem Zeitpunkt, an dem die Mittel aufgebraucht wären, der Turnaround endgültig zu schaffen sein sollte und damit auch eine Anschlussfinanzierung gelingen müsste. Die Banken würden mich bei den weiteren Schritten nach Kräften unterstützen, und sollte es später Schwierigkeiten geben, würde man zur gegebenen Zeit nach den rechten Lösungen suchen und sicher finden. Alles Annahmen, jede Menge Konjunktive.

Mir klingelten die Ohren. Ich war fertig und wusste nicht mehr, was ich denken sollte. Die Verhandlungen liefen inzwischen seit über 15 Monaten. Tatsächlich überlegte ich aufzugeben. Es handelte sich aus meiner Sicht keineswegs um einen Etappen-, sondern um einen Pyrrhussieg! Ich hatte doch ganz andere Möglichkeiten und musste mein berufliches Heil nicht in diesem Projekt suchen. Andererseits merkte ich, dass ich inzwischen mit Leib und Seele an Excellent hing. Ich wollte es nicht aufgeben.

Immer wieder spielte ich auch mit dem Gedanken, Excellent einfach in die Insolvenz laufen zu lassen und danach zu versuchen, das Unternehmen dem Insolvenzverwalter abzukaufen. So hätte ich die Altlasten abstreifen können. Aber es schien mir nicht sicher, dass dies tatsächlich gelingen würde. Ich hatte keine Erfahrung mit dieser Art von Geschäften und ich wusste nicht, wie lange so ein Verfahren dauern würde. In der Zwischenzeit konnte viel von dem, was wir im Markt aufgebaut hatten, wieder kaputtgehen. Meine Sorge war, dann wieder bei null anfangen zu müssen. Experten, mit denen ich sprach, konnten mir auch keine sichere Prognose geben.

Außerdem gab es nicht nur meine persönliche Interessenlage. Ich wollte auch meinem Vater und Heiner Strössner eine Insolvenz von Excellent, und damit unweigerlich auch von Römpler, nicht antun. Zwar wären die wirtschaftlichen Konsequenzen wahrscheinlich nur gering gewesen, aber moralisch hätte es sich um einen Tiefschlag gehandelt, den ich ihnen unbedingt ersparen wollte.

Und schließlich war da auch noch die öffentliche Wahrnehmung. Die Presseberichte waren für mich zur Unzeit gekommen, denn sie nährten meine Eitelkeit. Man möchte eine einmal eroberte Position natürlich nicht gerne wieder preisgeben. Wenn man bereits als »der große Zampano« hingestellt wurde, will man doch nicht, dass am nächsten Tag über wirtschaftliche Schwierigkeiten berichtet wird. Das wäre ein gefundenes Fressen für die Neider vom Vortag gewesen, die ich schon hämisch grinsen sah. Gift für das Ego und die rationale Vernunft.

Hätte es all diese Bedenken nicht gegeben, hätten für mich allein die Tücken und Konsequenzen dieses Geschäftes im Vordergrund gestanden. Wenn ich emotionsloser gewesen wäre, hätte ich kühlen Kopf bewahrt und nüchterner agiert. Und sehr wahrscheinlich hätte ich dann anders entschieden.

So aber beschloss ich nach mehrtägigem Abwägen von Pro und Kontra, das BvS-Angebot zähneknirschend anzunehmen und die Sache durchzuziehen! Alea iacta sunt!

MANAGEMENT-BUY-OUT AUGUST 1996

Angesichts der Höhe der Verschuldung des Unternehmens und dessen Ertragssituation war der Unternehmenswert negativ. Darüber durfte es eigentlich keine Diskussion geben. Bei den nachfolgenden Verhandlungen über die Konditionen der Übernahme zeigte sich aber, dass auch für Römpler die Markterfolge das Einzige waren, was für die Bewertung eine Rolle spielte. Der Wirtschaftsprüfer Zwackelmann wurde aufgefordert, als unabhängiger Gutachter für Römpler-Aktionäre eine Unternehmensbewertung und daraus abgeleitet einen Kaufpreisvorschlag zu unterbreiten. Unter Berücksichtigung aller Aspekte kam der in diesem Fall böse Zauberer tatsächlich auf eine, wie er meinte, »faire« Preisvorstellung von 700 Tsd. DM. Das heißt, er setzte den Erben einen Floh ins Ohr, wie viel sie hier noch verlangen könnten. Sicher meinte er, im Interesse seiner Mandanten so handeln zu müssen. Für mich hieß das aber, dass sich wieder eine neue Front eröffnete. Denn diesen unsinnigen Wertansatz musste ich erst einmal aus der Welt schaffen. Ich hielt dagegen, dass diese Vorstellung für mich völlig unakzeptabel wäre. Ich setzte einen symbolischen Kaufpreis von 1,– DM dagegen. Eigentlich hätte ich etwas dafür bekommen müssen, Römpler von den Verbindlichkeiten zu befreien. Ein negativer Kaufpreis kam aber ohnehin nicht infrage, da Römpler über keine Mittel mehr verfügte.

Daraufhin begann auch wiederum ein zähes Ringen, an dessen Ende die Einwilligung stand, auf meine Vorstellungen einzugehen. Es blieb Römpler auch gar nichts anderes übrig. Der Aufsichtsrat hatte eine klare Sicht der Dinge und unterstützte deshalb meine Forderung. Vorstand und Aktionäre stimmten allerdings nur widerwillig zu. Deren wirtschaftlicher Sachverstand reichte für eine gesunde Beurteilung nicht aus, und deshalb stand ab diesem Zeitpunkt auch der stille Vorwurf im Raum, ich würde die Schwäche und Hilflosigkeit der Aktionäre auf egoistische Weise zur Sicherung eigener Vorteile ausnutzen. Gesagt hat das zwar nie jemand. Aber zu fühlen war es deutlich.

Meine Gefühle nach der Kaufpreiseinigung waren gemischt. So richtig freuen konnte ich mich nicht. Ich hatte nach so vielen Verhandlungsrückschlägen zwar zumindest dieses Gefecht auf einem unerwarteten Nebenkriegsschauplatz gewonnen. Aber den faden Nachgeschmack einer Übervorteilung fand ich sehr unangebracht und unbefriedigend. Er war jedoch nicht mehr zu beseitigen. Trotzdem war damit die letzte Hürde genommen. Und ich hoffte fest darauf, dass das der erste Schritt zu meiner unternehmerischen Karriere war.

Ich schob alle Bedenken beiseite, denn ich wollte mich endlich wieder freuen an dem, was mich seit über drei Jahren – tagein, tagaus und rund um die Uhr – beschäftigte.

Nach der Vertragsunterzeichnung am 18. August in Berlin, als ich spätabends wieder in Zeulenroda angekommen war, spazierte ich über das Firmengelände mit dem stolzen Gefühl, dass dies alles jetzt mir gehörte. Mir war fast feierlich zumute. Dabei hätten mir die verfallenen Gebäude eigentlich Angst machen müssen. Denn sie zeigten überdeutlich, wie viel Arbeit, Mühe und notwendiges Investment ich mir gerade aufgehalst hatte. Ein etwas mulmiges Gefühl ließ sich auch nicht völlig vermeiden. Aber die Begeisterung überwog deutlich.

Vor meinem geistigen Auge tauchten wieder alle Ideen und Fantasien auf, wie sich das Unternehmen, die Marken, die Gebäude weiterentwickeln sollten in den nächsten Jahren. Endlich konnte ich mich wieder dem zuwenden, weswegen ich eigentlich dorthin gekommen und immer noch da war. Ich sah uns zukünftig als einen Leuchtturm in der schwachen Ostwirtschaft. Und mich als jemanden, der auch im Westen als Entrepreneur gefeiert und bewundert werden würde. Ich zweifelte nicht daran, dass es uns gelingen würde, die Wäschebranche weiter aufzumischen. Es würde nicht einfach werden, aber in einigen Jahren würde das Vorhaben gelingen.

Der Status am Jahresende war auch – zumindest daran gemessen, wo wir herkamen – durchaus ermutigend. Die Entwicklung im wichtigsten Vertriebssegment, dem westdeutschen Fachhandel bekam immer mehr Stabilität und Dynamik. Die Umsätze hatten, bedingt durch Palmers und den ostdeutschen Fachhandel, zwar stagniert. Das Betriebsergebnis hatte sich aber um über 800 Tsd. DM deutlich verbessert und war mit -200 Tsd. DM nur noch leicht negativ. Außerdem machte sich die Teilentschuldung der BvS bemerkbar als außerordentlicher Ertrag, so dass wir das Jahr mit einem Plus abschlossen. Trotz des dünnen Eises sah für den Moment alles gar nicht so schlecht aus. Und ich ging mit großen Hoffnungen, Optimismus und viel Zuversicht ins neue Jahr 1997.

UNTERNEHMER TEIL I –
VERÄNDERTE RAHMENBEDINGUNGEN

1997

NEUE PRESSEBERICHTE

Das Jahr eins nach der Übernahme fing zunächst gut an. Die Wirtschaftspresse hatte die Übernahmemeldung sehr interessiert aufgenommen, und bald schon kamen von dieser Seite die ersten Anrufe und Nachfragen. Die Redakteure hatten das Unternehmen Excellent und den jungen Einsteiger aufgrund der MBO-Meldung neu entdeckt und brachten einige groß aufgemachte Berichte, die ihre Wirkung nicht verfehlten. Die Resonanz konnte man daran erkennen, dass mich gleich mehrere alte Bekannte, darunter Ingeborg, unsere frühere Privatisierungs-Chefin, anriefen, um mir zu gratulieren.

Zuerst schrieb das ›Handelsblatt‹ am 21. Januar unter dem Titel *»Vom Großkombinat zum Spezialisten für feine Dessous«:* »*Aus den Restbeständen eines riesigen Textilkombinats formte ein Münchner Unternehmer eine kleine aber feine Modefirma. Nach ersten Schwierigkeiten scheint der Betrieb nunmehr eine tragfähige Marktlücke besetzt zu haben. Große Hoffnungen legt man zudem auf die Zusammenarbeit mit dem Designer Bernd Berger.«* Die Geschehnisse in der DDR-Vergangenheit und die seit meinem Amtsantritt wurden kurz zusammengefasst. Es gab ein aktuelles Image-Foto und ein Porträt von mir, mit dem die schnittige Aussage *»Unsere Marke soll Klasse, Lebensfreude und Leichtigkeit ausstrahlen«* verbunden war. Der Untertitel nahm das Fazit des Berichtes vorweg. Er lautete: *»Excellent / Start in die Marktwirtschaft endgültig geschafft«.*

Postwendend traf auch ein Brief von unerwarteter Seite bei mir ein. Nämlich von Dr. Breitenstein, dem BvS-Vorstand. Er schrieb mit einem wissenden Augenzwinkern:

»Sehr geehrter Herr Schwarzer,
mit großem Interesse habe ich den Artikel im Handelsblatt gelesen. Vor allem vor dem Hintergrund unserer unterschiedlichen Auf-

fassung über die Situation des Unternehmens und den darauf folgenden langwierigen Verhandlungen, freut es mich, dass es Ihnen gelungen ist, trotz »harter« Linie der BvS, das Unternehmen erfolgreich fortzuführen. Vor allem lässt der Artikel, sofern die Daten richtig sind, erkennen, dass die Situation doch nicht so angespannt war, wie in der Diskussion mit der BvS dargestellt.

Ich hoffe, dies bleibt auch in Zukunft so, und wünsche Ihnen weiterhin viel Erfolg.

Mit freundlichen Grüßen

Breitenstein«

Eine versöhnliche Geste nach der erbitterten Auseinandersetzung? Der Brief war sicher aufrichtig gemeint und eine nette Geste. Aber bei aller Nettigkeit schockierte es mich, dass die Leute von der Treuhand noch immer dachten, hier hätte sich einer, der längst die Kurve gekriegt hatte, noch einen goldenen Nachschlag holen wollen. Einen solchen Pressebericht konnte man doch nicht für bare Münze nehmen, wenn man vorher Gelegenheit hatte, die volle Wahrheit in den Unternehmenszahlen nachzulesen. Selbstverständlich sprach ich gegenüber dem ›Handelsblatt‹ nur über unsere Markterfolge (die ich ja auch gegenüber der BvS nie bestritten hatte) und nicht über unsere Eigenkapitalsituation und die finanziellen Schwierigkeiten. Was hätte das denn genützt? Schon merkwürdig, wenn für einen Finanzfachmann ein Zeitungsbericht mehr aussagt als ein Jahresabschluss. Oder hatte er gar nicht hinein geschaut?

Es ist Standard, dass die öffentliche Meinung durch pointierte Presseberichte stark beeinflusst wird. Das gefährliche Spiel des Manipulierens von Halbwissen und Emotionen wird von Journalisten tagtäglich bewusst zur Stimmungsmache und Auflagensteigerung benutzt. Es ist Teil unseres gesellschaftlichen und vor allem politischen Lebens geworden. Meine Frau ist Journalistin. Mein Großvater war Verlagsdirektor einer Tageszeitung und warnte immer, nicht allem zu trauen, was schwarz auf weiß geschrieben wird. Wehe dem, der darauf hereinfällt oder davon abhängig ist.

Am 23. Februar brachte auch die ›Welt am Sonntag‹ einen großen Artikel. Der Untertitel war: »*Ein früherer Treuhand-Manager zieht beim Dessous-Hersteller Excellent erfolgreich die Fäden«.* Die Überschrift lautete ganz blumig: *»Zartes aus Zeulenroda – alles andere ist Wäsche«.* Danach wurde, wie schon beim ›Handelsblatt‹ die Entwicklung der letzten drei Jahre gewürdigt. Der Artikel war mit dem gleichen aktuellen Image-Foto illustriert (das muss gut gefallen haben) und vermittelte ein insgesamt glänzendes Bild. Es war die Rede *»von der gelungenen Wandlung des Unternehmens von der Massenproduktion zum Modehersteller«.*

Natürlich freuten wir uns über diese PR-Erfolge, denn jetzt mussten wir so schnell wie möglich wieder volle Fahrt aufnehmen. Durch die Verhandlungen hatten wir viel zu viel wertvolle Zeit verloren. Meine eigentlichen Aufgaben hatte ich nebenher erledigen müssen. Die gute Presse war ein wichtiges Signal für den Markt.

NEUE ROLLE ALS INHABER

Praktisch hatte sich durch die Unternehmensübernahme zunächst wenig geändert. Die Mitarbeiter nahmen mich in meiner neuen Rolle als Unternehmer nicht anders wahr als vorher. Die Römpler AG war operativ nie in Erscheinung getreten, sondern hatte mich als Geschäftsführer völlig eigenverantwortlich agieren lassen. Römpler war zunächst auch noch präsent, denn Heiner Strössner kam anfangs immer noch monatlich nach Zeulenroda, um die administrativen Restaktivitäten der Römpler AG abzuwickeln. Insofern änderte sich in der Betriebsöffentlichkeit wenig.

Doch mir war vom ersten Tag an in der neuen Konstellation bewusst, dass es eine sehr wesentliche Veränderung gab, dass es nämlich ab sofort bei allem und jedem um mein Geld ging. Ich war auch vorher im Interesse der alten Inhaber verantwortlich mit dem mir anvertrauten Kapital umgegangen und hätte es nicht anders gemacht, wenn das Unternehmen meins gewesen wäre. Aber nun ging es tatsächlich um mein eigenes Geld – und schlagartig war das Bewusstsein ein ganz anderes. Wenn etwas schiefging und die geplanten Entwicklungen nicht eintraten, dann musste ich persönlich dafür geradestehen. Ab sofort drehte ich automatisch jeden Pfennig zweimal um.

Vor diesem Hintergrund war ich nun deutlich weniger entspannt im Umgang mit den Kollegen und Mitarbeitern. Ich forderte von ihnen noch mehr Aufmerksamkeit, auch für kleine Defizite, mehr Mitdenken und Engagement. Sie sollten jedes Thema zu ihrer eigenen Sache machen und nicht auf meine Anweisungen warten. Das galt insbesondere für die Führungscrew.

AUFSPALTUNG DER GESELLSCHAFT

Als erster Punkt stand eine Aufspaltung der Gesellschaft in drei Teilgesellschaften auf der Agenda. Dies geschah aus zwei Gründen: Zum einen wollten wir das Markengeschäft und das Private Label Business stärker separieren. Vor allem aber ging es um die riesigen Verlustvorträge der Gesellschaft von über 40 Mio. DM, die seit der GmbH-Gründung aufgelaufen waren. Bei diesen handelte es sich um ein Asset, von dem wir dachten, es könnte uns später möglicherweise dabei helfen, einen Investor zu finden. Ein anderer Gedanke war, möglicherweise einen mit Verlustvorträgen ausgestatteten Firmenmantel zu Geld machen zu können. Der Käufer hätte damit Steuern sparen können. Wir waren keine Spezialisten für derartige Geschäfte, aber eine Vorsorge »just in case« konnte nicht schaden. Schließlich war das Geld knapp.

Die Aufspaltung erfolgte in drei Gesellschaften, die Excellent Dessous GmbH, die mir persönlich gehörte und als Holding-Gesellschaft die Markenrechte, die Abteilung Verwaltung und die Anteile an zwei 100-prozentigen Tochtergesellschaften erhielt. Und ebendiese Tochtergesellschaften: Die Excellent Sales GmbH war eine reine Vertriebsgesellschaft, die für den Verkauf der Markenware zuständig war und der die Vertriebsabteilung und das gesamte Fertigwarenlager zugeordnet wurde. Sie kaufte die Produkte bei der Excellent Production GmbH, die ein reiner Produktionsbetrieb war mit den Bereichen Entwicklung,

Einkauf und Produktion sowie dem Rohwarenlager. Der Großteil der Mitarbeiter war in der Produktionsgesellschaft, die deshalb sicher nicht zu veräußern war. Der Großteil der Verlustvorträge war in den beiden leichten Beibooten, die im Falle eines Verkaufs gut hätten leer geräumt werden können.

Das einzige Problem, das wir aber lösen konnten, war die Behandlung der Fördermittel von DtA und KfW. Diese richteten sich natürlich auf den Erhalt von Arbeitsplätzen im produzierenden Gewerbe. Insofern mussten die Mittel aus den Förderanträgen, die noch von der alten Gesellschaft gestellt worden waren, der Produktionsgesellschaft zufließen. Dies gelang über eine Schachtelkonstruktion mit Gesellschafterdarlehen, an deren Konstruktion unser Steuerberater gut verdiente.

Es war zwar keinesfalls sicher, dass diese Überlegungen aufgehen würden und dass die Verlustvorträge später überhaupt in der Höhe anerkannt worden wären. Außerdem hätte ein Erwerber dafür ein gleichartiges Geschäft fortsetzen müssen. Aber die Aktion schien dennoch allein dafür sinnvoll, alle verfügbaren Assets bestmöglich zu nutzen und jede mögliche Option zu wahren. Denn während der Treuhand-Privatisierung hatte ich tatsächlich in einigen Fällen erlebt, dass steuerliche Verlustvorträge zumindest ein attraktives Bonbon für die Käufer gewesen waren.

UMBAU DES FIRMENGELÄNDES

Die für das MBO beantragten Fördermittel waren zu einem guten Teil mit notwendigen Sanierungsmaßnahmen auf dem Firmengelände begründet worden. Erstens, weil dies den Förderrichtlinien entsprach. Zweitens, weil tatsächlich die Gebäudestruktur geändert werden musste, um effizienter und kostengünstiger arbeiten zu können.

Die gesamte Firmenimmobilie musste umgebaut und anders genutzt werden. Die Wege waren zu lang und wurden immer wieder von ungenutzten Gebäudeteilen unterbrochen. Das alte, dreistöckige Produktionsgebäude war baufällig, die Beheizung unwirtschaftlich, die Hitze im Sommer unter dem nicht isolierten Dach unerträglich. Es stand zudem unter Denkmalschutz, was jede Sanierung und Modernisierung erschwerte. In der Produktion arbeiteten 150 Mitarbeiter. Als einzige Alternative stand das Fertigwarenlager zur Verfügung, das in einem Gebäude mit Sheddach untergebracht war. Dieses Dach war zwar undicht. Aber es war relativ kostengünstig zu ersetzen. In Verbindung mit einem kleinen Anbau war dort die gesamte Produktion ebenerdig unterzubringen, was sich auf den Produktionsfluss günstig auswirkte.

Dafür musste aber das Fertigwarenlager in einen leer stehenden mittleren Gebäudetrakt umziehen. Im ehemaligen Kesselhaus konnten der Versand und ein Lastenaufzug ins Lager installiert werden. Optimal waren diese Räumlichkeiten natürlich nicht. Ein Neubau auf der grünen Wiese wäre sicher effizienter gewesen. Aber es ging. Und der Charme und die Atmosphäre der alten Gebäude waren andererseits etwas Besonderes. Zur Kosteneinsparung kamen wir teilweise auf kreative, hausgemachte Lösungen. So wurden z. B. die Lagerregale auf Anregung des Lagerleiters aus einfachen Kartonagen konstruiert, die mit Klebebändern fixiert und mehrlagig hochgebaut wurden.

Einige Gebäude wurden komplett abgerissen, wie z. B. ein hoher Schornstein und das alte Metalllager. Eine komplette Renovierung der erhaltenen und weiter genutzten Gebäude war nicht möglich. Aber die notwendigsten Instandhaltungsmaßnahmen schon. Soweit es ging, machten wir die Renovierung mit einem eigenen Handwerkerteam von fünf Männern, die wir eigens dafür einstellten. Das war deutlich günstiger, als externe Firmen zu beauftragen. Dieses Team arbeitete sich mit Wändeherausreißen, Verputzen und Streichen durch die verschiedenen Gebäudeteile durch. Das Schöne war, dass die alte Industriearchitektur darüber weitgehend erhalten blieb. Die frisch verputzten Wände strichen wir in den verschiedenen Abteilungen mit kräftigen Farben. Der Versand war rot, das Lager orange und das Highlight wurde ein Veranstaltungsraum im mittleren Gebäudetrakt, der zu den ältesten des Firmengeländes gehörte. In diesem Raum hatten zu Römpler-Zeiten Wirkmaschinen gestanden. Er war fast 200 qm groß und in der Mittelachse standen leicht versetzt sechs wunderschöne schmiedeeiserne Säulen. In diesem Raum legten wir einen neuen dunkelbraunen Dielenboden und sorgten für eine moderne Beleuchtung und die richtige Präsentations- und Beschallungstechnik. Die Wände wurden in einem frischen Mittelblau gestrichen. Der Raum wurde auf beiden Längsseiten durch große Flügelfenster erhellt. Es sah wunderschön aus. Nach der Fertigstellung führten wir dort regelmäßig Kundenveranstaltungen mit Modenschauen durch, bei denen die Models über den durch die Säulen markierten imaginären Catwalk gingen. Jede dieser Veranstaltungen war ein großer Erfolg und einige Male war das Fernsehen dabei.

KAUF DER ALTEN RÖMPLER-VILLA

Von außen war sie ein grauer trauriger Kasten. Sie stand mitten auf dem riesigen Firmengelände. Versteckt hinter der alten Schlosserei. Sie war in der DDR-Zeit als Kindergarten für die Firmenmitarbeiter genutzt worden und hatte einen großen Garten von fast 1500 qm. Wenn man genau hinsah, konnte man sehen, dass sie früher ein Prachtstück gewesen sein musste: Die alte Fabrikantenvilla der Römplers. Das Haus war 1895 gebaut worden. Halb Jugendstil, halb Art déco. 600 qm auf drei Etagen. Zwei wunderschöne Wintergärten. Ein riesiges, fünf Meter hohes, bleiverglastes Fenster im Treppenhaus und eine breite Freitreppe aus schwerem Eichenholz. Ganze Zimmerfluchten verbunden durch doppelte Flügeltüren. Fast vier Meter hohe Stuckdecken. Ein eigener Dienstboteneingang mit separater Stiege und Dienstbotentrakt unter dem Dach. Die Nutzung als Kindergarten war damit verbunden gewesen, dass man Böden, Wände und Türen verkleidet hatte. Das Dach war vor nicht allzu langer Zeit erneuert worden und der Dachboden deshalb staubtrocken. Das Haus gehörte einer Erbin der Römpler-Familie. In seinem vergammelten Zustand war es völlig wertlos geworden.

Schon bei der ersten Ortsbesichtigung in Zeulenroda hatte ich mich in die Villa verliebt. Jetzt, nach Übernahme der Firma und mit einer langfristigen Perspektive vor Ort, lag es nahe, mit der Eigentümerin zu verhandeln. Es wurde eine zähe, ungemütliche Verhandlung. Es gab in Thüringen keinen Markt, aus dem man einen fairen Verkehrswert ableiten konnte. Die Eigentümerin wohnte in Hamburg. In ihrem Villenviertel kannte sie weit weniger monumentale Häuser, die Millionen wert waren. Sie fiel deshalb aus allen Wolken, als ich ihr den von Experten veranschlagten Sanierungsaufwand vorrechnete und deswegen nur 150 Tsd. DM als Kaufpreis anbot. Da waren die Verhandlungen erst einmal zu Ende. Aber der Zustand des Hauses wurde nicht besser und die Zeit spielte für mich. Ein Wasserschaden führte zusätzlich dazu, dass sich im ganzen Haus die Farben und Anstriche von Türen und Wänden lösten. Es war eine Frage der Zeit, wann der Schwamm einziehen würde. Schließlich stimmte sie widerwillig zu, nachdem ich allerdings auf 200 Tsd. DM erhöht hatte. Kaum war die Tinte unter dem Kaufvertrag trocken, machten wir uns an die Renovierung. Der eigene Handwerkertrupp konnte auch hier mit anfassen.

BÜRGSCHAFTEN-FALLE

Im Frühjahr, der MBO-Vertragsabschluss lag inzwischen ein halbes Jahr hinter uns, überraschte mich ein völlig unerwartetes Thema, das für mich ein herbes Erwachen bedeutete. Es hatte Monate gedauert, bis die mit der DtA und der KfW ausgehandelten Gründungshilfen bewilligt und administrativ abgewickelt worden waren. Die Bank hatte in der Zwischenzeit eine Zwischenfinanzierung durchgeführt. Nun war es so weit, dass die zugesagten Mittel bereitstanden. Bei der Unterzeichnung der damit verbundenen Formalitäten legte mir der Bankdirektor in Gera am Schluss ganz beiläufig persönliche Bürgschaften in Millionenhöhe auf den Tisch.

Ich war vollkommen konsterniert, denn ich hatte in allen Vorgesprächen zum MBO, gerade auch nach dem nicht wunschgemäßen Ausgang der BvS-Verhandlungen, zur ausdrücklichen Bedingung gemacht, dass ich keine Bürgschaften unterschreiben müsste. Der Bankdirektor hatte dies zwar immer mit einem leisen Zucken registriert und herumgedruckst. Letztlich hatte er aber zugestanden, dass »man« darauf verzichten würde. Ich erinnerte ihn natürlich sofort an diese Vereinbarung. Er schaute mich mit der unschuldigsten Miene an, zu der er fähig war, und antwortete scheinheilig, dass die Bank sich auch an diese Zusage halten würde und gar keine Bürgschaft fordere. Vielmehr wären es die Förderbanken, um die es dabei ginge. Denn die Förderprogramme wären nun mal grundsätzlich so konstruiert, dass jeder Unternehmer bürgen müsse, der sie in Anspruch nimmt.

Wenn das grundsätzlich so war, dann hatte er diesen Umstand auch vorher schon gekannt und hätte mich fairerweise vorher darauf aufmerksam machen müssen. Ich denke, der Bankdirektor hatte es aber bewusst verschwiegen, weil er befürchtet hatte, ich würde unter den Bedingungen vom MBO Abstand nehmen. Es war ein Fehler gewesen und eine Dummheit dazu, der Bank zu vertrauen und sich darauf zu verlassen, dass dieses Thema geklärt wäre. Die Vorsicht hätte geboten, sämtliche Förderprogramme und -vorschriften selbst vorher genau zu studieren. Da wäre die Bürgschaftsverpflichtung sicher aufgeflogen. Man mag den »Verhandlungsstress« für diese Unterlassungssünde verantwortlich machen. Ich fühlte mich jetzt jedenfalls ziemlich ausgetrickst und war stinksauer. Auf die Banker, und genauso auf mich.

Ich unterschrieb nicht, sondern forderte Bedenkzeit. Das Gespräch endete in ziemlich eisiger Atmosphäre. Der Bankdirektor machte mich darauf aufmerksam, dass eine Verweigerung der Bürgschaften die ganze Finanzierungs-Konstruktion zusammenbrechen lassen würde. Ich solle mir der Konsequenzen bewusst sein. Es zeigte sich zum ersten Mal die persönliche Tragweite der neuen Konstellation. Ich war es jetzt, der in die Pflicht genommen wurde, an den die Bank sich hielt und dem sie Druck machen konnte.

Einige Tage später unterschrieb ich die Bürgschaft. Die Sache noch platzen zu lassen, schien mir keine ernsthafte Option mehr zu sein. Dafür hatte sich in der Zwischenzeit schon viel zu viel weiterentwickelt. Alles war arrangiert, das MBO überall bekannt gemacht, der Zug hatte sich nicht nur in Bewegung gesetzt, er hatte schon Fahrt aufgenommen. Wie sollte ich jetzt von der Lokomotive springen? In mir sträubte sich zwar alles dagegen, aber trotzdem unterschrieb ich.

Allerdings schnürte es mir bei der Unterschrift den Hals zu. Ich hatte ein Gefühl, als würde ich hier und heute meine Seele verkaufen. Das MBO allein war noch keine Fessel gewesen, aber diese Bürgschaften legten mich an die Kette, dessen war ich mir gewiss.

Auch die TAB forderte übrigens für ihre stille Beteiligung eine selbstschuldnerische Bürgschaft. Auch hier waren »leider« die Förderrichtlinien maßgeblich und eindeutig. Ich hätte also ohnehin keine Chance mehr gehabt, diesen Automatismen zu entgehen. Im Falle einer prinzipiellen Verneinung persönlicher Bürgschaftsverpflichtungen wäre jedes unternehmerische Vorhaben unmöglich gewesen, das die Unterstützung durch staatliche Förderprogramme in Anspruch hätte nehmen wollen. Was deutlich macht, dass eine Portion Fatalismus dazu gehört, wenn man staatliche Hilfe dieser Art in Anspruch nimmt.

WEITERER MARKEN-RELAUNCH

Also versuchte ich, endlich wieder alle Kraft in die Weiterentwicklung des Unternehmens zu stecken. Es war so vieles liegen geblieben in den letzten Monaten.

Inzwischen war ich z. B. überhaupt nicht mehr zufrieden mit unserer Werbeagentur. Die Leute waren nett und engagiert. Aber die Gestaltung blieb trotzdem immer ziemlich brav und bemüht. Zwar hatten wir sicherlich das Level der meisten Wettbewerber erreicht. Es war aber noch nicht das Niveau, das wir brauchten, um selbst neue Standards zu setzen, damit aufzufallen und nachhaltig unsere Positionierung zu unterstreichen. Immer wieder hatte ich versucht, mehr Stil, Anspruch und Kreativität einzufordern oder selbst einzubringen. Aber es war mit den Partnern nicht zu machen.

Geschmack und Stil sind qualitative, weiche Faktoren, die im harten Wirtschaftsleben oft unterschätzt oder sogar belächelt werden. Es ist aber so, dass sich da viel eindeutiger die Spreu vom Weizen trennt, als bei manchen quantitativen, harten Fakten. Man wird immer jemanden finden, dem man beibringen kann, wie er die Buchhaltung richtig führt oder ein konsequentes Controlling durchzieht. Aber man wird auch mit den größten Mühen aus einem durchschnittlich Begabten keinen großen Künstler, Gestalter oder Designer machen.

Krampfhaft überlegte ich, mit wem wir einen Markenauftritt schaffen konnten, der wirklich neu und anders war. Eine Top-Agentur konnten wir uns natürlich nicht leisten. Nach einigen Gesprächen in der Hamburger Agenturszene war dieser Traum schnell geplatzt. Schon richtete ich mich auf einen erneuten Versuch ein, unseren oberfränkischen Grafikern einen Hamburger Spirit einzuhauchen, da fiel mir meine alte Bekannte Conny ein. Sie war Art-Direktorin gewesen in der Münsteraner Werbeagentur, in der ich während meines Studiums als Geschäftsleitungsassistent gearbeitet hatte. Wir hatten uns schon dort gut verstanden und ich hatte ihren Geschmack und ihren klaren Stil schätzen gelernt. Sie ging voll in ihrem Job auf. Ihr Lebensinhalt war es, zu gestalten und Dinge schön zu machen. Alles, was sie anfasste, bekam Look und Stil. Auch äußerlich unterstrich sie dies, indem sie – eher klein und knuffig – dennoch eine Persönlichkeit war, die vom Scheitel bis zur Sohle Geschmack und Stil ausstrahlte.

Conny wohnte inzwischen in Hamburg und hatte sich nach mehreren Jahren in internationalen Agenturen selbstständig gemacht. Nachdem ich sie dort aufgespürt hatte, erzählte ich ihr, was wir vorhatten. Sie war sofort begeistert und voller Ideen, wie das Bild und die Welt der Marke zukünftig aussehen müssten. Wir spielten zusammen alle Markenelemente wie Logo, Bildsprache etc. durch und kreierten mit großer Begeisterung einen ganz neuen Look. Corporate Identity und Logo wurden noch einmal modernisiert. In Hamburg hatte Conny ein breites Netzwerk von Fotografen und Dienstleistern für die Bereiche Grafik und Produktion von Werbemitteln. Alles wurde schwarz-weiss, das Logo und die Schriftzüge edel und modern.

In den folgenden Jahren setzten wir mit wechselnden Fotografen und einigen internationalen Topmodels ganz neue Akzente in der Wäschefotografie. Wir waren die Ersten, die mit schwarz-weißer Aktfotografie überraschten. Wir bekamen, wie man am Motiv des Buchtitels erkennen kann, einen Auftritt, der heute immer noch als topaktuell und modern durchgehen würde. Unsere Bilder hätten auch das Cover eines der so angesagten Coffee Table Books zieren können. Außerdem wurde unser Marketing immer besser. Viele Elemente, wie CI, Bildsprache, Verpackungen und Messeauftritte waren aus den Kinderschuhen heraus. Anfängliche Schwächen waren ausgemerzt. Conny war eine fantastische Bereicherung, weil wir uns die Ideen gegenseitig zuspielen konnten und die Kreativität nur so sprudelte. Sie hat ganze Arbeit geleistet und wir bekamen einen immer überzeugenderen, ganzheitlichen Look.

Alles erhielt mehr erkennbare Story und Kontinuität. Die Personen, die Markenbotschaften, die Kollektionsaussagen, der Kundenstamm ergaben inzwischen ein schlüssiges Gesamtbild, das für den Markt und die Kunden differenziert und erkennbar war. Jetzt erst hielt ich die Voraussetzungen für gegeben, sich nachhaltig im Wettbewerb zu etablieren und Konkurrenten zu verdrängen.

NEUE LIEBE

Anfang März platzte endlich der Knoten und ich kam mit Daniela zusammen. Wir kannten uns da schon anderthalb Jahre. Von Liebe auf den ersten Blick war also keine Rede. Wir hatten uns zwar bei den regelmäßigen Palmers-Vorlagen in halbjährigen Abständen in Wien gesehen, aber das waren nur zwei bis drei Begegnungen gewesen. Allerdings hatten wir immer wieder und immer häufiger miteinander telefoniert. Wir waren bis zu dem Zeitpunkt beide in einer Beziehung, in der es nicht mehr gut lief. Und es tat uns beiden gut, miteinander zu sprechen. Es stimmte einfach zwischen uns. Das war umso bemerkenswerter, als wir uns gar nicht näher kannten und uns am Telefon weder näherkommen konnten, noch uns gegenseitig anders als mit Worten beeindrucken konnten. Eigentlich kann ich dieses Rezept empfehlen, um einen Menschen wirklich kennenzulernen.

Als wir uns dann wirklich hatten, gab es keine Fragen und Zweifel mehr. Daniela war mit ihrer Busenfreundin in die Karibik geflogen, nachdem sie sich von ihrem Freund getrennt hatte. Wir hatten besprochen, dass sie nach ihrer Rückkehr nach Berlin kommen sollte. Ich hatte ihr davon vorgeschwärmt und versprochen, es ihr zu zeigen. Sie musste, aus Antigua in Wien gelandet, sofort umsteigen in den Flieger nach Berlin. Ich hatte dort eine Veranstaltung und wollte sie abends vom Flughafen abholen. Bis zum Schluss war ich allerdings nicht sicher, dass das wirklich klappen würde. Dennoch hatte ich ein tolles Hotel am Gendarmenmarkt gebucht und freute mich wahnsinnig auf sie. Und sie kam tatsächlich, wenn auch todmüde und total von Sandflöhen zerstochen. Und ab dem Moment, in dem wir uns in den Arm nahmen, war klar, das war es.

Diese neue Liebe tat mir unendlich gut. Sie gab mir auch für Excelent neue Motivation und frischen Elan. Ich war glücklich und völlig mit mir im Reinen. Das private Glück rückte die Prioritäten zurecht. Es ermöglichte wieder eine gesunde Distanz zur beruflichen Herausforderung, die nicht mehr das Einzige war in meinem Leben.

UMSATZDELLE

Ich brauchte diese Kraft, denn im Verlauf des Jahres stellten sich empfindliche Probleme ein, die wir überhaupt nicht gebrauchen konnten. Die Auftragsentwicklung begann nämlich, uns Sorge zu machen. Seit 1993 war es immer nur zügig mit zweistelligen Zuwachsraten bergauf gegangen. Nun hingen wir plötzlich zurück. Es rächte sich, dass ich 15 Monate lang zu wenig Zeit gehabt hatte, mich ausreichend auf unser Business zu konzentrieren. Wir standen unter dem Druck, laut Businessplan unseren Wachstumskurs unbedingt fortsetzen zu müssen. Ich wollte natürlich nicht gleich im ersten Jahr unter Plan agieren. Es war wie verhext. Unmittelbar nach dem MBO zeigten sich Probleme, von denen wir fünf Jahre verschont geblieben waren.

Ursache war einerseits ein massiver Rückgang der Umsätze im ostdeutschen Fachhandel. In diesem Segment hatten wir alle früheren Kunden aus der Vorwendezeit mitgenommen. Die ostdeutsche Handelsentwicklung beinhaltete jedoch einen rapiden Rückgang der Handelsstellen. Alle Flächen, die nicht mehr den modernen Anforderungen gewachsen waren, wurden nach und nach geschlossen. Überall machten neue, zeitgemäße Läden mit qualitativ oder preislich deutlich attraktiveren Angeboten auf. Bewährte Handelskonzepte aus dem Westen gehörten ebenso dazu wie Osthändler, die sich mit kreativen Neueröffnungen versuchten. Wir hatten aus der Vergangenheit noch viele Kunden, bei denen Basic-Miederwaren in einem Gemischtwarensortiment geführt wurden – neben Küchenbesen und anderen Haushaltsartikeln. Diese verschwanden nun langsam von der Bildfläche, weil die gesamte Handelslandschaft sich Zug um Zug den westlichen Verhältnissen anpasste. Markentechnisch mussten wir die Bereinigung zwar begrüßen, weil die Präsentation in den altmodischen Läden natürlich nicht mehr den neuen Vorstellungen entsprach. Andererseits war dieser Schwund mit Umsatzeinbußen verbunden, die in der Summe durchaus spürbar waren. Die kleinen Tante-Emma-Läden hatten kaufmännisch zudem ein durchaus ehrbares Verhalten gezeigt, indem sie ihre Rechnungen in den meisten Fällen ziemlich korrekt und verlässlich gezahlt hatten. Der Ausfall war also doppelt schmerzhaft.

Das andere Problem war der Großkunde Palmers, der die Verlagerung seines Einkaufs nach Fernost konsequent fortsetzte. Unsere Umsätze mit Palmers sanken im Gesamtjahr auf ein Niveau von nur noch 2,5 Mio. DM. Wir hatten also innerhalb von vier Jahren immense Umsatzsprünge nach oben und in die umgekehrte Richtung zu verkraften, was für die gesamte Organisation extrem belastend war. Hätten wir nicht unter dem Zwang gestanden, möglichst schnell ein unserer Mitarbeiterzahl adäquates Geschäftsvolumen zu erreichen, hätten wir dieses extreme Hin und Her niemals mitgemacht. Wir hatten den Umsatz mit Palmers ja ohnehin mit erheblichen Zugeständnissen erkaufen müssen. Je größer die Gefälligkeit oder besser Gefügigkeit bei den Konditionen gegenüber Großkunden ist, desto weniger bleibt natürlich hängen. In den allermeisten Fällen sind heftige Ausschläge in der Geschäftsentwicklung auch verbunden mit einer Menge Kosten und Vorableistungen, die das Ergebnis solcher Aktionen schmälern oder sogar zunichte machen. Die berühmten positiven Skaleneffekte lassen sich dann kaum realisieren. In planbaren und kontinuierlichen Schritten lässt sich eine Verbesserung der Wirtschaftlichkeit wesentlich besser realisieren.

Alle Anstrengung musste darauf gerichtet werden, die sich abzeich-
nenden Umsatzausfälle zu substituieren, wenn das geplante Umsatz-
wachstum nicht ins Stocken geraten sollte. Der Businessplan ging von
stetigen weiteren Zuwächsen aus. Stagnation war nicht vorgesehen.

WACHSENDE ANSPANNUNG

Die zähe Umsatzentwicklung führte mit der Zeit auch zu einer Vielzahl von kleinen Reibereien. Die allgemeine Begeisterung wurde dadurch gedämpft und der Umgangston wurde schärfer. Wenn Andreas
von Kundenterminen zurückkam und die Order war pari oder lag nur
wenig über dem Vorjahr, zog ich ein Gesicht und bedrängte ihn mit
bohrenden Fragen, warum es nicht mehr geworden war. Er versicherte, dass er alles versucht hatte, um ein optimales Ergebnis zu erreichen.
Ich aber zweifelte mitunter daran, ob das wirklich so gewesen war. In
den Anfangsjahren hatte man nicht von vornherein mit dem Erfolg
gerechnet. So konnte man sich über jeden kleinen oder unerwarteten
Fortschritt freuen. Diese Zeit der Leichtigkeit war jetzt vorbei.

Verkaufsgespräche setzten auf dem auf, was wir bis dahin erreicht
hatten. Jede neue Saison musste Fortschritte bringen, und zwar Kunde
für Kunde. Wir mussten jetzt überall den entscheidenden Schritt machen vom Randlieferant zum Stammlieferant. Den Umsatz macht ein
Einzelhändler mit seinem Kernsortiment, in dem es nur eine Hand
voll Lieferanten gibt. Drum herum schmückt er sein Sortiment mit
Zusatzangeboten, die meist nicht mehr sind, als ein nettes Zubrot. Bei
den Zusatzangeboten waren wir längst überall angekommen und in-
tegriert. Den Sprung in das Stammsortiment hatten wir nur vereinzelt
geschafft. Dies war nun die große Herausforderung. Es war schwierig,
diese Entwicklung zu beschleunigen, da die Händler normalerweise
erst einmal über mehrere Saisons Erfahrungen sammeln wollen, bevor
sie einem das volle Vertrauen schenken. Aber wir hatten keine Zeit
mehr, auf diesen Moment zu warten.

Wir hatten zwar in den letzten Jahren fast alle wichtigen Türen im

Fachhandel geöffnet. Wir waren inzwischen auf den meisten Flächen präsent, die in der Branche Bedeutung hatten. Wir wurden gut besprochen und bekamen positives Feedback. Aber das bedeutete keine automatischen weiteren Zuwächse. Bei vielen Kunden gab es nun erst einmal das Bedürfnis, unsere Performance zu beobachten und sich dadurch bestätigen zu lassen.

Es gibt solche Phasen in der Marktbearbeitung. Und man muss sie akzeptieren. Wer in diesen Momenten zu sehr drängt und drückt, macht mehr kaputt, als er gewinnt. Nicht umsonst heißt es, »Gut Ding will Weile haben«. Es wäre richtig gewesen, die Sache – wie den Teig beim Backen – vorübergehend ruhen zu lassen. Wir hätten uns mit Sicherheit auf der Verkaufsfläche bewährt und unser Projekt hätte von ganz alleine durch die Bestätigung unserer Leistung im Verkauf neue Fahrt aufgenommen. Aber in unserer Sondersituation war das zu wenig.

Ich wurde auch zunehmend skeptisch gegenüber dem Außendienst. Bei den jungen Vertretern gab es einige, die mit ihrem Markenportfolio inzwischen sehr ordentlich verdienten. Ich hatte die Befürchtung, dass sie nicht mehr die letzten Meter gingen. Von den älteren Vertretern konnte man auch nicht mehr den vollen Elan erwarten, der mit unentwegter Reisetätigkeit für einen ziemlichen Knochenjob erforderlich war. Und einige wenige kamen einfach auch zunehmend an ihre Grenzen, sodass wir über einen Wechsel zu einem anderen Kaliber nachdenken mussten. Ich hatte nicht mehr die Ruhe und Gelassenheit, abzuwarten und zuzuschauen. Wir wurden zunehmend verkrampft, wie ein Ehepaar mit unerfülltem Kinderwunsch.

Ständige Reibereien gab es inzwischen auch mit der Entwicklung, und da vor allem mit Rose. Sie war mit dem Herzen zuallererst noch immer Designerin, während ich längst von ihr ein konsequentes Produktmanagement forderte. Das bedeutete, das Angebot unter wirtschaftlichen Aspekten aufzubauen anstatt nur unter gestalterischen. Bestseller und Verkaufserfolge mussten gezielt und systematisch wiederholt werden. Mein Credo war immer und immer wieder, dass man Erfolg planen könne.

Der Konflikt Design/Produktmanagement war kein spezifisches Problem von Excellent, sondern ist in der Praxis häufig zu beobachten.

Ein Designer will kreativ tätig sein und vor allem Neues und Eigenes entwickeln. Das ist sein Anspruch an sich selbst und es ist auch das, was er liebt. Ein Kreativer zu sein, der vordenkt, ausprobiert und dafür Freiheiten braucht. Leider führt genau dies in der Entwicklungsarbeit oft zu teuren, nicht optimalen Ergebnissen. Ein Produktmanager hat eine ganz andere Aufgabe und auch ein völlig anderes Selbstverständnis. Er analysiert die Wirtschaftlichkeit der Angebote und versucht, diese ständig zu optimieren. Die Lieblingsprojekte des Designers sind die Neuentwicklungen, die des Produktmanagers sind die bewährten Bestseller.

Wir diskutierten heftig und Rose war oft den Tränen nah. Immer wieder aufs Neue ertappte ich sie dabei, alte Fehler zu wiederholen. Sie hatte viele gute neue Kreationen entwickelt, kam aber auch immer wieder mit Vorschlägen, mit denen wir schon einmal schlechte Erfahrungen gemacht hatten, oder mit anderen, die schon auf den ersten Blick als schwierig erschienen, weil sie ungewöhnliche, wenig kommerzielle Details enthielten. Wenn der Vertrieb oder ich kritisch nachfragten, verteidigte sie ihre Ideen, nur um diese nicht preisgeben zu müssen. Diesmal wäre alles anders und würde sicher erfolgreich sein. Leider stellte sich später oft das Gegenteil heraus. Mir ging dann der Hut hoch. »Neu« bedeutete ihr immer noch alles. Für mich bedeutete es längst: Keine Erfahrung, hohes Risiko, zweifelhafter Erfolg.

Diese Auseinandersetzungen wurden nach der Übernahme heftiger. Rose sagte, ich würde ihr nicht vertrauen, obwohl sie sich für das Unternehmen einsetzte, als sei es ihr eigenes. Aber es ging gar nicht um den Einsatz. Der Einsatz stimmte, bei ihr ganz besonders, sowie auch bei den meisten anderen. Doch das alleine reichte nicht mehr. Nun ging es nur noch um das realisierte Ergebnis. Um die Bereitschaft, alles andere der Wirtschaftlichkeit und dem Profit unterzuordnen.

Damals begann mir erstmals richtig zu dämmern, wie schwer es ist und wie lange es dauert, Menschen wirklich zu verändern, die auf eingetretenen Pfaden wandeln. Bei meinen Coaching-Projekten der letzten Jahre ist diese Einsicht immer wieder bestärkt worden. Es ist unglaublich schwierig, eingefahrene Verhaltensweisen, Vorlieben oder Gewohnheiten zu verändern. Argumente alleine reichen nicht. Reden hilft wenig, denn Worte gehen zum einen Ohr hinein und zum anderen wieder heraus. Einzig und allein eine straffe Führung und der konkrete Erfolg mit neuen Instrumenten, Maßnahmen und Verfahrensweisen sind wirklich geeignet, Veränderungen durchzusetzen. Und es sind viele Anläufe notwendig, bei denen der Initiator einer Veränderung immer wieder überrascht und enttäuscht wird, wenn er merkt, dass der Groschen noch immer nicht gefallen ist.

TOD MEINES VATERS

Im Juni 1997 wollte ich Daniela meinen Eltern in München vorstellen. Sie hatte mich darum gebeten, ihr etwas Zeit zu lassen, damit unsere Beziehung nicht mehr ganz so frisch wäre, wenn wir diesen offiziellen Schritt machten. Ich hatte immer gedrängt, weil ich hundertprozentig überzeugt war, dass sie vor allem auch meinem Vater gefallen würde, der schon lange der Meinung gewesen war, ich solle endlich eine Familie gründen. Schließlich stimmte sie dem Wochenendtrip von Wien nach München zu. Ich fuhr schon am Donnerstagabend dorthin, weil ich mir auf den Freitagmorgen einen Termin beim Vorstand unseres Topkunden Ludwig Beck gelegt hatte. Nachmittags wollte ich Daniela vom Flughafen abholen.

Ich übernachtete bei meinen Eltern. Am Morgen verließen wir alle die Wohnung. Mein Vater hatte ebenfalls einen Termin. Nach meinem Gespräch fuhr ich voller Vorfreude noch einmal zur Wohnung meiner Eltern. Da erreichte mich der Anruf meines Bruders Sebastian. Es sei etwas Schlimmes passiert. Mein Vater habe einen Schlaganfall gehabt und läge auf der Intensivstation des Klinikums Großhadern. Ich rief Daniela an, sagte alles ab und raste ins Krankenhaus.

Da lag er, der immer ein Energiebündel gewesen war, bewusstlos, Schürfwunden vom Sturz in Gesicht und an den Händen. Der Anblick dieser gefällten Eiche zerriss einem das Herz. Ich blieb einige Tage in München, um meiner Mutter bei den notwendigsten Dingen zu helfen. Mein Vater blieb zwei Wochen auf der Intensivstation. Er hatte zwar das Bewusstsein wiedererlangt, war aber schwer getroffen von dem Gehirnschlag. Er war halbseitig gelähmt und konnte kaum sprechen. Als die akute Notversorgung beendet war, wurde er in eine Rehaklinik in Bad Aibling verlegt. Dort habe ich ihn jedes Wochenende besucht. Meine Mutter war, so oft es ging, bei ihm und meine Brüder ebenfalls. Mit großer Sorge und gleichzeitig Hoffnung beobachteten wir jede seiner Bewegungen. Die ersten Wochen nach einem schweren Schlaganfall sind absolut frustrierend. Der Mensch ist nicht mehr der Gleiche. Bei jeder Geste wird einem das bewusst. Außerdem weiß man nicht, wie man die Situation einschätzen soll. Was bekommt der Patient mit, was geht in ihm vor? Welche Veränderungen des Zustands sind zu erwarten? Man leidet unglaublich mit.

Vor allem meine Mutter litt. Zwar still, aber spürbar. Über ihr brach alles zusammen. Sie war 59 und wesentlich jünger als mein Vater. Welche Aussichten waren das für sie? Wie sollte es weitergehen, selbst wenn mein Vater die Krankheit überstand, wäre er nicht mehr der Gleiche gewesen, sondern, wie sich bereits deutlich abzeichnete, ein Pflegefall geblieben. So konnte man sich dieses Energiebündel und Stehaufmännchen, den wir unser ganzes Leben nur als unentwegten Macher und Anführer erlebt hatten, überhaupt nicht vorstellen. Meine Mutter fuhr täglich nach Bad Aibling, um sich um ihn zu kümmern und bei ihm zu sein. Für uns Söhne ging das natürlich nicht, da wir alle aus dem Haus und mit Job und Studium beschäftigt waren. Ich steckte bis über beide Ohren in der existenziellen Herausforderung, auf die ich mich eingelassen hatte.

Sechs Wochen ging das so dahin, mit Bangen, Hoffen und ständiger Sorge. Dann rief mich meine Mutter in der Firma an und informierte mich, dass mein Vater in der Nacht einen zweiten Schlaganfall gehabt hatte. Er war nicht mehr bei Bewusstsein. Am darauf folgenden Wochenende waren wir alle – meine Mutter, meine Brüder und ich – bei ihm. Auch in der Nacht, als er starb. Gemeinsam nahmen wir von ihm Abschied. Wir umarmten ihn abwechselnd und sprachen mit ihm. Ich hoffe sehr und glaube fest, dass er das noch unterbewusst gehört und wahrgenommen hat.

Dann begann eine Zeit großer Traurigkeit und Leere. Auch in der Firma waren alle Mitarbeiter zutiefst geschockt. Sie hatten meinen Vater sehr gemocht. Er hatte ihnen bei jedem seiner Besuche vermittelt, wie wichtig sie und ihre Zukunft ihm waren. Außerdem hatte er einfach die Gabe, alle Menschen zu beeindrucken mit seiner Offenheit, seinem Geist und seinem Tiefgang. Sein Tod wirkte irgendwie auch wie ein schlechtes Omen für das Projekt Excellent.

NEUES ZUHAUSE

Nur sehr langsam erholte ich mich von dem Verlust, der mich lähmte. Was im Jahr vorher noch so hoffnungsvoll ausgesehen hatte, schien nun alles düster und schwer. Trost und Hoffnung gab mir meine Beziehung mit Daniela. Ihre positive Art gab auch mir neue Kraft, mich wieder den Aufgaben zu stellen und im Sinne meines Vaters den Weg weiterzugehen. Dazu gehörte auch das neue Zuhause in der alten Villa. Denn eine zukünftige Familie brauchte eine andere Umgebung als der frühere Junggeselle.

Die Renovierung machte Fortschritte. Zunächst hatten wir die Kindergartenverkleidungen von Türen, Decken und Wänden gerissen. Und da wurde es erst richtig spannend. Denn darunter kamen echte Schätze zum Vorschein. Die Türen hatten Perlmutt- und Wurzelholzintarsien und noch die originalen Türgriffe und Beschläge. Unter dem Linoleumboden hatte man Spanplatten verlegt und unter diesen kam der herrlichste Eichen-Parkettfußboden zum Vorschein. In Flur und Wintergarten waren Mosaik-Steinböden darunter verborgen. In den Bädern waren teilweise noch die originalen Kacheln an den Wänden. Die Decken bestanden entweder aus aufwendig geschnitzten Balkenkonstruktionen oder aus Stuck. Die Repräsentationsräume waren holzvertäfelt und die Türen hatten kunstvoll geschliffene Glasornamente.

Die alte Substanz war über fast 40 Jahre auf wunderbare Weise geschützt worden und die fantastischen Details tauchten mehr oder weniger unverhofft auf in ihrer fast völlig unversehrten Schönheit.

Heizungs-, Wasser- und Elektroleitungen mussten natürlich komplett erneuert werden. Die alten Kacheln nahmen wir einzeln von den Badezimmerwänden und klebten sie später wieder auf die neuen Rigips-Einbauten. Jeden Tag war ich auf der Baustelle. Nach sechs Monaten war das Haus wieder ein wirkliches Prachtstück. Die Innenräume erstrahlten in altem Glanz. Und alles, wirklich alles war originalgetreu. Aber die Renovierung hatte nur innen stattgefunden. Außen ließ ich aus Sorge vor Einbrechern und falschen Signalen an die Öffentlichkeit zunächst den alten grauen Putz bestehen, sodass man nicht erkennen konnte, welche Schätze sich hinter der Fassade verbargen.

Die untere Etage hatte ich für mich und meine Familie vorgesehen und abgetrennt. Im ersten Obergeschoss gab es vier Appartements für Mitarbeiter aus dem Westen, die keine eigene Bleibe in Zeulenroda hatten, sowie für private Gäste. Das Dachgeschoss blieb zunächst ungenutzt. Jedes Appartement bestand aus einem großen Schlafzimmer und einem eigenen Bad. Die Küche unten im Wirtschaftstrakt stand zur gemeinschaftlichen Nutzung frei. Andreas, Stefan und Rose, die ständig da waren, bekamen ein eigenes Reich. Ab und an übernachtete Conny dort. Eine neue, diesmal luxuriöse WG war entstanden, mit einer Haushälterin, die sich um die Reinigung und die schmutzige Wäsche kümmerte.

Ab da hatten wir ein Stück Lebensqualität, das auch im Verhältnis mit westlichen Maßstäben traumhaft und einzigartig zu nennen war. Das Bewohnen eines derart prächtigen Hauses wäre in München oder Wien für uns unerschwinglich gewesen. Außerdem war die neue Gemeinsamkeit mit vielen schönen Abenden verbunden. Es kam einem vor wie zu Studienzeiten, mit gemeinsamem Kochen und abendlichen Diskussionen bei einem guten Tropfen Wein. Morgens ging es zum gemeinsamen Frühsport an die Talsperre zum Waldlauf. Man konnte glatt das ansonsten triste Umfeld vergessen.

BUNDESKANZLER HELMUT KOHL

Im November lud mich die Deutsche Bank zu ihrem nationalen Mittelstandskongress in Frankfurt ein. Gastredner war Bundeskanzler Dr. Helmut Kohl. Das konnte ich mir natürlich nicht entgehen lassen.

Vielleicht ergab sich dabei sogar die Gelegenheit, einmal über die blühenden Landschaften im Osten zu sprechen. Also fuhr ich hin. Aber dieser Event verlief völlig anders als erwartet. Ich fand Bundeskanzler Kohl in der Öffentlichkeit immer wenig charismatisch und nicht besonders gewinnend. Wie anders war der persönliche Eindruck bei diesem Kongress. Der damalige Vorstandsvorsitzende der Deutschen Bank Breuer musste erst einmal eine 45-minütige Verspätung überbrücken. Dann führte er den Bundeskanzler, der fast zwei Köpfe größer war als er, durch die Reihen. Dabei sah er recht angespannt aus. Kohl dagegen war eine Erscheinung, die schon körperlich Eindruck hinterließ. Und noch viel besser war die Ansprache, mit der er die 300 jungen Unternehmer im Saal sehr schnell in seinen Bann zog.

Kohl sprach nämlich davon, was junge Unternehmer leisteten und auf sich nahmen. Ich zitiere: «Neben jenen, die den elterlichen Betrieb weiterführen, gibt es natürlich auch junge Menschen, die selbst eine eigene Existenz gründen wollen. Deren Erfahrungen sind oftmals ganz andere – sie sind negativer. Wer sich heute in Deutschland selbstständig machen möchte und dabei vielleicht 50 oder 60 Wochenstunden Arbeit in Kauf nimmt, stößt nicht selten auf Unverständnis – auch bei Familie und Freunden. Herr Dr. Breuer, auch die Banken verhalten sich hier nicht immer ermutigend, wenn sie sich bei der Finanzierungsfrage sofort unbarmherzig nach Sicherheiten erkundigen, die er ihnen bieten könne. Meine Damen und Herren, natürlich hat ein junger Mensch in der Regel keine Sicherheiten. Aber er hat etwas anderes, etwas sehr Wichtiges: Er ist hoch motiviert, voller Tatendrang, hat eine gute Ausbildung. Mehr Mut und Risikobereitschaft sind überall gefragt, wenn junge Menschen mit guten Ideen den Sprung in die berufliche Selbstständigkeit wagen.»

Ich war begeistert und fühlte mich total verstanden: Der Bundeskanzler sprach von den Widrigkeiten, die man zu überwinden hatte, wenn man sich selbstständig machen wollte. Von der Freundin, den Schwiegereltern und anderen, die warnende Worte fanden und vor denen man sein Vorhaben verteidigen musste. Besonderes Vergnügen bereitete den Zuhörern die Schilderung der Widrigkeiten des ersten Bankgesprächs. Das Gelächter des ganzen Auditoriums war ihm sicher und der CEO Breuer schaute ziemlich dumm aus der Wäsche. Kohl verließ danach unter stürmischem Beifall fröhlich in die Runde winkend und als Sieger auf der ganzen Linie den Saal. Ich war schwer beeindruckt und nahm ein ganz anderes Bild mit von diesem Menschen, den ich im Fernsehen immer wenig fesselnd gefunden hatte.

FERNOSTBESCHAFFUNG
UND NEUE UMSATZMOTOREN

1998

STEFANS ABGANG

Zum Jahresanfang 1998 gab es einen wichtigen Wechsel im Management. Stefan kündigte. Das war erst einmal ein Donnerschlag! Seit fünf Jahren waren wir ein Team. Zwar gab es inzwischen immer wieder Reibereien zwischen uns und ich bekam auch hintenherum aus der Belegschaft diverse Klagen über seinen etwas despotischen Führungsstil. Aber trotzdem überkam mich ein dummes Gefühl bei der Vorstellung, den ganzen Laden zukünftig allein schmeißen zu müssen.

Offiziell ging Stefan, weil er endlich sein Studium beenden wollte. Inoffiziell wohl eher, weil ihm inzwischen wahrscheinlich die ganze Situation nicht mehr passte: das Umfeld im Osten, dauerhaft die Nr. 2 zu sein und die allein von mir bestimmten Prioritäten. Wir waren über viele Monate immer wieder aneinandergeraten, weil er sich beschwerte, wenn Vermarktungs-Interessen von mir wichtiger genommen worden waren, als interne Hürden und Schwierigkeiten. Ich war im Zweifel immer dafür gewesen, der Leistung den Kunden gegenüber Priorität zu geben. Ihm war die interne Ordnung und Optimierung wichtiger. Das eine oder andere Mal wird er damit wohl recht gehabt haben, aber meine Grundausrichtung war zweifellos unverzichtbar.

Während meines Marketingstudiums beim Münsteraner Marketing-Papst Meffert habe ich einmal fasziniert dem Vortrag eines japanischen Management-Gurus gelauscht, der viele Bestseller über Kundenorientierung veröffentlicht hatte. Dieser stellte zur Verwunderung des Auditoriums fest, wir Deutschen lägen völlig falsch damit, wenn wir sagen »der Kunde ist König«. Wir schüttelten ob dieser Aussage schon verwundert den Kopf, als der japanische Professor richtigstellte: »Der Kunde ist nämlich Gott!« Stefan hatte genug von dieser Einstellung und ich musste mir einen Ersatz suchen.

Wir hatten in der Verwaltung sehr tüchtige Mitarbeiterinnen, die aber mehr von der juristischen Seite oder der Kostenrechnung her kamen, während der wichtigste kaufmännische Bereich die Finanzen waren. Also fiel meine Wahl auf unseren Buchhalter, den ich hier »Eigen« nennen will, weil er wirklich eigen war. Stefan hatte den jungen Kerl Mitte zwanzig eingestellt. Er war mir wiederholt dadurch aufgefallen, dass er die Zahlen sensationell im Griff hatte. Das ließ mich darüber hinwegsehen, dass ihm die Position eigentlich ein paar Nummern zu groß war – obwohl er riesige Füße und Hände hatte. Dazu war er blass mit fettigen Haaren und einem Oberlippen-Milchbart. Eigen war ein echter Leisetreter, der es aber faustdick hinter den Ohren hatte. Er sagte wenig, wenn überhaupt, dann nur nach expliziter Aufforderung. Dinge, die er anders sah als andere, quittierte er mit einem verstohlenen Grinsen. Bezeichnend und für mich vertrauenserweckend war der Spruch, den er sich über den Schreibtisch gehängt hatte: »Reich wird man nicht durch das, was man verdient, sondern durch das, was man nicht ausgibt.«

Eigen wurde mein Adlatus. Ich hatte in ihm in den beiden folgenden Jahren eine wirklich kompetente Unterstützung, der loyal und mit viel Schlitzohrigkeit die tägliche Kommunikation mit den diversen Bankpartnern übernahm.

FERNOST-BESCHAFFUNG

Zur Steigerung der Roherträge war die weitere Senkung der Herstellungskosten ein Dauerbrenner. Die Beschaffung in Fernost war dafür eine Option, die wir immer wieder diskutiert haben. Bis zu dem Zeitpunkt hatten wir sie immer verworfen. Zwar kooperierten wir schon seit 1991 mit einem Hersteller aus Hongkong. Diese Zusammenarbeit betraf nur das Produktsegment der alten Basic-Miederwaren. Allerdings hatten wir mit der Firma Circle Exports und ihrem Inhaber Robin Hui – alle Hongkong-Chinesen hatten englische Vor- und chinesische Nachnamen – sehr gute Erfahrungen gemacht.

Der Grund für unser Zögern bezüglich einer Ausweitung auf andere Segmente war, dass die Fernost-Hersteller zum damaligen Zeitpunkt kaum in der Lage waren, modische Dessous zu produzieren. Das Fertigungs-Know-how war noch nicht weit genug entwickelt und insbesondere waren die europäischen hochwertigen Materialien noch nicht verfügbar. In den vergangenen Jahren hat sich das völlig geändert. Heute kann man aus Fernost nahezu jede Qualität bekommen. Das einzige Problem, das immer noch besteht, ist die Mengenkomponente. Die Fabriken sind auf große Mengen ausgelegt. Es geht erst bei tausend Stück pro Artikel und Farbe los.

In unserem alten Miederwarenbereich brachten wir diese Mengen zusammen. Wir hatten einen Artikel, der »Hexe« hieß. Es war genauso ein Klassiker, wie der »Zauberkreuz« von Playtex oder der »Doreen« von Triumph. In schöner Regelmäßigkeit liefen davon einige Tausend Stück im Jahr. Der Verkauf dieses NOS-Artikels (immer verfügbar = never out of stock) lief so konstant und berechenbar, dass er alle Voraussetzungen mitbrachte, die für die Fernostfertigung gebraucht wurden.

Ganz anders war das mit den modernen Dessous, die inzwischen zu unserem Kerngeschäft geworden waren. Dort gab es viele Hürden, weshalb wir einen Spezialisten brauchten, der uns die ersten Schritte erleichtern konnte. Wir fanden ihn in dem Holländer Cor, den wir als Verbindungsmann zu chinesischen Herstellern kennengelernt hatten. Cor war ein Tausendsassa, der zwei Jahre lang beim Spitzenhersteller Dentex in Hongkong tätig gewesen war und dort vielfältige Kontakte geknüpft hatte. Er suchte nach einem Geschäftsmodell, um Fernostproduktion in Europa an den Mann zu bringen. Unsere Produktionsgesellschaft war dafür eine mögliche Basis. Mit Cor machte ich mich im Frühjahr auf den Weg nach Hongkong und wir besuchten eine Woche lang mit einem Koffer voller Muster diverse Hersteller, die als potenzielle Fertigungspartner infrage kamen.

Hongkong war zu der Zeit fantastisch. Ich bin insgesamt fünf Mal dort gewesen und war jedes Mal wie elektrisiert. Die Flugzeuge landeten damals noch auf dem alten Flughafen Kai Tak, nachdem sie vorher nur denkbar knapp über die Hochhäuser von Kowloon geflogen waren. Der Anflug war spektakulär. Man konnte fast in die Fenster der Familien schauen, die in diesen Wohntürmen lebten, von denen jeder für die Bevölkerung einer deutschen Kleinstadt stand. Schon beim Aussteigen lag der Geruch von Geld in der Luft, das diese Stadt Tag und Nacht in Atem hielt. Hier drehte sich alles ums Geschäft.

Auf der anderen Seite hatte Hongkong die Tradition der alten englischen Kronkolonie mit ihren Bauten und Einrichtungen. Wir wohnten auf Hongkong-Island und fuhren jedes Mal mit der alten Star Ferry über die Bay. In der fantastischen, von Philippe Starck designten Felix Bar im legendären Peninsula Hotel machte ich meiner Frau bei einer späteren Reise den Heiratsantrag.

Bei einer Firma namens PH Garment wurden wir schließlich fündig. Der Inhaber Eddie Wong hatte als junger Newcomer schon eine Fabrik mit über tausend Mitarbeitern in Shenzhen, der vorgelagerten Hongkonger Werkstatt, aufgebaut.

Die Aufnahme geschäftlicher Beziehungen war mit ganz bestimmten Ritualen verbunden, die für die Chinesen obligatorisch zum harmonischen Miteinander gehörten. So mussten wir nicht nur ausnahmslos alle manchmal recht unappetitlichen Besonderheiten der chinesischen Küche kosten. Wir mussten abends auch beim Karaoke mitsingen und beim Whisky mittrinken. Cor erzählte mir, dass er während seiner ersten Monate bei Dentex einmal so abgefüllt worden war, dass er erst in Amsterdam wieder aufwachte und nach einem totalen Filmriss nicht mehr wusste, wie er dorthin zurückgekommen war.

Nach unserer Rückkehr warteten wir gespannt auf die vereinbarten Mustersendungen von PH Garment und waren, als diese endlich eintrafen, begeistert. Die Qualität stimmte weitgehend. Wir erteilten die ersten Aufträge, wurden aber gleich darauf wieder vom leidigen Geldmangel eingeholt. Denn neben den vielen anderen Dingen, die zu bedenken waren bei der Fertigungsverlagerung nach Fernost, musste man vor allem auch flüssig genug dafür sein. Man musste nämlich bereits, wenn die Ware verschifft wurde, mit sogenannten LCs per Akkreditiv bezahlen. Das bedeutete, man brauchte zusätzliche Liquidität. In unserem Fall beliefen sich die LC-Eröffnungen Ende 1998 auf einen

Gesamtbetrag von 265 Tsd. US-$. Und das war der Bank wiederum gar nicht leicht zu vermitteln. Kosten zu sparen war für uns ja Pflichtprogramm. Geld dafür zu benötigen war nicht vorgesehen.

JUNGE ZWEITMARKE »CHEEK«

Wir mussten inzwischen den quasi Totalausfall des Großkunden Palmers kompensieren. Das bedeutete, dass wir deutlich hinter unserer Umsatzplanung zurückhingen. So gut sich Excellent und Bernd Berger Body entwickelten – wir waren trotzdem limitiert in unseren Aktivitäten, denn beide Marken hatten kein jugendliches Profil und wenig Glaubwürdigkeit für eine jüngere Zielgruppe im Alter zwischen 20 und 30 Jahren.

Wir hatten aber so viele Ideen und Anfragen für eine moderne, junge Konsumentin, dass wir darin ein großes ungenutztes Potenzial sahen. So, wie es die französische Firma Chantelle mit ihrer Zweitmarke »Passionata« vorgemacht hatte. Zur Kompensation der Palmers-Umsätze und Abschöpfung dieser Potenziale entschieden wir uns, eine neue Marke in den Markt zu bringen. Die Kollektion sollte vor allem modisch sein und die Einstiegspreislagen des Fachhandels bedienen. Ein modernerer Look bedeutete außerdem, weniger Spitzen und Stickereien einzusetzen. Dafür mehr Drucke, wie z. B. Animal Prints im Stil von Dolce & Gabbana.

Ein passender Name war essenziell für die richtige Markenpersönlichkeit. Wir fanden »cheek«, englisch für »frech«, ziemlich treffend. Denn genau das fehlte der ganzen Wäschebranche – eine Portion Frechheit. Junge Mädchen und Frauen kauften ihre Dessous nicht nur aus preislichen Gründen bei H&M, sondern vor allem auch, weil Image und Look ihnen dort besser gefielen als bei den vielen hausbackenen, braven Wäschemarken, die im Fachhandel vertrieben wurden. Dennoch gab es auch in der jüngeren Zielgruppe durchaus höhere Ansprüche an Qualität und Passform, vor allem in größeren Cup-Größen. Die jungen Frauen hatten nämlich in den letzten Jahren durch

Pille, Hormone oder was auch immer – so viel Insiderinformation muss sein – immer größere Brüste bekommen. Dabei sind die Körper schlank, was sich an Unterbrustweiten von 65, 70 und 75 festmacht, aber bei den Cups werden C-, D- und E-Größen gebraucht. Das hört sich harmlos an, erfordert aber besonderes Know-how, denn je größer der Busen, desto besser muss die Konstruktion eines BHs sein. Und genau das ließen die Billiganbieter vermissen. Das war unsere Chance.

Wir führten »cheek« im Frühjahr ein. Im ersten vollen Geschäftsjahr machten wir aus dem Stand einen Jahresumsatz von 2 Mio. DM. Das war ein sensationeller Start. Die visuelle Umsetzung gelang so gut, dass die Messe in Düsseldorf unsere Bilder im Großformat als fünf Meter hohe Fahnen in der Messehalle abhängte. Zur Feier des 50-jährigen Bestehens der IGEDO im darauffolgenden Jahr durfte ich sogar an einem eigens gedrehten Geburtstagsvideo teilnehmen, in dem Kommentare von Top-Unternehmen der Modebranche zur Bedeutung dieser Messe zusammengestellt wurden. Darunter waren so namhafte Unternehmer wie Klaus Steilmann (Steilmann), Wolfgang Ley (Escada) und Gerd Strehle (Strenesse) und – als einziger Vertreter und Sprachrohr der Unterwäsche-Branche – ich, der ich mich durch den illustren Kreis sehr geehrt fühlte.

Vor allem mit der neuen jungen Marke »cheek« gelang es uns, die durch Palmers wegfallenden Umsätze zu kompensieren. Noch dazu mit, trotz relativ niedriger Preispositionierung, gegenüber Palmers deutlich verbesserten Rohertragsmargen. Die Rechnung ging also auf.

THÜRINGER INDUSTRIECLUB

Im März 1998 erreichte mich eine Anfrage des Thüringer Industrieclubs. Dieser Club war auf Initiative des neuen Chefs der Deutschen Bank im Vertriebsgebiet Ostthüringen gegründet worden. Als eines der von der Mitarbeiterzahl größten Thüringer Unternehmen und größter Frauenarbeitgeber in Ostthüringen hatte Excellent eine überregionale Bedeutung. Man wollte mich deshalb als Kuratoriumsmitglied gewinnen.

In diesem Jahr ging die Jenoptik AG an die Börse, deren Leitung der frühere baden-württembergische Ministerpräsident Lothar Späth 1991 übernommen hatte. Gerade aus dem Technologiebereich bekam die Idee wesentliche Unterstützung durch Kuratoren, von den Firmen Carl Zeiss und Jenoptik. Jenoptik und Späth waren eine ganz eigene Geschichte gewesen. Der CDU-Mann Späth hatte natürlich im CDU-regierten Thüringen eine breite Lobby. Er war die Galionsfigur, die man für so ein politisches Projekt brauchte. Und die politische Prominenz beschloss von Anfang an, seine Sanierungsarbeit uneingeschränkt gut zu finden, ohne Wenn und Aber zu bewundern und sie vollumfänglich zu unterstützen.

Späth, den ich auch bei einer Veranstaltung in Weimar persönlich erlebte, war ein eloquenter und hochintelligenter Tausendsassa. Ich will seine Verdienste nicht infrage stellen bzw. kann sie gar nicht genau beurteilen. Jedenfalls ist aus Jenoptik ein modernes, wettbewerbsfähiges Unternehmen geworden. Dennoch hätte ich gerne nur einen Bruchteil des Geldes vom Staat bekommen, das er pro Arbeitsplatz einsetzen konnte. Von dem früheren Stolz der DDR-Wirtschaft, dem VEB Carl Zeiss Jena mit seinen ursprünglich 30 000 Mitarbeitern blieb dennoch nicht viel übrig. Zum Zeitpunkt des Börsengangs waren es gerade mal noch 2000 Mitarbeiter, also keine 7 Prozent.

Der Thüringer Industrieclub saß in Weimar. Die Zusammenkünfte fanden im berühmten Hotel Elephant statt. Dieses Traditionshaus, das im Jahr 1696 gegründet worden war, hatte in seiner Geschichte immer wieder Berühmtheit erlangt. Goethe, Schiller, Liszt und Wagner waren dort gewesen. Das Hotel Elephant kam vor in Thomas Manns Roman ›Lotte in Weimar‹. Und auch Adolf Hitler war dort abgestiegen und hatte sich vom Volk auf dem eigens geschaffenen Balkon begrüßen lassen mit den Worten »Lieber Führer, komm heraus, aus dem Elephantenhaus«.

Solche Anfragen waren für mich ein sehr positives Signal. Nicht etwa, weil ich mich darum gerissen hätte, in solchen Gremien mitzuwirken. Im Gegenteil, für Club- oder Verbandsgetue hatte ich überhaupt keinen Nerv. Aber derartige Anfragen zeigten, dass wir wirklich wahr- und ernst genommen wurden. Mein Kalkül war, dass uns das noch helfen konnte und dass noch Hoffnung bestand für Zugeständnisse und Unterstützung von politischer und öffentlicher Seite.

ERFÜLLUNG EINES JUGENDTRAUMS

Im Frühsommer 1998 lief der Leasingvertrag für meinen alten Firmenwagen aus. Das Thema Auto war keine einfache Sache. Da ich mir nur ein relativ geringes Gehalt bezahlte (bei Roland Berger hätte ich längst sehr viel mehr verdient) und außerdem in zwei Jahren 100 000 Kilometer auf der Straße unterwegs war, war ein schönes Auto ein Luxus gewesen, den ich mir seit Beginn meiner Tätigkeit in Zeulenroda gegönnt hatte.

Anfangs hatte ich mir einen neuen Audi zugelegt. Die Marke war damals noch ganz am Anfang der unglaublichen Entwicklung, die sie in den letzten beiden Jahrzehnten genommen hat. Ich wollte ein Auto, das Spaß macht, aber keinen Neidfaktor hat und nach außen nicht so auffällig ist. Andreas, der sich als früherer Formel-3-Fahrer gut auskannte und mit der Rallye-Legende Walter Röhrl bekannt war, hatte mir die Marke Audi empfohlen. Den ersten aus der S-Reihe mit 280 PS, 8 Zylindern, 32 Ventilen, Allradantrieb und einem mordsmäßigen Bums unter der Haube. Äußerlich Kombi und Familienkutsche, von den inneren Werten her ein reinrassiger Sportwagen. Ein Wolf im Schafspelz, der mich jahrelang trotz ziemlicher Raserei sicher zwischen München und Zeulenroda hin und her gebracht hat. Die Bestellung beim örtlichen Auto-Center in Zeulenroda hatte den Verkäufer wochenlang in Ekstase versetzt (»Herr Schworza, mehr Stress geht gor nisch.«).

Zeulenroda, damals noch Kreisstadt, hatte das Kennzeichen ZR. Ich hielt die zwei Buchstaben für ziemlich unverfänglich, weil für die abgelegene Ostprovinz eher drei typisch waren (heute GRZ für Greiz). Doch dem bayerischen Urinstinkt entging nichts. Bei einem Ski-Trip zum Spitzingsee an einem schönen Winterwochenende parkte ich ein-

234

mal meinen Renner auf einem dicht besetzten Parkplatz direkt am Lift. So ganz geheuer war mir der Platz aber nicht und weil ich befürchtete, abgeschleppt zu werden, ging ich zu einem der Parkplatzwächter, um zu fragen, ob ich dort stehen dürfe. Der schaute mit verkniffenen Augen in Richtung meines Autos, sog die Luft hörbar durch die Nasenlöcher ein und sagte dann mit einem Ausdruck befriedigter Erkenntnis und einer zutiefst distanzierten Miene:»San's a DDRler, oder?« Das war ein deutliches Zeichen, dass Bayern und Thüringer so schnell keine Freunde wurden.

Nach dem Audi, von dem ich mich nur schweren Herzens getrennt hatte, hatte vor allem meine Freundin dafür gesorgt, dass ich mir als Nächstes einen Range Rover kaufte. Der gefiel später auch meiner Frau unglaublich gut. Frauen lieben die großen Autos, in denen sie sich sicher und geborgen fühlen. Die Marke Range Rover war aber noch nicht von BMW generalüberholt worden und hatte die alten Macken. Am schlimmsten war die Elektronik. Ständig piepsten irgendwo Warnsignale völlig grundlos. Es war zum wahnsinnig werden. Und er schluckte unfassbar viel Sprit. Nachdem der Leasingvertrag Anfang 1998 beendet war, war ich froh.

Und nun dachte ich, mir endlich meinen Traum seit Kindertagen, einen 911er Porsche leisten zu dürfen. Die Baureihe 993, der letzte luftgekühlte Motor lief aus. Ich erstand einen Jahreswagen in Stuttgart zu einem relativ günstigen Preis. Ein Cabriolet, Vollleder, schwarz/schwarz, 18 Zoll-Räder! Ich nahm mir fest vor, dass dies mein erster und einziger Porsche sein sollte. Den wollte ich behalten und irgendwann meinem Sohn vererben.

Aber dieses Auto war keine gute Entscheidung. Ab dem ersten Tag hatte ich ein permanent schlechtes Gewissen, weil ich mir so ein Statussymbol leistete. Es ging mir zwar nicht darum, den tollen Max zu machen, sondern allein um die Freude, die ich am Fahren hatte. Aber der äußere Eindruck war natürlich ein anderer. Ich sagte mir, dass ich mich auf den ersten Blick nahtlos einreihte in die Schar halbseidener Unternehmer, deren gesamtes Firmenkapital – wenn das Auto überhaupt gekauft und nicht geleast ist – in der Garage steht.

In der Firma war ich gezwungen, ein straffes Kostenmanagement durchzuexerzieren. Die meisten Mitarbeiter mussten mit wenig Geld für ihre Familien auskommen. Da war ein Porsche nicht gerade das richtige Signal von Loyalität und Glaubwürdigkeit. Also wuchs mit jedem Kilometer, den ich Zeulenroda näher kam, mein schlechtes Gewissen. Immer, wenn ich dort ankam, fuhr ich sofort in die Garage. Ich wollte nicht unbedingt, dass mich dort jemand in dem Auto sah. Im Winter ließ ich das Cabrio überhaupt komplett ungenutzt. Stattdessen fuhr ich einen alten VW Passat, den wir von einem Vertreter noch im Fuhrpark hatten. Und mitunter, wenn der Passat unterwegs war, wie zur Strafe für die Porsche-Nummer, auch einen hässlichen, weinroten Ford Focus Kombi.

OSCAR DU TEXTILE

Die Ehre war groß, als die französische Fachzeitschrift ›Creation Lingerie‹ uns mit dem »Oscar du textile« auszeichnete. Für ein deutsches Unternehmen war das im Mutterland der Lingerie eine kleine Sensation.

Ich liebe Frankreich. Die Franzosen haben eine einzigartige Lebensart und Kultur. Meine Münchner Freundin hatte es mir zusätzlich nahegebracht. Jeden Aufenthalt in Paris habe ich genossen. Und ich war mindestens zweimal im Jahr dort, um mich an der Quelle zu informieren und inspirieren zu lassen. Ich hatte immer ein kleines Hotel in Saint Germain-des-Prés. Frühstück am Boulevard Saint-Germain im Café des Flores. Stadtbummel mit Stationen in der Rue Saint-Honoré, bei Colette, Galeries Lafayette. Kaffee im Hôtel Costes. Ein Abstecher in die Avenue Montaigne. Abendessen in der Bar du Théâtre oder in der Brasserie Lipp. Manchmal sah man dort Stars wie Jean Paul Belmondo oder Karl Lagerfeld, der gegenüber im Buchladen Unmengen von Büchern einkaufte und taschenweise in sein Auto tragen ließ, um darin neue Inspirationen zu finden. Paris als Kontrastprogramm zu Zeulenroda – das war eine andere Welt!

Aber bei aller Liebe sind die Franzosen auch ausgemachte Chauvinisten. Was nicht aus Frankreich stammt, französisch spricht und denkt, bewegt sich normalerweise unterhalb ihrer Wahrnehmungsgrenze. Ihre lieben Nachbarn, die Deutschen, können zwar nicht negiert werden, aber sie mögen ihre Autos und Maschinen bauen. Von der Mode jedenfalls, die französisches Kulturgut ist, sollen sie lieber die Finger lassen. Und von diesen Franzosen bekamen wir, die auch noch Ossi-Deutschen, jetzt eine offizielle Anerkennung. Ich erinnere mich noch daran, wie irritiert und ungläubig die französischen Wettbewerber schauten, als uns die Chefredaktion die Urkunde bei einer Festivität in einem Pariser Stadtpalais in die Hand drückte. Das war wie ein innerer Reichsparteitag.

Ich hatte auch eine Begegnung mit dem Inhaber der belgischen Firma Van de Velde. Ich habe dieses glänzend performende Unternehmen schon erwähnt. Unser Außendienst hatte uns immer davon vorgeschwärmt, wie gut das Standing dieses Unternehmens im Handel war. Und außerdem lagen uns die Informationen über deren veröffentlichte Jahresabschlüsse vor, die ein fantastisches Betriebsergebnis in Höhe von über 20 Prozent des Umsatzes auswiesen. Dieses Unternehmen war also für uns in jeder Hinsicht vorbildlich. Umso mehr freute mich, dass Monsieur Laureys auf mich zukam, mir auf die Schulter klopfte und auf Deutsch sagte, er gratuliere herzlich, wir würden einen ganz tollen Job machen.

WOCHENENDEN IN WIEN

Daniela hatte nach einem Dolmetscherstudium und paralleler freiberuflicher Tätigkeit als Redakteurin der ›Kronen Zeitung‹ ein Tourismus-Management-Studium aufgenommen und wollte das zu Ende bringen. Das hieß, sie war bis auf Weiteres auf den Standort Wien festgelegt.

Für mich bedeutete dies ein abwechslungsreiches Kontrastprogramm zum grauen thüringischen Alltag. Am Wochenende pendelte ich zwischen Zeulenroda und Wien hin und her. Das funktionierte gut, weil es glücklicherweise einen Direktflug der Tyrolean Airways von Leipzig nach Wien gab. Wir hatten uns eine Wohnung am Saarplatz im 19. Bezirk genommen, dem wohl schönsten Wiener Bezirk an der Grenze zu Grinzing und den Weinbergen. Die helle, charmante Jugendstilwohnung war, wie die Villa, von unseren Excellent-Handwerkern in einem straffen Wocheneinsatz renoviert worden. Wien hatte ihnen gefallen. Ich hatte sie zum Sturm (Federweißen) bei einem Grinzinger Heurigen eingeladen, was einer mit den Worten kommentierte:»Schmeckt gut, das Zeusch.« Ich schenkte im Lauf dieses stürmischen Abends reichlich nach, und die Herren bedankten sich für den dicken Kopf am nächsten Tag mit schief geklebten Stuckleisten.

Wenn es die Zeit und das Arbeitspensum erlaubten, machte ich jeden zweiten Freitag einen Home-Office-Tag, zu dem ich mir die Akten mitnahm, die ich auch in Wien erledigen konnte. Daniela hatte einen großen Freundeskreis, der mich, obwohl Piefke, warmherzig aufnahm. Wien war fantastisch. Es war immer etwas los. Wir gingen regelmäßig auf Bälle, in Konzerte und ins Theater, bevorzugt in das in der Josefstadt, in dem ich die schönsten Aufführungen alter deutscher Theater-Klassiker erlebt habe – von Kleist über Schiller bis Schnitzler und Tschechow.

Das Kontrastprogramm war die junge Wiener Szene, die ganz erstaunliche Events ins Leben rief, wie den Life-Ball zugunsten der AIDS-Hilfe, für den sich alljährlich das altehrwürdige Wiener Rathaus in eine schillernde, wenn auch leicht obszöne Partyhochburg verwandelt. Es gab jede Menge Abwechslung, die ich in vollen Zügen genoss, als Ausgleich für die mühsame, trockene Sanierungsarbeit während der Woche.

Wir luden die Wiener Freunde auch einmal nach Zeulenroda ein. Das riesige Firmengelände und die hochherrschaftliche Villa machten einen gewaltigen Eindruck. Ein bisschen stolz war ich auch darauf, den mit Kultur verwöhnten Wienern neben viel Landschaft auch die wunderschönen, geschichtsträchtigen Altstädte von Weimar und Erfurt zeigen zu können.

MODISCHES TAGESGESCHÄFT

Im Verlauf des Jahres gelang es uns ziemlich gut, uns von den Rückschlägen des Jahres 1997 zu erholen. Wir arbeiteten konzentriert in beide Richtungen, Kostenreduzierung auf der einen und Umsatzsteigerung auf der anderen Seite – und machten dabei gute Fortschritte. Wir konnten die Kapazitäten, die wir für Palmers vorgehalten und aufgebaut hatten, sinnvoll auslasten. Es gelang uns, das Geschäft mit dem westdeutschen und internationalen Fachhandel deutlich zu steigern. Viele große Häuser, bei denen die Etablierung als Stammlieferant gelang, entwickelten sich mit zweistelligen Zuwachsraten. Ständig kamen neue Kunden hinzu. Die Umsätze stiegen und daraus resultierend wurde erstmals und endlich das Betriebsergebnis positiv. Das hieß, unser operatives Geschäft (ohne Finanzergebnis und Sondereffekte) rechnete sich erstmalig.

Im Freundeskreis hatte man mir inzwischen den charmanten Spitznamen »Titten-Christo« verliehen. Das war ja witzig. Auf die Nerven ging mir aber, dass für einige meiner Freunde meine Job-Description anscheinend so aussah, dass ich den ganzen Tag von halb nackten Mädchen umgeben wäre. Was anfangs noch als Sujet willkommen war, sich interessant zu machen, wurde für mich zunehmend zu einer allzu billigen Betrachtung meiner unternehmerischen Schwerstarbeit. Excellent war schließlich kein Bordell, sondern ein Wäsche produzierendes Modeunternehmen.

Ganz allgemein denke ich, dass bei vielen eine Fehleinschätzung zum Thema Mode vorliegt. Mode ist keinesfalls nur Jupheidi und Jupheida, nur grell und schillernd, mit tollen Models auf den Laufstegen und schwulen Designern, die in den Hinterzimmern koksen. Mode ist vielmehr ein knallhartes Geschäft, das von dem Druck geprägt ist, sich ständig neu zu beweisen und Saison für Saison den Erfolg zu wiederholen. Da der Zeitgeist sehr viel Dynamik und Veränderung mit sich bringt, ist es eine große Herausforderung, dauerhaft oben mitzuschwimmen. Man kann das daran erkennen, dass die Liste der

Top 20 der deutschen Modeunternehmen sich heute völlig anders zusammensetzt als noch vor 20 Jahren. Namen, wie Steilmann, Hucke, Mondi oder Delmod gibt es nicht mehr, oder sie spielen jedenfalls keine Rolle mehr. Bei den Autoherstellern sind es dagegen immer noch die Gleichen.

Außerdem ist das Modegeschäft auch gar nicht so spektakulär, wie es sich mancher vorstellt. Es enthält eine festgemauerte Routine, die sich in dem Wertschöpfungsprozess festmacht. Kollektionsbesprechungen, Fotoshootings und Messepräsentationen wiederholen sich alle sechs Monate und werden dadurch zu einem ziemlichen Trott. Als Verantwortlicher arbeitet man sich da durch, von Saison zu Saison, und manchmal ertappt man sich bei dem Gedanken, »jetzt geht das schon wieder los«. Jedes Mal ein neuer Anlauf, der einen auch müde machen kann.

In den letzten Jahrzehnten hat sich das Modebusiness außerdem völlig verändert. Im kommerziellen Bereich haben die Vertikalen wie Zara, H&M und Mango das Geschäft aufgemischt. Sie sind sehr viel effizienter als das traditionelle Mit- und Gegeneinander von Herstellern und Händlern. Ihre Überlegenheit liegt in der Fähigkeit, Systeme zu managen, die nur ein Ziel haben: die Steigerung der Flächenproduktivität am PoS, d. h. des Umsatzes auf der Handelsfläche. Dazu gehören die neueste Mode (meistens kopiert), die schnellste Beschaffung, die perfekte Logistik und die attraktivste Warenpräsentation.

Im Luxussegment sind internationale Konzerne wie LVMH, Richemont und Pinault Printemps entstanden, denen die meisten Luxusmoden- und -uhrenmarken gehören. Sie beherrschen das Spiel mit Image und Premiumpreisen. Sie geben Millionen für sogenannte Flagshipstores und Werbekampagnen aus. Und sie erwirtschaften, vor allem auch aufgrund des steigenden Wohlstands in Asien und anderen Teilen der Welt, traumhafte Renditen.

Die erfolgreichen Vertikalen und die Luxuskonzerne sind in der Lage, Quadratmeterumsätze und Lagerumschläge zu erreichen, von denen die Vertreter der alten Schule nur träumen können. In den Innenstädten tobt ein Kampf um die attraktiven Standorte. So viele 1A-Lagen gibt es nicht und die Mieten haben schwindelerregende Höhen erreicht. Wer nicht genügend Leistung bringt, bleibt früher oder später auf der Strecke.

Das Modegeschäft ist ein unbarmherziges Big Business geworden, das sehr viel Professionalität verlangt und keine Fehler erlaubt.

UNTERNEHMER TEIL 2 – KAMPF AN ALLEN FRONTEN

1999

KAPITALDIENST

Vom Big Business zurück zu den Unterhosen.

Bei den Darlehen der Deutschen Bank handelte es sich um Tilgungsdarlehen mit laufenden Kapitaldiensten, die sich aus regelmäßigen Rück- und Zinszahlungen zusammensetzten. Allein die Tilgungen dieser beiden Darlehen beliefen sich monatlich auf fast 80 Tsd. DM, also fast 1 Mio. DM im Jahr. Bereits Ende 1998 war absehbar, dass Rückzahlungen in dieser Höhe für uns noch nicht darstellbar waren. Gespräche mit der Hausbank über eine mögliche Prolongation endeten ergebnislos. Eine Verlängerung war genauso wenig möglich wie ein vorübergehendes Aussetzen der Tilgungen.

Bei der Unternehmensübernahme und den Gesprächen zum Finanzierungskonzept knapp zwei Jahre zuvor hatte man uns noch gesagt, man würde später mit Sicherheit eine geeignete Form der Anschlussfinanzierung finden. Die Verantwortlichen hatten natürlich bei der Kreditvergabe ganz andere Perspektiven und Beweggründe gehabt. Vor meinem MBO saß man da mit einem Engagement, das zwar gesichert war durch Treuhand-Bürgschaften, aber in der Römpler-Konstellation wenig Zukunft hatte. Die Bank wollte aber das Zinsgeschäft gerne auch weiterhin mitnehmen. Und da kam der ambitionierte und so dynamische und erfolgreiche Geschäftsführer gerade recht.

Die Deutsche Bank war also viel entgegenkommender gewesen, als sie das wahrscheinlich im Falle der Neufinanzierung eines echten Start-ups gewesen wäre. Mein Engagement servierte ihnen auf einem silbernen Tablett die Möglichkeit, dem Unternehmer-Esel alle Verpflichtungen aufzubürden, die sich aus der hohen Verschuldung ergaben, und gleichzeitig das Sicherheiten-Paket mit den Förderinstituten Treuhand und Landesbank neu zu verhandeln, die sich ihrem politischen Auftrag an dieser Stelle kaum entziehen konnten. Die Bank war durch das MBO ganz fein raus.

Zwei Jahre später hatte man nun eine neue Brille auf. Durch die nicht eingeplanten Rückschläge bei der Umsatzentwicklung und die etwas zähen Fortschritte bei der Weiterentwicklung des Unternehmens war aus dem anfänglichen Esel für die Bank ein etwas lahmer Gaul geworden anstatt, wie erwartet, ein strahlender Champion. Und deshalb schien nun, nach allen Seiten perfekt abgesichert, natürlich auch das Engagement als solches in einem ganz anderen Licht. Längst rümpfte man ob des geringen Betriebsergebnisses, der schwachen Eigenkapitalbasis und der viel zu hohen Verschuldung leicht indigniert die Nase. Dass man an der Schaffung dieser Konstellation aktiv beteiligt gewesen war, spielte keine Rolle mehr. Im Rahmen der MBO-Verhandlungen hätte man sich durchaus Gedanken machen können, ob die Finanzierungsregeln und Kennzahlen, mit denen man normalerweise im Kreditgeschäft hantierte, in unserem Fall eine gesunde Ausgangsbasis ergaben. Aber dann hätte man möglicherweise die eigenen Kredite infrage gestellt. Und das ging natürlich nicht.

Am Erfolg des Unternehmens haben Banken ihrem Selbstverständnis nach immer einen erheblichen Anteil. Denn sie sind ja mit dem Unternehmer durch dick und dünn gegangen. Im Bankjargon nennt man das »langjährige, vertrauensvolle Zusammenarbeit«. Bei dieser Einschätzung fehlt allerdings ein Aspekt. So lange es läuft, braucht ein erfolgreicher Unternehmer eine solche vertrauensvolle Zusammenarbeit überhaupt nicht. Das ist ein Etikettenschwindel. Der erfolgreiche Unternehmer, dessen Zahlen glänzen, kann sich die Bank in aller Regel aussuchen und die Spielregeln diktieren. Er will auch keine »vertrauensvolle Zusammenarbeit«, sondern ganz einfach Geld, und zwar zu niedrigen Zinsen und zur freien Verfügung, möglichst ohne Einschränkungen und Sicherheiten. Und weil die Vertriebsleute der Banken dies nur allzu gut wissen, kennt ein erfolgreicher Unternehmer nur den charmanten, überaus liebenswerten, bis zur Schmerzgrenze gefügigen Banker, der um die Möglichkeit bettelt, ein Darlehen gewähren zu dürfen. Nirgendwo findet der erfolgreiche Unternehmer bessere Freunde als bei den Banken.

Wehe, wenn sich das Blatt wendet. An Misserfolgen ist der Unternehmer nämlich prinzipiell ganz alleine Schuld. So auch in meinem Fall. Die widrigen Umstände des MBO spielten in den Bankgesprächen keine Rolle mehr. Das Bürgerliche Gesetzbuch enthält einen Paragrafen 275, nach dem Rechtsgeschäfte bereits in der Entstehung subjektiv oder objektiv unmöglich sein können, wodurch die Leistungspflicht ausgeschlossen wird. Leider konnte ich mich nachträglich nicht darauf berufen.

Für uns hieß es also: Geld zurückzahlen. Auf den Einwand, dass wir eine Prolongation erwartet hatten und aufgrund der Ertragssituation und der Finanzierung unseres Working Capital gar nicht in der Lage wären, bereits Kredite rückzuzahlen, antwortete man uns mit den üblichen Floskeln. Man würde ja gerne in diesem besonderen Fall. Man könne aber nicht. Weil man aufgrund der allgemeinen Bestimmungen eben gar nicht dürfe. Anweisung von ganz oben. Man müsse deshalb leider darauf bestehen. Und man habe ja auch nicht wissen können, dass … usw. Bla, bla, bla.

Wir hatten nicht die leiseste Ahnung, woher wir das Geld nehmen sollten.

VERKAUF DER FORDERUNGEN

Wir mussten etwas finden, was wir zu Geld machen konnten. Und nach einiger Überlegung kamen wir auf das Thema Factoring, also den Verkauf der Forderungen. Zwar waren unsere Forderungen längst als Sicherheit von der Bank kassiert worden. Aber im Falle der Rückführung des Kreditvolumens war es für uns durchaus gerechtfertigt, die Freigabe eines Teils der Sicherheiten zu verlangen. Wir sprachen parallel mit der Deutschen Bank und der Süd Factoring, die uns vom Verband empfohlen worden war.

Erleichtert waren wir erst einmal, als die Bank signalisierte, sie wäre mit der Herausgabe der Forderungen aus Lieferungen und Leistungen einverstanden, wenn wir dafür den kurzfristigen Kredit tilgen würden. Es ging um einen Betrag von ca. 1,2 Mio. DM. Ein Lösungsansatz schien gefunden und wir atmeten auf. Die Herren von der Süd Factoring kamen kurzfristig zu einem Erstgespräch ins Haus. Wir stellten uns und unser Unternehmenskonzept in der inzwischen zur Routine gewordenen Professionalität vor. Die Herren waren zufrieden, wenn nicht gar beeindruckt. Und dann ging es in medias res.

Wir zeigten unsere Kunden- und Debitorenlisten und debattierten im Detail die Möglichkeiten, auf Factoring umzustellen. Insbesondere interessierte uns die Frage, in welcher Höhe man bereit wäre, die Forderungen anzukaufen. Die erste Einschätzung belief sich auf eine Größenordnung von zwischen 75 Prozent und 90 Prozent des gesamten Forderungsvolumens, was aber in einer detaillierten Prüfung der Kundenliste erst noch bestätigt werden musste. Unser Forderungsvolumen belief sich für den vorgesehenen Zeitpunkt der Übertragung auf eine Größenordnung von ca. 2,6 Mio. DM. 75 Prozent davon waren knapp 2 Mio. DM, sodass sich die Rückzahlung der fälligen 1,2 Mio. DM ausgehen sollte. So weit, so gut.

Einige Tage warteten wir unter Hochspannung auf die Prüfung der Kundenliste und waren sehr erleichtert, als wir informiert wurden, dass das Ergebnis zufriedenstellend ausgefallen war. Der nächste Gang war wiederum der zur Bank, um die Details des Geschäftes, insbesondere die Zeitpunkte zu vereinbaren. Alles schien glatt zu laufen. Der Vertrag mit der Factoring wurde im Januar unterschrieben, die Sicherheiten wurden herausgegeben und die Kunden informiert, dass sie ab sofort auf neue Konten zu zahlen hatten.

Dann kam der Tag der ersten Auszahlung durch die Factoring. Ausgezahlt wurden 900 Tsd. DM. Ich traute meinen Ohren nicht, als mir diese Summe von Herrn Eigen genannt wurde. Wir hatten 1,2 Mio. DM zurückzuzahlen. Die Umstellung brachte uns im ersten Schritt also nicht die eingeplanten 800 Tsd. DM frische Liquidität sondern, ganz im Gegenteil, uns fehlten 300 Tsd. DM, um die vereinbarte Kreditrückzahlung durchzuführen.

Die Rückfrage bei der Factoring ergab die niederschmetternde Erklärung, dass man zunächst nur 35 Prozent der Forderungen angekauft hatte. Man stand zwar noch zu der vorher genannten Ankaufrate von 75–90 Prozent. Allerdings könne sie erst nach ca. einem Jahr Laufzeit erreicht werden, innerhalb dessen man Gelegenheit hatte, sich von der Zahlungsmoral unserer Kunden zu vergewissern. Ein erfahrener Factoring-Kunde hätte das natürlich gewusst und einkalkuliert. Wir wussten es aber nicht und im Gespräch mit der Factoring war es auch nicht bewusst thematisiert worden – obwohl wir den Betrag, den wir für die Rückzahlung brauchten, klar beziffert hatten. Unsere Gesprächspartner hätten uns durchaus darauf hinweisen können, dass die erste Ausschüttung voraussichtlich nicht ausreichend sein würde. Auch hier galt wieder: Erste Erfahrungen auf dem Weg eines »Learning by doing« zu machen, führte zu einer blutigen Nase. Die vermeintliche Lösung war keine und brachte uns vielmehr in eine ordentliche Schieflage. Wir konnten die vereinbarte Rückzahlung weder pünktlich noch vollständig leisten. Das war der Zeitpunkt, zu dem unseren Partnern in der inzwischen Jenaer Filiale das Herz vollständig in die Hose rutschte. Bis zu diesem Zeitpunkt hatten sie noch gehofft (und gebetet?), dass wir irgendwie die Kurve kriegen würden. Man hatte aber sicher schon länger kein gutes Gefühl mehr. Wirklich beurteilen konnte man die Lage des Unternehmens sowieso nicht. Und so sah man keinen anderen Ausweg, als SOS an die nächst höhere Instanz in Leipzig zu funken. Die war die Spezialabteilung »Workout«, die sich gefährdeter Engagements annahm.

SONDERBEHANDLUNG WORKOUT

Wer jemals mit der Workout-Abteilung einer Bank zu tun hatte, weiß, dass das so ziemlich das Letzte ist, was man als Unternehmer haben muss. Workout hat nichts mit den im Fitness-Studio angebotenen Kursen zur Leistungsverbesserung und Steigerung des Wohlbefindens zu tun. Workout-, Special- Care- oder Recovery-Abteilungen sind zuständig für das Spezialkreditmanagement der Banken. Es bedeutet eine »Intensivbetreuung von risiko-*auffälligen* Engagements« oder im Klartext: die Kontrollübernahme bei Pleite-Kandidaten. Die Firmenkundenabteilungen sollen dadurch entlastet, die möglichen Verluste minimiert werden.

Nachdem bei uns das Factoring nicht die gewünschten und eingeplanten Liquiditätseffekte gebracht hatte und wir deshalb die für die

Sicherheiten-Freigabe vereinbarten Kredittilgungen nicht vollständig leisten konnten, waren wir ein Fall für dieses Problemmanagement geworden, sozusagen eine Art »Problembär«.

Nur wenige, die nicht selbst schon als Unternehmer oder Manager in einer ähnlichen Lage waren, wissen, wie entscheidend und schicksalhaft die bankinterne Einordnung des Engagements ist. Wenn dieses nicht mehr in der normalen Filialbetreuung fortgeführt werden kann, hat das nämlich weitreichende Konsequenzen. Der Firmenkundenbetreuer wird der Verantwortung enthoben und die Zuständigkeit geht komplett an das Workout über. Die alten Ansprechpartner sind für das Unternehmen erst einmal Geschichte.

Banken-Insider wissen, dass diese neue Zuständigkeit bankintern auch elementare persönliche Konsequenzen hat. Beim Kundenbetreuer wird der Fall als Kreditausfall abgeschrieben (denn der hat's verbockt), was natürlich auf seine persönliche Erfolgsbilanz und seine Bonuszahlungen durchschlägt (deshalb der Angstschweiß). Die Workout-Abteilung aber übernimmt den Fall quasi als blütenweißes, unbeschriebenes Blatt oder eben wie ein ganz neues Engagement. Sie hat also keinerlei »Altlasten«, sondern kann ganz unbeschwert (und ungeniert) versuchen, das Bestmögliche aus der Sache herauszuholen. Das Workout will an dem Fall verdienen und wird daran gemessen, wie viel es herausholt.

Zu wessen Lasten das gehen muss, ist klar. Natürlich soll der Unternehmer die Zeche bezahlen. Diese Hintergründe waren mir damals noch nicht bekannt. Auf der gesamten Bandbreite meines unternehmerischen Engagements war für mich schon bis zu diesem Zeitpunkt jedes Thema, jede Aufgabe, jede Hürde immer wieder Neuland gewesen. Erst recht galt das für den reißenden Strudel, zu dem sich die hiermit beginnende Eskalation der Krisensituation entwickelte. Man kann die Situation sehr gut mit einem Wildwasser-Kanuten vergleichen, der in unbekanntem Gewässer plötzlich in Stromschnellen hineinkommt und dem erst durch die immer reißendere Flut zur furchtbaren Gewissheit wird, dass er unweigerlich auf einen Wasserfall zusteuert.

Zwar war grundsätzlich bei jedem Wechsel von Ansprechpartnern gesunde Skepsis angebracht und Vorsicht geboten. Aber unbedarft, wie ich war, meinte ich, es wäre immer noch die gleiche Bank, und ging grundsätzlich davon aus, dass wir weiterhin in einem Boot säßen oder wenigstens gleichgerichtete Interessen hätten. Weit gefehlt. Ab sofort gingen wir getrennte Wege. Dabei blieb die »Wasseroberfläche« zunächst noch trügerisch ruhig. Es gab keine offizielle Kriegserklärung, sondern die Veränderungen vollzogen sich leise, schleichend, beim genauen Hinsehen aber sehr bald umso spürbarer. Peinlich genau vermeiden die Banken nämlich zu jeder Zeit der Geschäftsbeziehung den Eindruck und erst recht jeden schriftlichen Beweis, auf Unternehmer und Geschäftspolitik direkten Einfluss genommen zu haben. Aus Haftungsgründen ist jeder Bankmitarbeiter des Workouts angewiesen, den äußeren Anschein der Unbeteiligtheit zu erhalten und offiziell einen Sicherheitsabstand zu bewahren. Deshalb triefen die bösesten Schriftstücke der Banken, in denen einem Unternehmer Handschellen und Fußfesseln gleichzeitig angelegt werden sollen, von zuvorkommender Freundlichkeit. Jede Unzumutbarkeit ist in zuckersüße Formulierungen verpackt. Auch wir bekamen diesen Eindruck im Umgang mit den neuen Herren durch außergewöhnlich geschliffene und höfliche Umgangsformen. In der schriftlichen Kommunikation tauchten zwischen den Absätzen immer wieder die Formulierungen »lieber Herr Schwarzer«, »sehr geehrter Herr Schwarzer« auf. Das klang zunächst nach sehr viel Verständnis und gutem Willen.

Mit einer deutlich anderen Wahrnehmung war dann schon der erste Ortstermin in der neu geschaffenen Workout-Zentrale in Schkeuditz, nördlich von Leipzig, verbunden. Allein architektonisch war eine neue Dimension von Bedrohung hier bereits spürbar. Auf die übliche image-orientierte Selbstdarstellung der Bank wurde nämlich komplett verzichtet. Hier wurde »undercover« gearbeitet. Der große, rote Ziegelbau stand mitten im Niemandsland in der Nähe des Flughafens. Kein Firmenlogo oder Namensschild gaben sichtbaren Hinweis, wer dort saß. Ein »Geheimdienst« schreibt auch nicht in Leuchtbuchstaben seinen Namen über die Tür. Man musste schon ganz genau auf das Straßenschild und die Hausnummer schauen, um die angegebene Adresse überhaupt zu finden. Und erst der etwas verdeckt angebrachte Klingelknopf gab dann die letzte Gewissheit. Allein dieser Auftritt sorgte schon für ein mulmiges Gefühl.

Drinnen traf man auf eine drückende Atmosphäre. Das Gebäude war nicht einfach für jedermann zugänglich. Man wurde vom Empfang durch eine Sicherheitsschleuse eingelassen. Schon die Empfangsdame betrachtete einen mit einem finsteren, forschenden Blick. Das Gespräch fand dann in einem fensterlosen Raum statt, in dem Eigen und ich zunächst über 30 Minuten auf die Gesprächspartner warten mussten. Es handelte sich dabei keineswegs um ein freundliches Kennenlernen, sondern eher um ein »Verhör«, in dem es anscheinend erst einmal darum ging, den ungefähren Grad unserer »Vergehen« zu ermitteln. Wir hatten zwei Gesprächspartner, den Chef der Workout-Abteilung und eine Dame, seine rechte Hand.

Nach einer kurzen, höflichen Einführung ging es gleich zur Sache. Die beiden waren nach dem Aktenstudium ihres neuen Falles darauf eingestellt, hier auf »schwere Jungs« zu treffen, wie man im Kriminaljargon sagt. Es ging um Millionen, die der Bank gehörten und die wir veruntreut hatten (?). So ähnlich schien kurz die Anklage.

Die Art des Chefs erinnerte ein bisschen an den von Sir Laurence Olivier dargestellten Dr. Szell in dem Film ›Marathon-Mann‹. Dr. Szell bohrt Dustin Hofmann ein Loch in den Schneidezahn, um ihn zur Preisgabe des Diamantengeheimnisses zu zwingen. Man kann in der Szene kaum hinschauen und den Schmerz fast spürbar mitempfinden. Dr. Szell bleibt dabei ein Gentleman, der die Tortur in feiner, fast stiller Manier durchführt, aber gerade durch seine leise und lauernde Art zu reden, eine besondere Bedrohlichkeit entwickelt. So war es bei unserem Gespräch auch. Während er auf unseren Nerv bohrte, sagten Mimik und Körpersprache ganz deutlich: Raus damit, wir durchschauen und kriegen euch sowieso!

Tatsächlich ließ Dr. Szell in diesem Gespräch doch die Worte fallen: »Was haben Sie denn mit unserem Geld gemacht?« und: »Wie konnten Sie damit investieren? Dafür hätten Sie nur Ihr eigenes Geld verwenden dürfen!« Nachdem die Finanzierungskonzeption maßgeblich von der Bank selbst gestrickt worden war, erschien mir seine Argumentation recht überraschend. Mit so einer Logik hatte ich die Sache noch gar nicht betrachtet. Vielleicht ging es auch nur darum, uns ein paar eindeutige Signale zu geben, dass jetzt ein neuer Wind wehte.

Im Laufe des Gespräches legten sich offensichtlich die schlimmsten Befürchtungen. Wir machten wohl nicht den Eindruck, als führten wir etwas im Schilde oder hätten vorsätzlich zum Schaden der Bank gehandelt. Insofern wurde auch der Gesprächsabschluss etwas freundlicher. Ich meine, mich sogar an ein leises Lächeln der rechten Hand erinnern zu können. Dem Gefühl nach würde ich nachträglich behaupten, dass die Dame es sogar bedauerlich fand, dass es so weit hatte kommen müssen mit uns. Auf jeden Fall verließen wir nach 90 Minuten den Ort mit einer detaillierten Liste, was exakt wir in den nächsten 10 Tagen zu tun und zu lassen hatten.

Diese Liste wurde tags darauf auch schriftlich zugestellt, nicht ohne dass in dem Begleitschreiben wiederum der höflichste Ton angeschlagen wurde. Außerdem waren die To-dos alle so formuliert, als hätte ich sie selbst vorgeschlagen und die Bank würde sie nur nachträglich bestätigen:»Sie, sehr geehrter Herr Schwarzer, wollen sodann …«

Es gab neben der Besicherung der Immobilien, Forderungen und Warenvorräte einige wenige Assets, die noch nicht in die Verfügungsgewalt der Bank gewechselt hatten. Diese mussten jetzt schnellstmöglich gesichert werden. So bestand das Workout z. B. auf der Verpfändung der Markenrechte und des Schnittmusterarchivs.

UNFALL MIT DOPPELTEM ÜBERSCHLAG

Das Frühjahr 1999 bedeutete für mich nicht nur in der Bankbeziehung rutschiges Parkett. Anfang Mai musste ich zu einem Kundentermin nach Paris. Der Flug ging von Nürnberg nach Paris. Um sieben Uhr morgens musste ich am Flughafen sein. Das hieß, um halb fünf zu starten. Der Wetterbericht hatte den ersten richtigen Frühlingstag vorausgesagt mit Temperaturen an die zwanzig Grad.

Also holte ich zur ersten Fahrt nach der langen Winterpause den Porsche aus der Garage. Als ich noch im Dunkeln aus dem Haus kam, war es extrem kalt geworden. Temperaturen nahe null. Es hatte komplett aufgeklart. Ich fuhr über die neu ausgebaute dreispurige Autobahn A9 und dachte darüber nach, was der Tag bringen sollte. Auf einem schnurgeraden Teilstück, kurz hinter der bayerischen Landesgrenze, war ein Feldweg unter der Autobahn durchgeführt worden. Dort hatte sich auf der dünnen Fahrbahndecke Reifglätte gebildet. Bei Tempo 150 brach mir plötzlich völlig überraschend das Heck aus und ich begann, mich mehrmals um die eigene Achse zu drehen. Ich schlidderte von links nach rechts über die drei Fahrspuren und rutschte dreihundert Meter weiter in den Entwässerungsgraben. Der Wagen überschlug sich zweimal. Die Kräfte waren so stark, dass sich der Gurt regelrecht in die Oberflächenstruktur meiner Jacke einbrannte. Ich verlor kurz das Bewusstsein, weil ich mit der Schläfe gegen das Dachgestänge schlug. Aber wie durch ein Wunder blieb ich bis auf eine Platzwunde unter dem Auge unverletzt. Das Auto aber war Totalschaden. Das Thema Porsche hatte sich erledigt. Die rechte Wagenseite ab der A-Säule war total zertrümmert. Ein Beifahrer hätte nicht die Spur einer Chance gehabt. Ich dagegen hatte irrsinnig viel Glück im Unglück.

Meine Mutter kam für einige Tage nach Zeulenroda und päppelte mich in altbewährter Manier wieder auf. Es tat unendlich gut, sich so geborgen und umsorgt zu fühlen. Wie immer war auf sie Verlass. Ich brauchte diese kurze Regeneration dringend. Denn im Grunde war dieser Unfall auf glatter Fahrbahn Sinnbild und Auftakt zu allen Liquiditätsproblemen, die ab sofort zur ultimativen Herausforderung wurden.

Der Schock saß tief. Daniela war damals im dritten Monat schwanger mit unserer Tochter Sophie. Wir waren durch die Schwangerschaft, die zu unserer großen Freude quasi unmittelbar auf den Heiratsantrag folgte, in unserer Lebensplanung überholt worden. Nun wäre Sophie um ein Haar als Halbwaise zur Welt gekommen. Bald nachdem ich mich einigermaßen erholt hatte, heirateten wir, gewissermaßen auch, um dem Schicksal die richtige Antwort zu geben. Die Hochzeit fand im Juni in Venedig statt. Eine intime, kleine Feier im Familienkreis. Mit Trauung im Standesamt, einem Palazzo am Canale Grande, Gondelfahrt und Hochzeitsnacht im legendären Hotel Danieli. Wunderschön, aber nicht die große Feier, die wir uns eigentlich vorgenommen hatten, die auf Sylt stattfinden sollte und zu der wir alle Wiener und Münchner Freunde zu einer Mega-Beach-Party einladen wollten. Dafür war jetzt nicht der richtige Zeitpunkt mit Babybauch und Liquiditätssorgen.

EIN NEUER BANKPARTNER

Fieberhaft suchten wir nach Möglichkeiten, die Liquidität in den Griff zu bekommen. Wir hatten unter anderem Kontakt mit dem Filialleiter der Deutschen Kreditbank DKB in Gera. Der hatte keine beneidenswerte Aufgabe. Er sollte in einer Region, die von den großen Kreditinstituten, wie der Deutschen Bank, der Bayerischen Vereinsbank und anderen, bereits restlos abgegrast war, nach lukrativen Kreditkunden suchen. Ein ziemlich aussichtsloses Unterfangen. Die Excellent Gruppe sah da noch nach einem ziemlich dicken Fisch aus.

Hinzu kam, dass bei der KfW wieder neue Förderprogramme aufgelegt worden waren, aus deren Töpfen sich die Banken nun schnellstens bedienen mussten, so lange der Vorrat reichte und dort noch etwas zu holen war. Die Töpfe, auf die die DKB es abgesehen hatte, hießen »Liquiditätshilfe« und – fast poetisch – »Existenzfestigungsdarlehen«.

Das Engagement des Filialleiters war groß. Sah er doch die Chance, endlich einmal der übermächtigen Deutschen Bank etwas wegzuschnappen. Wir ließen unsererseits durchblicken, dass wir uns dort auch nicht mehr so richtig wohl fühlten, und so kam eins zum anderen. Wiederum mussten wir alle Informationen zusammentragen, die für derlei Anträge erforderlich sind, und siehe da, sie hielten sogar den Anforderungskriterien der Förderprogramme stand. Auch die uns inzwischen schon routinemäßig gewogene Thüringer Aufbaubank spielte mit und reichte eine erneute Ausfallbürgschaft über 2 Mio. DM aus (darin waren sie inzwischen gut).

Ende Oktober sahen wir uns tatsächlich und relativ unverhofft in der Lage, über 2,5 Mio. DM frische Mittel zu verfügen. Unseren Kreditrahmen erweiterte diese Summe allerdings nur geringfügig, denn parallel dazu waren Tilgungen an die Deutsche Bank zu leisten. Insofern war die Sache kein Befreiungsschlag. Trotzdem wurden unsere Spielräume wieder etwas größer, und vor allem waren wir in der Lage, die Liquiditätsspitzen unseres Saisongeschäftes zu bewältigen.

Außerdem freute es uns insgeheim diebisch, dass sich die Deutsche Bank wahnsinnig über diese Entwicklung ärgerte. Während man sich dort schon in sicherer Umklammerung des Opfers wähnte, brachten wir auf einmal einen lästigen kleinen Beifahrer mit ins Boot, den man nicht auf der Agenda gehabt hatte. Das verkomplizierte das Procedere erheblich und schränkte die hoheitliche Befehls- und Verfügungsgewalt ein. Wie ärgerlich!

Ab sofort wurde die DKB von uns quotal bei der Verteilung der eingehenden Einnahmen berücksichtigt, worauf die Deutsche Bank bissig reagierte. Ich zitiere aus deren Schreiben, das unserer obligatorischen Information postwendend folgte. Nur weil es so schön ist:

»…wurden wir heute darüber informiert, dass die DKB Ihnen kurzfristig eine weitere Barlinie in Höhe von 500 TDM … zur Verfügung stellen wird … Mit Verwunderung und entsprechender Skepsis haben wir diese Nachricht von Ihnen entgegengenommen und können Ihre Auffassung, auf diese Weise eine Basis für die Lösung der weiteren anstehenden Probleme zu schaffen, bedauerlicherweise nicht teilen … Wir weisen bereits jetzt – im Zuge der Gleichbehandlung der Banken – darauf hin, dass wir diesem Procedere entschieden widersprechen und geben zu bedenken, dass unser Haus Ihnen in der Vergangenheit stets bei der Lösung Ihrer Liquiditäts- und Finanzierungsprobleme behilflich war und ist …«

Ist das nicht bemerkenswert? Da gibt jemand einem Dürstenden etwas zu trinken und dessen selbst ernannter Chef-Pfleger beschwert sich, dass er dadurch benachteiligt wird. Es gab nachfolgend ein heftiges Hin und Her, bei dem sich die Deutsche Bank ordentlich aufplusterte. Ihr war es auch völlig gleichgültig, dass wir Mitte des Jahres erhebliche Lieferantenforderungen zu begleichen hatten, die zum Teil schon überfällig geworden waren. Das Modegeschäft birgt saisonbedingt erhebliche unterjährige Liquiditätsspitzen. Wir hatten zur Bewältigung dieser »Peaks« mit allen Lieferanten eine enge Kommunikation gepflegt. Diese waren uns weit entgegengekommen. Und wir hatten dafür Zusagen gegeben, deren Einhaltung nun für mich nicht nur Ehrensache war, sondern auch ganz praktisch die Grundlage der weiteren Belieferung darstellten. Allein dafür wurden die frischen Mittel verwendet.

Am Ende musste die Deutsche Bank die Kröte schlucken. Gerade weil ein Vertrauensbruch anderen Beteiligten gegenüber für sie anscheinend allenfalls ein bedauernswerter Kolateralschaden gewesen wäre und weil sie auf das Recht der freien Wildbahn bestand, lästige Mitesser wegzubeißen, war es in der verfahrenen Gemengelage eine schöne Genugtuung, so etwas wie ein Husarenstück vollbracht zu haben.

Auf der anderen Seite hätte die DKB das Geschäft eigentlich nicht machen dürfen. Sie bekamen für ihr Engagement nichts wirklich Substantielles in die Hand und die Ausfallbürgschaften beliefen sich nur auf 80 Prozent. Der Druck, irgendein Neugeschäft an Land zu ziehen, muss groß gewesen sein.

DÜSTERE PERSPEKTIVEN

Sicher unnötig zu erwähnen, dass ich die Landesbürgschaft umgehend in Form einer neuen Privatbürgschaft gegenzuzeichnen hatte.

Aber das gehörte inzwischen zu den etablierten Spielregeln und war im Übrigen auch wirtschaftlich längst völlig egal. Die TAB hatte bereits eine Bürgschaft von mir für ihre stille Beteiligung. Die Deutsche Bank hatte irgendwann doch auch noch eine Bürgschaft nachgelegt. So war das jetzt nach DtA und KfW die Nummer fünf. Wenn das Engagement jetzt schiefging, waren 2 Mio. DM mehr oder weniger für mich völlig unerheblich. Ich konnte diese genauso wenig zurückzahlen wie die bisherigen Millionenbeträge. Die Förderrichtlinien des Staates machten einen zu einem überzeugten Fatalisten.

Ich hatte mich längst damit auseinandergesetzt, was passieren würde, sollte die Sache ein schlechtes Ende nehmen. Für den Fall blieb mir nur eine Privatinsolvenz mit Offenbarungseid übrig. Da ich kein Vermögen außerhalb der Firmen besaß, war bei mir auch nichts zu holen. Auch die Villa war komplett fremdfinanziert. Im Falle einer Privatinsolvenz hätte ich einen Sechsjahreszeitraum durchzustehen gehabt, in dem ich nichts oder nur wenig hätte verdienen dürfen, weil alles, was über der Pfändungsgrenze lag, an die Gläubiger abzutreten gewesen wäre. Danach hätte ich eine Restschuldbefreiung beantragen und wieder beginnen können, ein »normales« Leben zu führen. An dem »Wohlverhalten«, das dafür Bedingung ist, hätte ich es sicher nicht missen lassen.

Ich musste öfter an Kapitän Haddock denken. Vorsorglich hatte ich mit Daniela bei der Hochzeit einen Ehevertrag mit Gütertrennung geschlossen.

NEUE GESCHÄFTSAUSSICHTEN

Im selben Jahr 1999, in dem wir uns längst mitten im reißenden Strudel mangelnden Kapitals und unzureichender Liquidität befanden, erreichten uns diverse neue Lizenzangebote, woran man wieder die völlig unterschiedliche Wahrnehmung des Namens Excellent im Markt ablesen kann. Darunter waren etablierte Marken wie Strenesse und More & More. Beide Firmen entwickelten sich in den 90er-Jahren überdurchschnittlich gut. Vor allem Strenesse war in aller Munde und der Shootingstar im Premium-Segment. Die Marke entsprach in ihrer Stilistik und ihrem Image einer Mischung aus Jil Sander und den italienischen Marken Prada und Armani. Die Firma wurde national bereits über den grünen Klee gelobt und geehrt und war auch für mich ganz persönlich eine Marke, die mir schon wegen ihres Anspruchs und ihrer Klasse gefiel. More & More war dagegen eher eine preiswertere Kopie von Ralph Lauren. Es gab bereits ein eigenes Ladennetz. Vor allem am Wochenende in München konnte ich More & More gleich mehrfach in der Innenstadt sehen.

Solche Gespräche waren unter der Überschrift Lizenz-Partnerschaft eigentlich unsinnig. Wir wussten genau, dass es völlig außerhalb unserer Möglichkeiten stand, eine weitere Wäschemarke auf den Markt zu bringen. Denn wir hatten genug damit zu tun, unsere bereits entwickelten Marken zu vermarkten, das bereits bestehende Geschäft auszubauen und schnell in die Phase zu bringen, damit Geld zu verdienen und Cashflow zu erzeugen. Die Übernahme einer neuen Lizenz wäre nichts anderes gewesen als ein neues Investitionsvorhaben, zu dem uns jegliche Voraussetzungen fehlten. Andererseits handelte es sich um sehr gesunde Unternehmen, mit denen wir hier sprachen. Vielleicht war ja mehr drin als eine Lizenzpartnerschaft. Immerhin mussten unsere Größenordnungen von Kapitalbedarf aus deren Sicht sehr überschaubar sein. Und dann hatten wir ja auch noch die Verlustvorträge, die vor allem für solche kerngesunden Unternehmen spannend sein konnten.

Bevor man solche Fantasien entwickeln konnte, mussten wir aber erst einmal eine Annäherung hinbekommen und eine operative Basis für eine mögliche Zusammenarbeit definieren. Die Gespräche mit den Inhabern machten Spaß. Endlich hatte ich mal wieder mit Mode zu tun, anstatt mit Banken-Controlling. Die Fashion-Welt unterschied sich außerdem deutlich von der der Underwear. Vor allem bei Strenesse war das so. Wir besuchten die Schauen in Mailand, nachdem Strenesse dort einen Showroom eröffnet hatte. Wir erlebten die Lebensart und Lässigkeit, mit der die Italiener diesem Metier nachgingen. In Deutschland ist das Modegeschäft fraglos hochprofessionell und effizient organisiert. Diese Eigenschaften mögen bei den Italienern weniger ausgeprägt sein. Aber dafür leben und lieben sie die Mode. Und zum Wesen einer kreativen Mode gehört es einfach auch, nicht immer perfekt organisiert zu sein, sondern zu improvisieren, Raum für Stil und Feeling zu lassen, über Lebensart Akzente zu setzen und Markenpersönlichkeiten zu schaffen. Stoffe und Schnitte alleine bringen niemanden zum Träumen. Genau dies ist der Charme vieler italienischer Modemarken, dass sie weniger gemanagt sind, als vielmehr Geschmack und Lebensart zu atmen. Insofern war die Auseinandersetzung mit diesen Marken und ihrem Umfeld hochgradig inspirierend und begeisternd.

Mit den Strenesse-Inhabern verstand ich mich prächtig. Wir kamen bald an einen Punkt, an dem sich beide Seiten von einem Strenesse Intimates Projekt sehr viel versprachen. Bei aller Begeisterung konnten wir aber kein einfacher Lizenznehmer werden. Es musste vielmehr eine Konstellation gefunden werden, in der wir keine Investition in das Projekt tätigen mussten, sondern vielmehr für die von uns erbrachten Leistungen sofort Gegenleistungen erhielten. Verschiedene Ansätze wurden daraufhin durchgespielt.

Eine denkbare Konstellation war die Beteiligung einer dritten Partei. Bei der konnte es sich sowohl um einen Produktions- als auch um einen Kapitalpartner handeln, der die Lizenz übernahm und danach von uns gegen Bezahlung bei der Realisierung unterstützt wurde. Strenesse war eine solche Lösung lieb, weil sie das Projekt bevorzugt mit mir bzw. Excellent machen wollten. Wir verhandelten gemeinsam einige Monate mit einem italienischen Fabrikanten, der bereits für Dolce & Gabbana Bademode machte und sehr modisch war. Für den hätten wir in der DACH-Region (Deutschland, Österreich, Schweiz) eine Agenturfunktion ausüben können, was ohne große Investments funktionieren und schnelle Returns bringen konnte. Und dann verhandelten wir mit einer kleinen, aber feinen deutschen Nachtwäschefirma vom Tegernsee, deren Inhaber über einiges Kapital verfügten. In dieser Konstellation hätten wir entwickelt und vertrieben, während die Produktion in Fernost stattfinden sollte und die Finanzierung bei den Partnern gelegen hätte. In beide Richtungen haben wir monatelang verhandelt, aber die 3er-Konstellationen erwiesen sich letztendlich als zu komplex. Die Verhandlungen zeigten, dass die Verteilung gegenseitiger Rechte und Pflichten für niemanden so prickelnd war, als dass einer der Beteiligten sich dazu hätte durchringen können, das notwendige Investment zu übernehmen.

Die letzte und gleichzeitig weitreichendste Möglichkeit war eine direkte Beteiligung von Strenesse an Excellent. Für uns wäre das die Lösung gewesen. Aber für Strenesse war es leider nur eine von mehreren strategischen Optionen. Andere Themen, wie eigener Retail und die Erweiterung der Marke im Herrensegment mit Strenesse Men, lagen ebenfalls in der Schublade. Die monatelangen Verhandlungen hatten die Euphorie für Intimates etwas aufgezehrt. Die anderen Themen waren schneller zu realisieren und wurden in der Zwischenzeit vorgezogen. Die Lingerie blieb am Ende auf der Strecke, was markenpolitisch bedauerlich war, denn diese Line Extension wäre vielleicht naheliegender und leichter gewesen als der Kraftakt einer Etablierung der Damenmarke im Herrenmarkt.

ANNÄHERUNG MIT DEM WORKOUT UND
SUCHE NACH STRATEGISCHEN PARTNERN

Nach ein paar Monaten Spezialbehandlung konnte man fast von normalisierten Beziehungen zum Workout sprechen. Das gemeinsame Streben nach einer Lösung brachte ein gewisses Vertrauen mit sich. Insbesondere die zarte rechte Hand von Dr. Szell mag in der Zwischenzeit Respekt und Sympathie für unseren Fall entwickelt haben. Trotz durchaus auch gegensätzlicher Interessen harmonierten wir gut bei allem, was direkt der Fortführung des Geschäftsbetriebs dienlich war. Besser sogar, als wir es in der Vergangenheit gewohnt waren. Den Vorteil hatte das Workout, dass es sich nicht nur um Kreditverkäufer und -verwalter handelte, sondern um kompetente Sanierungsexperten, die tief mit in die Materie eintauchten. Bisher hatten wir immer Partnern gegenübergestanden, die nicht wirklich verstanden, wo unsere Probleme lagen. Die nun verstanden, dass wir einen guten Job machten, und unterstützten uns operativ dabei, so gut es ging. In gewisser Weise hatten wir uns einen Achtungs-Status erarbeitet, in dem man auf Augenhöhe miteinander sprach. Ich wähnte uns schon auf einem den Umständen entsprechend guten Weg.

Die strenge Sanierungslogik des Workouts brachte, das muss ich im Nachhinein zugestehen, auch einige positive Impulse für das Tagesgeschäft. Insbesondere betraf das einen moderaten Personalabbau, der vehement eingefordert wurde. Aus Solidarität zu unseren hart arbeitenden Mitarbeitern hatte ich mich damit bisher schwergetan. Wir hatten zwar altersbedingte Abgänge nicht ersetzt und hatten so die Belegschaft inzwischen auf ca. 170 Mitarbeiter reduziert. Unter dem Druck der Bank mussten wir an der Stelle jetzt aber einen Schritt weiter gehen, was eine Personalreduzierung um weitere 20 Personen auf 150 Mitarbeiter zur Folge hatte, was auch eine entsprechende Reduzierung der Personalkosten bedeutete. Für die Kündigungsgespräche war der Druck des Workouts eine Erleichterung, denn von der moralischen Verantwortung konnte ich mich in gewisser Weise frei machen.

Doch zu einer Entwarnung gab es keinen Grund. Das Workout hatte uns bereits zu Anfang unserer Gespräche im Juni 1999 sehr ans Herz gelegt, dass wir einen strategischen Partner »einwerben« müssten, der bereit wäre, ca. 2–3 Mio. DM risikotragendes Eigenkapital einzubringen. Trotz der schwulstigen Formulierung hatten sie damit natürlich vollkommen recht. Der Gedanke war für uns ja auch nicht wirklich neu. Wir hatten es ja mit den Beteiligungsgesellschaften früher schon erfolglos versucht. Nur die Zielrichtung eines strategischen Investors war modifiziert. Strategisch bedeutete, ein Unternehmen aus der Branche. Das ging in die gleiche Richtung wie Strenesse oder More & More. Das war aber leichter gesagt als getan. Wir konnten nicht einfach in der ›Textilwirtschaft‹ inserieren: Investor gesucht!

Zufällig erfuhren wir dann über drei Ecken, dass die Bank Excellent bereits heimlich im Ausland angeboten hatte. Das war offiziell unerhört (auch wenn so was inoffiziell natürlich gang und gäbe ist) und gab uns die willkommene Gelegenheit, uns als jemand zu zeigen, mit dem man nicht alles machen konnte. Auf fast verlorenem Posten zogen wir noch einmal Flagge auf, protestierten sehr deutlich und forderten zur Klarstellung auf. Außerdem verweigerten wir die angefragte Befreiung vom Bankgeheimnis. Die Bank wollte einen Freibrief dafür, alles, was wir keinem Dritten freiwillig offengelegt hätten, ausplaudern zu dürfen. Insbesondere wollte sie über unseren Kopf auf direktem Wege mit der DKB sprechen und dabei unsere Kenntnisnahme ausblenden. Dieses Anliegen war jedenfalls erst einmal vom Tisch.

FREUND UDO ALS UNTERNEHMENSMAKLER

Die Akquisition möglicher Beteiligungspartner durch uns konnte nur über einen professionellen Partner gehen. Ich konnte mein Unternehmen ja schlecht selber anbieten. Das hätte im Markt Wellen geschlagen und wäre gefährlich gewesen. Unternehmen mit unsicherer Zukunft bekommen weniger Aufträge und werden nur noch unter bestimmten Bedingungen beliefert, was zum vorzeitigen, unnötigen Zusammenbruch führen kann.

Ein professioneller Corporate-Finance-Berater, so nennen sich die

Unternehmens-Makler, wäre sehr teuer geworden. Deshalb rief ich im Juli meinen Freund und alten Kollegen Udo aus der Treuhand an. Der hatte inzwischen seine Mühle ausgebaut und seine Privatisierungserfahrungen in der Weise genutzt, dass er die Firma Toni Gard an den früheren Macher von Joop! verkauft hatte. Wir hatten bei der Privatisierung so erfolgreich zusammengearbeitet, dass es naheliegend schien, auch für mein jetzt anstehendes Veräußerungsvorhaben an unsere professionelle und freundschaftliche Beziehung anzuknüpfen.

Zunächst definierten wir gemeinsam eine Liste möglicher Erwerber (die sogenannte Longlist). Darunter war alles, was im deutschen Wäschebereich Rang und Namen hatte, von Triumph über Schiesser bis zu Mey und Felina. Dazu einige internationale Wettbewerber wie den belgischen Branchen-Primus Van de Velde. Und wir schauten auch über den Tellerrand hinaus in die Fashion-Branche, wo wir hervorragende Kontakte hatten zu Bernd Berger, den schon genannten Strenesse und More & More sowie Escada und einigen anderen. Auf der Longlist standen ca. 20 Unternehmen, von denen wir uns vorstellen konnten, dass sie Interesse an einem Erwerb der Excellent Gruppe haben könnten. Im Grunde agierten wir genau so, wie sieben Jahre vorher bei der Treuhand.

Udo machte sich dann daran, ein anonymes Kurzprofil und Anschreiben zu formulieren. Aus Geheimhaltungsgründen war die Anonymisierung erforderlich, denn sonst wäre die Nachricht, dass Excellent zu verkaufen ist und möglicherweise in Schwierigkeiten steckt, schnell herum gewesen im Markt. Anschreiben und Kurzprofil gingen im August an unsere 20 Kandidaten hinaus.

Parallel startete Udo mit dem Information-Memorandum, wie der ausführliche Verkaufsprospekt für Unternehmen genannt wird. Auf 50 Seiten wurde das Unternehmen in allen relevanten Aspekten, seinem aktuellen wirtschaftlichen Status, der Entwicklung der letzten Jahre und dem Konzept für die Zukunft ausführlich dargestellt. Den Abschluss bildete der detaillierte Businessplan mit einem 5-jährigen Ausblick.

INTERESSENTEN-FEEDBACK

Das Feedback der angeschriebenen potenziellen Beteiligungspartner bzw. Übernehmer berechtigte zunächst zu den größten Hoffnungen. Aus meinen früheren Aktivitäten bei der Treuhand und aus der Zusammenarbeit bei Corporate-Finance-Themen in den letzten Jahren weiß ich, mit wie viel Response man auf derlei Versendung anonymer Unternehmensprofile rechnen kann. Im Vergleich dazu erreichten wir eine hervorragende Quote. Der überwiegende Teil der Angesprochenen unterzeichnete sofort die geforderte Geheimhaltungsvereinbarung und war an weiteren Informationen über das Unternehmen interessiert.

Die Nennung des Namens Excellent nach der Unterzeichnung der Vertraulichkeitserklärung (NDA = Non Disclosure Agreement) erhöhte dieses Interesse noch erheblich. Wahrscheinlich hatten die meisten schon geahnt, um wen es sich handelt. Es hatte in der Wäschebranche in den letzten Jahren nicht viele Unternehmen gegeben, für die die dynamische Entwicklung von Excellent ebenfalls zutraf. Lediglich der fast benachbarte Daywear-Hersteller Bruno Banani aus Chemnitz hatte eine fantastische Entwicklung genommen. Anhand der genannten Eckdaten konnte man deshalb bereits darauf kommen, um wen es sich in unserem Falle handelte.

Auf Basis der unterzeichneten Geheimhaltungsvereinbarung schickten wir den Verkaufsprospekt heraus und warteten gespannt auf die Reaktionen. Ich ertappte mich schon dabei, darüber nachzudenken, für wen ich mich entscheiden würde, wenn es mehrere Interessenten geben sollte. Die Frage, in welcher Konstellation wir die besten strategischen Chancen bekämen, war allerdings etwas vorschnell. Denn die konkreten Feedbacks fielen danach enttäuschend aus.

Die inzwischen eroberte Marktstellung unserer Marken hatte zwar das Interesse an einer möglichen Übernahme entfacht. Die Bilanzzahlen töteten aber jede Fantasie sofort ab. Anders als für mich vier Jahre zuvor, kam für die potenziellen strategischen Partner aus dem Wettbewerbsumfeld eine Übernahme unserer Bankschulden in nur leicht verringerter Höhe von ca. 11,5 Mio. DM nicht in Betracht. Obwohl sie sich diese sicher eher hätten leisten können, als ich es jemals konnte. Das war eine bittere Erkenntnis. Nur zwei Kandidaten blieben im Rennen, die Firmen Mey in Albstadt und Rösch in Tübingen.

MEY UND RÖSCH

Den Tagwäsche-Hersteller Mey kannte ich recht gut, weil sie ja ebenfalls Mitglied im Modekreis waren. Ich bewundere die Konsequenz, mit der Inhaber und Management den Weg eingeschlagen und gegen Widerstände beibehalten hatten, aus Mey eine Lifestyle-Marke zu machen. Anfangs stand Mey noch für biedere Schlüpfer von der schwäbischen Alb, die eine ältere Kundschaft hatte und vom Handel vor allem deshalb geschätzt wurden, weil Qualität, Handwerklichkeit und Herstellerleistung tadellos waren.

Die Weichenstellung begann mit dem schon erwähnten Engagement der Werbeagentur Jung van Matt. In ca. 15 Jahren exzellenter Markenführung ist es gelungen, gegen die anfänglichen Widerstände, die Marke modern und attraktiv aufzustellen. Die meisten Wettbewerber früherer Jahre haben das nicht geschafft. Die in Albstadt benachbarte Firma Schöller – früher etwa gleich groß – ist z. B. vom Markt verschwunden und der Branchenriese Schiesser hat stetig Umsatz verloren, ist sogar 2008 in die Insolvenz gegangen. Mey dagegen ist heute einer der wenigen Gewinner der Marktveränderungen in den vergangenen Jahren und steht in jeder Hinsicht glänzend da.

Die Gerhard Rösch GmbH war Marktführer im Segment Nachtwäsche. Das Unternehmen mit Sitz in Tübingen wurde vom Unternehmerehepaar selbst geleitet. Er war ein ungeheuer gebildeter, kultivierter und frankophiler Mann. Eigentlich konnte man ihn sich viel besser als Philosophen, Geistlichen oder Künstler vorstellen. Von einem charismatischen Unternehmensführer hatte er dagegen ziemlich wenig. Er war relativ klein und hatte sich deshalb angewöhnt, sich immer zu räuspern, wenn er etwas sagen wollte. Wahrscheinlich war das bei seinem stillen und unauffälligen Auftreten schon als Kind und Jugendlicher nötig geworden. Seine Frau war das ganze Gegenteil. Eine kraftvolle Erscheinung mit großer Präsenz. Sie nahm viel Platz ein im Unternehmen und war beseelt von ihrer Kompetenz und jahrzehntelangen Erfahrung als Seele – und wie Kenner behaupteten manchmal auch Geißel – des Produktmanagements.

Neben der eigenen Marke Rösch hatte man erfolgreich zwei französische Lizenzmarken für den Nachtwäschebereich, nämlich die Namen Louis Feraud und Daniel Hechter aufgebaut. Rösch bot neben Nachtwäsche auch Bademode und vereinzelt Dessous an. Beides wurde zugekauft. Excellent hatte in den vergangenen Jahren auch die eine oder andere Dessous-Serie für Louis Feraud gefertigt. Insofern hatten wir uns bereits vor der Beteiligungsverhandlung näher kennengelernt und Rösch wusste sehr genau, dass wir unser Handwerk beherrschten. Der Philosoph war von dem Gedanken angetan, die Produktkompetenz des Unternehmens Rösch um unsere Produktgruppe Dessous zu erweitern.

Mit diesen Interessenten wurden im Herbst Termine in Zeulenroda vereinbart. Die Verhältnisse vor Ort mit dem riesigen, sanierungsbedürftigen Firmengelände führten dazu, dass sich bei Mey das Interesse in Luft auflöste. Einzig Rösch blieb noch an weiteren Gesprächen interessiert.

ERSTE SONDIERUNGSGESPRÄCHE MIT RÖSCH

Die Verhandlungen mit Rösch begannen im August 1999 und zogen sich danach mal wieder ein ganzes Jahr hin – in unserer Situation eine gefühlte Ewigkeit. Udo hatte das erste Anschreiben verschickt, danach das Erstgespräch in Tübingen geführt und schließlich die quantitative Erstinformation zugeschickt. Das war gut gelaufen. Nun ging es um eine spannende Vision. Denn mit Nähmaschinen und Unterhosen war sicher niemand zu begeistern.

Ähnlich wie bei den früheren Privatisierungsverhandlungen für die Treuhandanstalt machte ich dafür ein Konzept. Für mich stellten sich Deal und Story sonnenklar dar. Wenn wir unter das Dach dieser Gruppe schlüpfen konnten, verfügte sie mit den drei Rösch-Marken und unseren drei Excellent-Marken über ein spannendes Markenportfolio, mit dem sich der Markt ideal nach Zielgruppen und Lifestyles segmentieren ließ. Darüber hinaus schien für alle Marken eine Ergänzung um bisher nicht vorhandene Produktsegmente sinnvoll, was Synergieeffekte bedeutete, die der jeweils andere beisteuern konnte. Diese Gedanken übten tatsächlich eine spürbare Anziehungskraft auf den Philosophen aus.

Es galt jedoch, nicht nur ihn zu überzeugen und zu gewinnen, sondern auch den Beirat von Rösch. Dieser bestand aus drei Personen. Dem starken Vorsitzenden, einem operativ wirkenden Rechtsanwalt und dem Bruder des Philosophen, der gleichzeitig Chef eines anderen Familienunternehmens war. Denn die Rösch-Gruppe war mit mindestens drei unterschiedlichen Unternehmen klug und gesund aufgestellt.

Relativ bald nach dem ersten Treffen, dem ersten Ortstermin in Zeulenroda und der Fertigstellung meines Übernahmekonzeptes folgte eine Beiratssitzung, in der ich mich und uns vorstellen musste und in deren Rahmen über das weitere Procedere entschieden werden sollte.

Viele Optionen hatte ich nicht mehr. Dementsprechend waren die Gefühle, mit denen ich nach Tübingen fuhr. Es ist eine ganz besondere Herausforderung, etwas begeisternd und mitreißend schildern zu müssen, wenn man gleichzeitig mit dem Rücken an der Wand steht und den Kopf voller existentieller Sorgen hat. Es gelang mir dennoch ganz gut, die einigermaßen reservierten Herren zu begeistern. Insbesondere der Beiratsvorsitzende war ein urschwäbischer, vorsichtiger Kaufmann, der mit Visionen nichts am Hut hatte, wie ein alter Uhu die Sache kritisch beäugte und bohrende Fragen stellte.

Schließlich blieb eine Vielzahl offener Punkte, die geklärt werden mussten, um grünes Licht für eine Fortführung des Prozesses zu erreichen. Und ich fuhr mit einem ganzen Paket von Hausaufgaben nach Zeulenroda zurück. Das Wichtigste war, die Positionen der Banken und des Lizenzpartners Bernd Berger kennenzulernen. Diese mussten mitspielen, sonst war der Deal unmöglich.

VATERFREUDEN

Die schönsten Ereignisse meines Lebens waren die Geburten unserer Kinder. Unsere Tochter Sophie kam im Oktober 1999 zur Welt, unser Sohn Alexander im März 2002, beide in Wien. Alles andere war dagegen unwichtig. Die Banken, die Firma, der ganze Stress waren mir in dem Moment völlig gleichgültig. Dabei ähnelte das Vaterwerden durchaus dem Unternehmerwerden. Unzählige Male wurde einem davon berichtet, wie es wäre, wenn man das Neugeborene zum ersten Mal sieht und berührt, wie man sich als frischgebackener Vater fühlen würde. Und obwohl man vorher meint, man könne das Gefühl erahnen, war es ein nie gekanntes, überwältigendes Erlebnis, so ein kleines Wesen tatsächlich in seinen Armen zu halten.

Nach Sophies Geburt war klar, dass das Pendeln sofort ein Ende haben musste, denn ich wollte keinen Tag ohne sie sein. Also kamen Daniela und Sophie zu mir nach Zeulenroda. Wir genossen dort unser hochherrschaftliches Zuhause in der alten Villa in vollen Zügen und zelebrierten unser junges Familienglück. Weihnachten kamen meine Mutter und meine Brüder und wir verbrachten wunderschöne Feiertage. Und aus diesem privaten Glück erwuchs eine unbändige Moral, Kraft und Motivation, die Firmenprobleme zu lösen. Es machte mich stark und unabhängig. Es mochte bei Excellent um wirtschaftlichen Erfolg gehen, um Geld, Anerkennung und Macht. Ich sagte mir, egal wie es ausgehen würde, es würde nur der Job bleiben. Und selbst im Falle schlimmster wirtschaftlicher Resultate wäre immer noch ein beruflicher Neuanfang möglich. Es ging nicht um mein Leben und nicht um mein Glück. Dies war meine Familie. Daran konnte nichts rütteln!

VERKÄUFER IN EIGENER SACHE

2000

STABWECHSEL BEIM WORKOUT

Sozusagen als Weihnachtsgeschenk hatte uns Dr. Szell noch im alten Jahr darüber informiert, dass die bankinterne Restrukturierung (sieh an, auch bei der Deutschen Bank wurde gespart) erforderlich machte, dass wir im neuen Jahr in die Zuständigkeit der Berliner Zentrale wechselten. Leipzig wurde aufgelöst oder erhielt neue Zuständigkeiten. Gerade in Schwung gekommen war die Zusammenarbeit schon wieder beendet. Aber wir sollten uns keine Gedanken machen. In Berlin gäbe es einen sehr netten und kompetenten Kollegen, bei dem wir bestens aufgehoben wären. Schon war Leipzig Geschichte und Berlin saß in Zeulenroda am Tisch. Und wie das mit dem »bestens aufgehoben« zu verstehen war, durften wir sogleich erleben. Der Neue aus Berlin hatte einen Auftritt, der bei mir von der ersten Sekunde an abgrundtiefe Abneigung hervorrief.

Es handelte sich um einen Möchtegern-Gordon-Gekko, der allerdings an das Format von Michael Douglas in Wallstreet nicht herankam. Das schnittige Äußere mit beschlagenen Schuhen, gegelten (wenn auch schon sehr lichten) Haaren, Krawatte und Einstecktuch von Hermes sollte wohl zeigen, dass man es hier mit einem zu tun hatte, der sich auf der Überholspur befand. Er benahm sich von Anfang an wie der neue Chef des Unternehmens. Wir hatten ja schon viel erlebt, aber das war eine neue Dimension. Herr Eigen und ich warfen uns heimlich Blicke zu, die schon die Gewissheit widerspiegelten, dass diese neue personelle Konstellation nichts Gutes erwarten ließ. Auch Andreas war schon bei der ersten Begegnung entsetzt.

In herrischem, unduldsamem Ton forderte Gordon Gekko Informationen ein und gab Anweisungen, die in krassem Missverhältnis zu seiner Stellung standen. Dumm war er nicht, was seine Gefährlichkeit potenzierte. Er hatte nämlich sofort die Chancen erkannt, die für ihn persönlich in diesem Unternehmen steckten. Das war ein Fall zum Finger schlecken. Das operative Business war inzwischen – zumindest im Vergleich zu vielen anderen Workout-Engagements – vorsichtig gesagt in Ordnung und einigermaßen chancenreich. Der Rohertrag stimmte jedenfalls, woraus ersichtlich war, dass man etwas daraus machen konnte, was in der Zukunft auch einmal Gewinne abwerfen würde. Er war frei von dem Interesse, alte Kredite der Bank erhalten zu müssen. In seiner Bilanz tauchten diese nicht mehr auf. Für ihn kam es jetzt ausschließlich darauf an, das Unternehmen so gut es ging zu verhökern und dabei für die Bank den größtmöglichen Schnitt zu machen. Je mehr er dabei herausholte, umso größer war sein Verdienst. Und das war auch definitiv alles, was Gordon Gekko interessierte. Das Unternehmen und sein Fortbestand, die Arbeitsplätze und das Schicksal der Mitarbeiter, die Konsequenzen für den Unternehmer – das alles war diesem genialen Finanzjongleur bei seinem Monopoly-Spiel völlig gleichgültig.

Das Erste, womit er uns drangsalierte, war gleich einmal ein »Restrukturierungsfee« in Höhe von 20 Tsd. DM pro Halbjahr.

BRUCH MIT UDO

Das Jahr 2000 begann auch mit einem traurigen persönlichen Tiefpunkt.

Über die weitgehend ergebnislosen Verhandlungen mit Interessenten und den dürftigen Erfolg der Verkaufsbemühungen bekamen Udo und ich uns in die Haare. Wir waren von falschen Erwartungen ausgegangen. Gemessen an der Qualität von Unternehmen, die wir in der Treuhandzeit zu verkaufen hatten, war Excellent ein Juwel gewesen. Hier stimmten nicht nur die internen Strukturen und Abläufe, sondern hier waren vor allem Markterfolge sichtbar. Eigentlich musste ein Erwerber nur noch neues Kapital einbringen und danach genauso weitermachen. Darüber hinaus erwarteten wir positive Impulse von möglichen Synergieeffekten mit strategischen Partnern.

Auch waren wir von dem Erfolg der letzten Jahre geblendet, und ich erinnere mich noch sehr genau daran, wie Udo und ich nach der Ertragswertmethode über einen möglichen Kaufpreis spekulierten. Das

Betriebsergebnis war positiv und lag bei ca. 700 Tsd. DM. Ein damals wie heute durchaus üblicher Multiple (Vielfaches des EBITs = Earnings before interest and taxes) von 5 ergab einen rechnerischen Basisbetrag zur Ermittlung eines Unternehmenswertes in Höhe von 3,5 Mio. DM. Trotz der hohen Verschuldung, die bei der Wertermittlung gegenzurechnen ist, hofften wir, da könne etwas übrig bleiben. Es gab ja auch noch einige Sonderpositionen, wie die hohen Verlustvorträge. Außerdem berechtigte die Bekanntheit und Aufmerksamkeit des Falles am Anfang des Prozesses zu der Hoffnung, dass es mehrere Interessenten geben würde, mit denen man vielleicht sogar in einen Bieterwettbewerb eintreten könnte. Ein Bieterwettbewerb ist die beste Situation für den Verkäufer, in der ein gewisses »Upside« erreichbar ist, weil die Interessenten etwas drauflegen müssen, um den Konkurrenten auszustechen. Von all den Spekulationen war nach einem halben Jahr nicht viel übrig geblieben. Wir standen mit ziemlich leeren Händen da und wir beide waren enttäuscht.

Auslöser für den Streit war ein Telefonat im Januar, als ich nach dem Jahreswechsel wieder ins Büro kam. Bis auf Rösch waren alle Partner, die Udo angesprochen hatte, abgesprungen. Seine Bemühungen waren also ziemlich erfolglos geblieben, wofür er allerdings genauso wenig konnte wie ich. Im Falle von Rösch kamen alle Ausarbeitungen und Konzepte nun von uns. Er reichte sie nur weiter. Dafür hatte ich inzwischen trotz meiner sehr bescheidenen wirtschaftlichen Situation fast 90 Tsd. DM an ihn gezahlt. In unserem Vertrag war vorgesehen, dass er an allen Interessenten-Gesprächen beteiligt wurde, was über die verhandelten Tagessätze automatisch weiter Geld kostete. Dabei ging es um die Kooperationen mit Strenesse und More & More, mit denen zu der Zeit noch Gespräche liefen, die aber weder konkret noch besonders aussichtsreich schienen. Um nicht noch mehr Geld zahlen zu müssen, wollte ich vorübergehend von ihm keinerlei Leistungen mehr, so lange es nicht um Beteiligung oder Übernahme ging.

Unter normalen Umständen hätten wir sicher einen Kompromiss gefunden. In der ohnehin angespannten Situation eskalierte der Konflikt aber. Mir platzte der Kragen bei dem Eindruck, sogar mein Freund wolle von meinen Problemen profitieren. Udo reihte sich für mich ein in die Phalanx derer, die forderten und kassierten, ohne mir weiterzuhelfen. Udo wiederum argwöhnte, ich wolle ihn ausbremsen, heimlich hinter seinem Rücken verhandeln und mich damit um das ihm zustehende Erfolgshonorar drücken. Dabei wollte wohl keiner den anderen wirklich übervorteilen.

In dieser verfahrenen Situation übergab Udo die Angelegenheit einem Anwalt, der, wie Anwälte es gerne tun, zusätzlich Öl ins Feuer goss. Und nachdem dieser Anwalt erst einmal zwischen uns stand, sprachen wir prompt kein direktes Wort mehr miteinander. Plötzlich war die Luft raus. Alle, die uns kannten, waren entsetzt, als sie von dem Streit hörten. Viele sprachen mich später darauf an, was denn bei uns vorgefallen sei? Wir seien doch früher unzertrennlich gewesen. Mir tut das Zerbrechen unserer Freundschaft im Nachhinein sehr leid. Es wäre nicht notwendig gewesen. Und es war nicht adäquat, dass sie wegen wirtschaftlicher Interessen endete.

Ich habe seitdem oft an Udo gedacht. Und ich weiß von gemeinsamen Freunden, dass er der verrückte Kerl geblieben ist, als den ich ihn damals kennen und schätzen gelernt habe. Er ist irgendwann nach der Jahrtausendwende komplett ausgestiegen und hat sein Hobby Surfen zum Beruf gemacht. Im Jahr 2005 hat er den ersten Wind- und Kite-Surfing-Guide herausgebracht, der inzwischen in der Surfer-Szene zu einem Standardwerk geworden ist. Udo, inzwischen vollkommen kahl und körperlich total durchtrainiert, hat mit seiner Frau die ganze Welt bereist und von jedem Surf-Spot die wichtigsten Informationen recherchiert, gesammelt und professionell aufbereitet.

Ich finde das sensationell. Wer kann von sich behaupten, seinen Lebenstraum wirklich gelebt zu haben? Was sind gegen so jemanden die ganzen angepassten Karrieristen im Wirtschaftsleben? Auch Udos Weg ist Unternehmertum und ich habe davor großen Respekt. Manchmal bin ich sogar fast ein bisschen neidisch!

SPIONE UND FACHMÄNNISCHES AUSSCHLACHTEN

Die neue Qualität der Bankbeziehungen äußerte sich darin, dass wir nun praktisch über jede kleine Geldausgabe nach Berlin berichten mussten. Gekko popelte in jeder Zahlung herum und bezweifelte deren Notwendigkeit. Außerdem setzte er alles daran, seine Spione (offiziell Sanierungsberater) hinter die Front zu bringen. Die sollten mir auf die Finger schauen, damit ich nicht fahnenflüchtig würde und keine krummen Dinger drehte. Das wäre so weit sogar noch o.k. gewesen. Sie sollten aber auch das Tafelsilber begutachten und recherchieren, was es bei uns noch zu holen gab.

Für diese Schmutzarbeit gibt es dienstbare Schergen, die damit kein Problem haben. In unserem Fall war es eine obskure Beratungsgesellschaft von der ich vorher und nachher nie wieder etwas gehört habe.

Kaum hatte Gordon Gekko das Zepter übernommen, so wurden wir sehr eindringlich darum »gebeten«, diese Herren zu empfangen und ihnen den Auftrag zu geben, bei uns nach dem Rechten zu schauen. Auf die wohlwollende weitere Begleitung des Unternehmens habe dieses Engagement einen nicht unerheblichen Einfluss. Diese Anregung trug er natürlich nur mündlich vor. Die Entscheidung oblag selbstredend mir, der ich die Empfehlung um Himmels willen bitte nicht falsch verstehen sollte.

Ich verstand die Empfehlung dann auch ganz richtig und empfing die Delegation. Angeführt von einem Geschäftsführer, der sich schon auf den ersten Blick durch ein schmieriges Gaunergehabe disqualifizierte. Gutes war von dem sicher nicht zu erwarten. Sein Team bestand aus einem bei Aufregung ins Stottern geratenden Erfüllungsgehilfen mit einem adligen Doppelnamen und einem Pfeife rauchenden (wie sich später herausstellte) früheren Wohnwagen-Verkäufer, der ein Faible für computergesteuerte betriebswirtschaftliche Auswertungen hatte.

Der Anführer legte mir in unverschämt fordernder Weise nahe, mich ab sofort von seiner Gesellschaft beraten zu lassen. Zu gepfefferten Honoraren, versteht sich. Meine Abneigung und Abwehr führten schließlich zu seiner offenen Drohung, wenn ich bei meiner Weigerung bliebe, werde er die Bank informieren und ich wäre dann selbst verantwortlich für die Konsequenzen. Die Truppe verließ uns zunächst ohne Beratungsauftrag, aber meine Weigerung brachte so viele Schwierigkeiten und eine solche Eintrübung des Verhältnisses zu Gekko mit sich, dass ich mich wenig später genötigt sah, wenigstens die beiden Gehilfen ins Unternehmen zu lassen, um dessen Sanierungsfähigkeit und -würdigkeit zu prüfen. Immerhin ließ sich der Geschäftsführer nach der schnellen Eskalation der Situation nie wieder sehen.

Man kann sich aus der Distanz nicht vorstellen, zu welchen Zugeständnissen man fähig ist, wenn einem das Wasser bis zum Hals steht. Extremsituationen, in denen es um die Existenz geht, haben nichts mehr mit der Normalität zu tun. Es ist gnadenlos, wie man gezwungen ist, Zumutungen, die ein kleineres Übel darstellen, in Kauf zu nehmen, um die bloße Haut zu retten. Zwar sträuben sich alle Nackenhaare, aber die Not macht einen leidensfähig und gefügig. Doch jedes Zugeständnis ist ein Tiefschlag für die eigene Würde. Wer das einmal erlebt hat, schwört sich, nie wieder in eine solche Abhängigkeit zu geraten. Wie brutal solche Extremsituationen sein können und zu welcher Verzweiflung und Hoffnungslosigkeit sie führen können, hat 2009 der Selbstmord des Milliardärs Adolf Merckle gezeigt, dessen Firmenimperium in eine wirtschaftliche Schräglage gekommen war. Es hieß damals von der Familienseite:»Die durch die Finanzkrise verursachte wirtschaftliche Notlage seines Unternehmens und die damit verbundenen Unsicherheiten der letzten Wochen sowie die Ohnmacht, nicht mehr handeln zu können, haben den leidenschaftlichen Familienunternehmer gebrochen, und er hat sein Leben beendet.«

Die Sanierungsexperten drehten noch einmal jeden Stein im Unternehmen um. Um danach der Bank zu bestätigen, dass wir unter bestimmten Bedingungen nicht nur sanierungsfähig, sondern sogar -würdig waren. Angesichts eines positiven Betriebsergebnisses von 750 Tsd. DM in 1999 war das eine umwerfend neue Erkenntnis, für die die Herren fünf Monate brauchten und fast 60 Tsd. DM berechneten.

Währenddessen beschäftigte sich Gekko mit dem fachmännischen Sezieren des Unternehmens. Soweit ich mich erinnern kann, gab es nichts mehr, wo nicht bereits der Kuckuck drauf klebte. Nur eine Kleinigkeit hatte man noch gefunden, und zwar meine private Lebensversicherung, die ich nach dem Studium abgeschlossen hatte. Es war kein Vermögen, aber immerhin handelte es sich um einen aufgelaufenen Kapitalwert von knapp 30 Tsd. DM, die sich Gekko natürlich nicht entgehen lassen wollte. Ich musste sie förmlich abtreten.

ROLLE DER TAB

Die Liquiditätssituation wurde immer bedenklicher. Seit Jahresanfang hatte sich die Situation so verschärft, dass wir uns von Monat zu Monat durchhangeln mussten. Gekko ließ uns immer nur gerade die Verfügungsgewalt über die allernotwendigsten Beträge. Wir pflegten einen ständigen, intensiven Austausch mit der TAB. Sie war, nachdem die BvS nicht mehr mit im Boot war, unsere einzige öffentliche Anlaufstelle. Nicht zuletzt aufgrund ihrer stillen Beteiligung aus dem Jahre 1995 und der diversen Bürgschaften für die Engagements der Geschäfts- und der Förderbanken kam ihr eine entscheidende Bedeutung zu.

Sowohl zum Geschäftsführer als auch zu unserer Betreuerin hatten wir einen außerordentlich guten Draht. Gerade auch in der bereits beschriebenen Auseinandersetzung mit der BvS hatte sich hier ein gewisses Vertrauensverhältnis aufgebaut, wenn die TAB auch ein weitgehend zahnloser Tiger geblieben war, die sich erst von der BvS und dann von der Deutschen Bank in verschiedene Richtungen hatte schubsen lassen.

Die TAB war uns zwar sehr zugetan, hatte sich aber während der langjährigen Geschehnisse nicht dazu aufschwingen können, selbst eine Führungsrolle zu übernehmen. Ihre Handlungsspielräume waren durch das Korsett der vorgegebenen Förderrichtlinien eng begrenzt. Letztendlich musste jede Unterstützung auf einen bestimmten Fördertopf zugeschnitten werden, damit sie überhaupt möglich war. In den Auslegungen und Interpretationen, Maßnahmen fördertopfgerecht zu portionieren und zu deklarieren, war man dafür sehr kreativ.

Bereits zu Zeiten meines MBOs und der Treuhandverhandlungen hatte ich das Thema Schuldenschnitt und Darlehensverzicht angesprochen. Man hatte darauf abwehrend reagiert, weil das politisch schwer durchsetzbar sei. Man könne öffentliche Darlehen parken, prolongieren, verschieben usw., aber einfach darauf zu verzichten, das wäre schwierig. Dennoch hatte man für mein Anliegen Verständnis gezeigt. Wir waren so verblieben, dass, sollten wir einmal in die Situation kommen, dass es keine andere Lösung mehr gäbe, über das Thema Schuldenerlass noch einmal gesprochen werden solle. In meinem Hinterkopf hatte sich dies über die Jahre als eine Art Reißleine für den Katastrophenfall festgesetzt.

ABSAGE RÖSCH

Die Verhandlungen mit Rösch zogen sich bereits endlos hin. Immer wieder überbrachte der Philosoph neue Fragen und Anforderungen des alten Uhus.

Diverse Treffen mit dem Verwaltungsrat waren zäh und es war schwierig für mich, die richtige Taktik zu finden. Zu viel Vehemenz war gefährlich und konnte die Stimmung ins Gegenteil kippen lassen. Zu wenig Engagement war aber in jedem Fall falsch. Denn ich musste alle wesentlichen Argumente für Excellent selbst platzieren. Die Herren bei Rösch hatten wenig eigene Motivation und eilig hatten sie es auch nicht. Das Projekt Übernahme war mehr meines als ihres. Der Einzige, der wirklich eine positive Grundtendenz mitbrachte, war der Philosoph selber.

Und dann passierte das, was nicht passieren durfte. Ende März 2000 kam tatsächlich die Absage! Ganz unprätentiös: Man habe andere Prioritäten. Die Sache wäre zu unübersichtlich. Es tue ihnen leid, aber es sei nun mal so. Ich wusste, es hatte noch einmal eine Beiratssitzung in Tübingen gegeben, bei der über uns gesprochen worden war. Ich war nicht dabei gewesen und prompt hatten die Skeptiker gesiegt. Der Philosoph war in die Defensive geraten und hatte sich nicht durchsetzen können. Ich hatte die ganze Zeit so etwas befürchtet. Trotzdem traf mich die Absage wie ein Blitz aus heiterem Himmel. Nichts hatte darauf hingewiesen, dass nach den monatelangen Verhandlungen die Sache immer noch auf solch tönernen Füßen stand.

In meinem Kopf drehte sich alles. Das konnte, das durfte nicht sein! Uns blieb nach den anderen Absagen und den vielen Monaten intensiver Verhandlung nur noch diese eine Option. Alle anderen Ansätze hatten sich in Luft aufgelöst. Rösch musste einfach klappen!

In den folgenden Tagen rotierte ich deshalb sofort wieder bei den Banken. Ich versuchte, ihnen Zugeständnisse abzuringen, und argumentierte, dass das Nicht-zustande-Kommen einer Übernahme der für alle Beteiligten schlechteste Fall wäre. Ich appellierte an ihre Mitverantwortung. Und tatsächlich, es gab noch einmal etwas Bewegung, die als diffuse Gesprächsbereitschaft geäußert wurde. Ich beeilte mich postwendend, diese Gesprächsbereitschaft Rösch gegenüber zu kommunizieren als Möglichkeit, noch einmal einige Hunderttausend herauszuholen aus diesem Geschäft. Man solle doch die Entscheidung noch einmal überdenken. Nach einigem Hin und Her nahm Rösch tatsächlich die Gespräche wieder auf und stimmte einer nochmaligen Diskussionsrunde mit den Banken zu. Der Fight konnte weitergehen.

MIT DEN NERVEN AM ENDE

Die Zeit der Verhandlung mit völlig unsicherem Ausgang war die Hölle. Sie begann, mir auch gesundheitlich zuzusetzen.

Ich hatte immer daran geglaubt, dass es eine Lösung geben würde, dass es eine Lösung geben müsse. Aber wir hatten inzwischen so viele Enttäuschungen erlebt, dass dieser Glaube zunehmend verloren gegangen war. Frau Bernt tröstete mich immer wieder, indem sie mir versicherte, ich wäre doch immer ein Glückskind gewesen, dem alles gelungen wäre, und ich solle die Hoffnung nicht aufgeben. Das war zwar nett gemeint, entsprach aber längst nicht mehr der Realität. Im Gegenteil, ich hatte schon damit begonnen, mit dem Schicksal zu hadern, und konnte einfach nicht begreifen und mich nicht damit abfinden, dass sich trotz aller Mühe der rettende Ausweg nicht zeigen wollte. Die Gefahr war inzwischen greifbar nahe, dass das ganze Projekt Excellent scheitern würde und nicht einmal eine Verkaufslösung mehr gelingen sollte.

Ich konnte nicht mehr schlafen, wälzte mich nachts stundenlang von einer Seite auf die andere. Nichts machte mehr Spaß. Ständig brannte mir der Kopf vor Anstrengung und Anspannung. Heute würde man diesen Zustand wahrscheinlich einen totalen Burn-out nennen. Daniela machte sich ernsthafte Sorgen um mich und versuchte, mir so gut es ging zur Seite zu stehen und mir Kraft zu geben. Ich weiß nicht, was passiert wäre, wenn ich sie und Sophie und den positiven Ausgleich, der von ihnen ausging, nicht gehabt hätte.

GEPLATZTE VERGLEICHSHOFFNUNG UND DEREN KONSEQUENZEN

Durch die zwischenzeitliche Absage von Rösch war ausreichend dokumentiert, dass sämtliche Interessenten eine Übernahme der gesamten Bankschulden ausschlossen. Diese Fremdverbindlichkeiten waren ausnahmslos der entscheidende Hinderungsgrund gewesen, sich weiter mit dem Thema Beteiligung bei bzw. Übernahme von Excellent zu befassen.

Nun war es Zeit, den allerletzten Trumpf zu ziehen, das letzte Ass, von dem ich immer gehofft hatte, es in der größten Not noch aus dem Ärmel zaubern zu können – für den Fall, dass alle anderen Stricke reißen. Diese Ultima Ratio war ein Vergleich mit der TAB. Ich musste die Aufbaubank des Landes dazu bewegen, ganz oder teilweise auf ihre stille Beteiligung zu verzichten. Das waren immerhin 2 Mio. DM, die unsere bilanzielle Situation maßgeblich beeinflussten, indem sie fast 20% der Fremdverschuldung ausmachten.

Postwendend fuhr ich nach Erfurt, um das Thema vorsichtig zu adressieren. Bisher war es in unserer Beziehung zur TAB immer ein Tabu gewesen. Es schien mir bis zu diesem Zeitpunkt nicht adäquat, der helfenden Hand gegenüber, die zu unserer Unterstützung über Jahre hinweg ständig neue Bürgschaften ausgereicht hatte, eine solche Verzichtsanfrage zu stellen. Das hätte den Bogen überspannt und den Beigeschmack von Unverfrorenheit gehabt. Jetzt ging es einfach nicht mehr anders.

Unsere Betreuerin nahm die Nachfrage nur sehr zurückhaltend zur Kenntnis. Obwohl sie in der Bewertung ihrer und unserer Situation mit mir übereinstimmte, stellte sie doch fest, dass sie einem solchen Antrag wenig Chancen einräumte. Allerdings versprach sie, die Möglichkeit intern zu klären.

Ein paar Tage später rief sie mich an und gestand bedauernd, dass es tatsächlich keine Möglichkeit für einen Verzicht gebe. Die Begründung hatte es in sich: Das Land Thüringen habe die Mittel, die es durch die TAB an Excellent ausgereicht hatte, selbst aus EU-Töpfen erhalten. Nach den Förderbestimmungen dürften diese EU-Mittel zwar ausfallen, ohne dass das Land dafür in Regress genommen wurde. Würde das Land aber aus freien Stücken darauf verzichten, müsse es die durchgereichten Mittel an die EU zurückerstatten. Deshalb wäre ein Vergleich unmöglich!

Wenn es einen freiwilligen Schuldenschnitt nicht geben konnte, bedeutete dies, dass es nur noch auf einen unfreiwilligen Schuldenschnitt hinauslaufen konnte – sprich, auf eine Insolvenz!

In der Tat. Dem Land Thüringen war eine »technische Insolvenz«, wie man sich ausdrückte, aus den genannten Gründen lieber, als ein Vergleich. Die TAB sah die Möglichkeit, eine Insolvenz so vorzubereiten, dass danach nahtlos eine unmittelbare Betriebsfortführung möglich wäre. So ein »Cut« solle auch nicht zu meinen Lasten gehen. Betreffend meiner Bürgschaften würden Sie mir keine Schwierigkeiten machen. Und sie versprachen, sich auch um Vermittlung gegenüber den anderen Gläubigern zu bemühen.

Das war eine geradezu niederschmetternde Auskunft. Ich verstand die Welt nicht mehr:

Der volkswirtschaftliche Effekt einer solchen Pleite blieb doch unausweichlich der gleiche. Nein, der Schaden war im Falle der Insolvenz möglicherweise sogar noch deutlich höher, als wenn es »nur« zu einem Vergleich kam. Dann nämlich, wenn es zu einer vollständigen Inanspruchnahme der TAB aus ihren vielen Bürgschaften zugunsten der Geschäftsbanken kommen sollte.

Ein Insolvenzverfahren barg außerdem unvorhersehbare Risiken. Eine spätere Auffanglösung war keineswegs sicher. Es konnte durchaus auch zu einem Totalausfall kommen.

Konnte wirklich das bürokratische Jonglieren mit Budgettöpfen entscheidend sein für das Unternehmensschicksal? EU, Bund, Land – wer kommt dafür auf? Das war doch wieder einmal eine reine »Linke-Tasche – Rechte-Tasche«- Kalkulation. Wie es schon im Rahmen des MBO's der Ersatz von alten BvS-Krediten durch neue KfW-Mittel gewesen war.

Entsprechend vehement lief ich gegen diese Auskunft Sturm. Aber alle Einwände nutzten nichts. Offensichtlich ließ das enge Korsett politischer Vorgaben keine weitergehenden Spielräume.

Für mich bedeutete diese Entwicklung den absoluten Albtraum und ein böses Erwachen!

Ich hatte mich auf das Abenteuer MBO eingelassen und dabei von Anfang an gewusst, dass sich das persönliche Investment am Ende möglicherweise nicht rechnen könnte. Der Einstandspreis war niedrig gewesen, die Sache spannend. Also hatte ich eine mögliche »Null-Nummer« billigend einkalkuliert. Seit Beginn unserer Liquiditätsprobleme war außerdem die Möglichkeit eines solchen Resultates schrittweise zur Gewissheit geworden.

Was sich aber nun ankündigte, war, dass auch das Unternehmen selber scheitern würde. Das hatte ich zu keinem Zeitpunkt für möglich gehalten. Es wog tausendmal mehr für mich, als das Ziel, Geld damit zu machen. Mein Antrieb war von Anfang an, dass Excellent ein Erfolg wurde. Eine Insolvenz würde nun von außen als »Scheitern« beurteilt werden. Die internen Zusammenhänge würde man weder kennen noch beurteilen können. Die ganze Mühe wäre wirklich umsonst gewesen. Ich würde niemals sagen können: Excellent, diese Firma habe ich mal auf den Weg gebracht.

Alle bisherigen Rückschläge hatten immer nur dazu geführt, dass ich versucht hatte, neue Mittel und Wege zu finden. Damit war's nun vorbei. Rien ne va plus!

Nur noch eine Auffanglösung konnte wenigstens den Totalausfall verhindern. Es drohte ein Horrorszenario!

PERSONALABBAU, KURZARBEIT UND GEWERKSCHAFT

Gewerkschaften werden oft als Schreckgespenst der Unternehmer angesehen. Die Verschmelzung der Textilgewerkschaft mit der IG Metall, die damals gerade vollzogen worden war, nährte zusätzlich die schlimmsten Befürchtungen. Denn die IG Metall war für die Branchen zuständig, die substanziell sind für die deutsche Wirtschaft und in denen aus dem Vollen geschöpft wird. Dort konnte man Forderungen stellen. Wir im Textilbereich waren dagegen im Branchenvergleich eher das Schlusslicht.

Durch meine frühere Münchner Freundin hatte ich Anfang der 90er-Jahre Klaus Ernst kennengelernt, den früheren Parteivorstand der Partei »Die Linke«. Er war ein Jugendfreund von ihr und damals noch bei der IG Metall. Er hatte bei Porsche im Aufsichtsrat gesessen und war danach für die Kugellagerindustrie in Schweinfurt zuständig. Später war er einer der Initiatoren und Gründer der WSAG, die dann mit der PDS zur Linken fusionierte. Klaus war, auch wenn viele aus den Medien möglicherweise ein anderes Bild haben, privat ein netter Kerl und famoser Koch. Wir hatten ihn auf seiner wunderschönen alten Hütte in Elmau besucht. Wir waren zusammen Ski gefahren, was er glänzend beherrschte. Nur über Politik konnten wir nicht miteinander sprechen. Er war von Jugend an ein Erz-Kommunist aus tiefster Überzeugung. Unsere Ansichten waren unvereinbar und wir taten gut daran, diesen Themenbereich auszuklammern. Im Zusammenhang mit Excellent hatte er mir einmal scherzhaft zugerufen, wenn die IG Metall jetzt auch Textil übernähme, könnten wir ja noch viel Spaß miteinander bekommen. Schweinfurt war nämlich nicht weit weg von Zeulenroda. Mir schwante schon Furchtbares.

Im Nachhinein muss ich aber konstatieren, dass ich von der Gewerkschaft für mein Bemühen, das Unternehmen zu retten, sehr viel konstruktive Unterstützung erhalten habe. Unsere Bezirksleiterin war ein rothaariger, burschikoser Typ. Sie ließ sich kein X für ein U vormachen und hatte ihre klaren Gewerkschaftspositionen. Die waren mir anfänglich natürlich suspekt, weil ich dachte, jede Gewerkschaftsforderung müsse immer zu Lasten des Unternehmers gehen. In der Krisensituation aber, als es darum ging, den Betrieb und die Arbeitsplätze zu retten, ging es nicht mehr um Verteilungskonflikte. Die Bezirksleiterin tat deshalb alles, um ihre Einflussmöglichkeiten in den Dienst der Sache zu stellen. Sowohl in den Gesprächen mit dem Betriebsrat als auch bei Betriebsversammlungen, die ich inzwischen regelmäßig abhielt, um die Mitarbeiter zu informieren, versuchte sie, zu einem positiven Geist beizutragen.

Mitte des Jahres, als ich sogar gezwungen war, Löhne und Gehälter zu kürzen, um Zeit zu gewinnen und mit diesem teilweisen Verzicht der Mitarbeiter Goodwill gegenüber den Banken zu zeigen und wenigstens die Mindest-Liquidität zur Fortführung des Geschäftsbetriebs zu erhalten, machte sie mit, anstatt sich hinzustellen und die Mitarbeiter zur Revolte anzustacheln. Dadurch gewannen wir wertvolle Zeit, um die Verhandlungen zu einem Ende zu bringen. Ich war und bin ihr dafür sehr dankbar. Es war ein wichtiger Beitrag dazu, dass die Situation nicht eskalierte.

FORTSETZUNG DER VERHANDLUNGEN MIT RÖSCH

Gekko war informiert über den Verhandlungsstand mit Rösch und hatte bereits Ende März erneut die Befreiung vom Bankgeheimnis gefordert. Er wollte direkt mit dem Interessenten sprechen und war schlau genug, sich dies von uns genehmigen zu lassen.

Ende April gab es Gespräche zwischen der Deutschen Bank und Rösch in Tübingen. Ohne mich! Denn nachdem klar war, dass es auf eine Insolvenz hinauslaufen könnte, waren meine Interessen ab sofort keinen Pfifferling mehr wert. Bei Gekko war das klar, bei Rösch fand ich das enttäuschend.

Bei den Verhandlungen muss der clevere alte Uhu Gekko einige unvorhergesehene Zugeständnisse abgerungen haben, denn Gekko rief mich am nächsten Tag empört an und beschwerte sich darüber mit den übelsten Beschimpfungen über »den alten Sack«. Ich hörte höflich zu und freute mich insgeheim diebisch über jedes Zugeständnis, das

Rösch der Bank hatte abringen können. Jedenfalls, und das war das Wichtigste, hatte das Treffen zu positiven Ergebnissen geführt.

Im Mai folgten Besuche des Rösch-Produktionsleiters in Zeulenroda, im Werk in Louny und bei tschechischen Lohnfertigungspartnern. Außerdem besuchte der gesamte Verwaltungsrat zusammen mit dem Philosophen unseren Lizenzgeber Bernd Berger, um über die Fortsetzung des Lizenzvertrages zu verhandeln. Ich hatte erhebliche Sorge gehabt, dass man sich in die Haare kriegen würde. Es saßen einige gewaltige Egos am Tisch, ohne dass ich vermitteln konnte. Beide Seiten beschwerten sich danach bei mir übereinander, aber man war dennoch zu einer Einigung gekommen. Gott sei Dank!

Im Juni fand endlich die erste Kaufverhandlung statt. Wieder ohne mich, denn ich hatte inzwischen keinerlei Verfügungsgewalt über mein Unternehmen mehr bzw. man unterstellte wohl, dass ich jeder Vereinbarung zwischen diesen beiden Parteien zustimmen würde. Ich hätte das Recht gehabt, auf meiner Teilnahme zu bestehen, aber ich war längst mehr daran interessiert, die zarte Pflanze der Einigung nicht zu tangieren, anstatt eine aktive Rolle zur Vertretung meiner persönlichen Interessen einzufordern. Die Kaufverhandlungen fanden bei einem Rechtsanwaltsbüro in Leipzig statt. Ende Juni kam noch einmal der komplette Verwaltungsrat nach Zeulenroda und Anfang Juli gab es ein abschließendes Gespräch in meinem Beisein in Tübingen. Letzte Details des Kaufvertrages wurden wieder in Leipzig fixiert.

MÖCHTEGERN GEKKO

Eine weitere Zwangsmaßnahme von Gekko war die Einschaltung des Partners einer Leipziger Kanzlei gewesen, der in Insolvenzthemen versiert war. »Deren Einschaltung, lieber Herr Schwarzer, dient nur Ihrer persönlichen Absicherung«, stand in dem betreffenden Schreiben. Mir läuft es heute noch kalt über den Rücken.

Angeblich ging es um meine Haftungsrisiken aufgrund der akuten Insolvenzbedrohung. Zunächst war ich für die Vermittlung eines Spezialisten für diese Haftungsthemen durchaus dankbar. Wie sich dann allerdings herausstellte, hatte das Engagement mit meinen Interessen rein gar nichts zu tun. Vielmehr machten die Anwälte schwerpunktmäßig eine Aufstellung der Vermögenswerte des Unternehmens und von mir persönlich. Die habe ich nie wieder gebraucht. Sie war aber für die Bank wichtig, denn sie komplettierte die vollständige Übersicht über Vermögensverhältnisse um die private Ebene.

Zu den Haftungsrisiken hatten wir ein genau halbstündiges Gespräch mit einem der Rechtsanwälte der Kanzlei, in dem der uns auf die ausführliche Fragenliste, die wir mitgebracht hatten, gerade mal einige pauschale Anweisungen diktierte, die wir zu beachten hätten. Diese allgemeinen Hinweise hätten wir auch in jedem Fachbuch nachlesen können. Nur hätten sie dort keine 14 Tsd. DM gekostet, die wir im Juni und Juli an die Kanzlei zu zahlen hatten.

Währenddessen machte Gekko weiterhin den großen Zampano, stellte täglich neue Forderungen und Bedingungen. Vor allem sein Ton und seine Präpotenz waren dabei unerträglich. Ich habe ihn wirklich aus vollem Herzen gehasst.

Welche Genugtuung, als ich vor einiger Zeit erfahren habe, dass Gekko später die Quittung für seine miese Tour bekommen hat. Er war nämlich 2003 kurzzeitig Vorstand bei der Berliner Konsumgenossenschaft geworden. Sein Gehabe und seine öffentlich herumposaunten Äußerungen führten dazu, dass dem Unternehmen die Kreditlinien gesperrt wurden. Dadurch entstand ein akuter Liquiditätsengpass, infolge dessen das Unternehmen Insolvenz beantragen musste. Die im Nachhinein als unhaltbar gewürdigten Äußerungen des danach geschassten Gekko haben eine Flut von Negativschlagzeilen und einen nachhaltigen Imageverlust ausgelöst. Eben doch nur ein Möchtegern-Gekko!

VERKAUF UND KOMMUNIKATION

Der Kaufvertragsentwurf sah vor, dass Rösch alle betriebsnotwendigen Assets der Unternehmensgruppe Excellent übernahm und dafür einen Kaufpreis entrichtete, der ungefähr bei 3,5 Mio. DM lag. Die Deutsche Bank steuerte eine günstige Finanzierung bei und die TAB sicherte das Geschäft über die obligatorischen Bürgschaften ab. Aber der Vertrag konnte erst nach der Insolvenzanmeldung mit dem Insolvenzverwalter abgeschlossen werden.

Rösch hatte wahnsinnige Angst vor dem § 613 a des HGB, nach dem sich Mitarbeiter in eine Unternehmensnachfolgelösung einklagen können. Das war eines der größten Hemmnisse für das Vorhaben gewesen. Rösch wollte auch nur 60 Mitarbeiter übernehmen, was völlig unsinnig gewesen wäre, weil mit dieser Anzahl der bisherige Wertschöpfungsprozess ohne erhebliche Einbußen überhaupt nicht aufrechtzuerhalten war. Wochenlang hatte ich versucht, die Personenanzahl zu erhöhen und letztendlich kamen wir bei 100 Mitarbeitern heraus, die nach der Übernahme weiterbeschäftigt werden sollten.

Das operative Übernahmekonzept hatten in allen Details wir entwickelt. Alle Abläufe und Prozesse liefen reibungslos, soweit das in der Extremsituation möglich war. Die Produktion für die Aufträge des zweiten Halbjahres lief auf vollen Touren. Es gab keinerlei Verzögerungen. Unsere Kunden hatten von unseren Problemen bisher nicht den kleinsten Hinweis erhalten.

Mein ganzes Interesse galt nur noch der Taktik, wie der Markt in richtiger Weise informiert werden konnte. Wir wollten nicht riskieren, dass die Insolvenzmeldung Schaden für das Unternehmen anrichtete. Wir wünschten uns vielmehr, dass es nur eine Randnotiz blieb. Die Hauptbotschaft an den Markt sollte ganz einfach nur sein, dass Excellent zukünftig zur Rösch-Gruppe gehörte.

Nachdem alle Details geklärt und vorbereitet waren, war die Sache endlich so weit gereift, dass ich den Schritt der Insolvenzanmeldung wagen konnte. Ich war mit der Verzögerung dieses rechtlich vorgegebenen Schrittes ohnehin schon an die Grenze der gesetzlich vorgegebenen Fristen gegangen und hatte damit hohe persönliche Risiken auf mich geladen. Für Insolvenzverschleppung haftet ein Geschäftsführer per Gesetz persönlich. Aber um den Leistungsprozess mit Markt und Kunden nicht zu gefährden, war es notwendig, die Zeit zwischen Insolvenz- und Übernahmemeldung so kurz wie möglich zu halten. Nachdem die Vertragsdetails feststanden und die Unterzeichnung nur noch Formsache zu sein schien, war es an der Zeit, Fakten zu schaffen.

Die einzige Unsicherheit, die vorab nicht zu lösen war, war, wie der Insolvenzverwalter agieren würde. Es gibt Finanzinvestoren, die grundsätzlich keine Projekte verfolgen, die bereits in die Insolvenz gegangen sind, weil der Insolvenzverwalter als neuer Player am Tisch sitzt, der mit relativ weit reichenden Rechten ausgestattet ist und alle vor der Insolvenz getroffenen Abmachungen und Pläne durchkreuzen kann. Dieses Risiko konnten wir aber nicht ausschalten, sondern mussten es in Kauf nehmen.

INSOLVENZANTRAG UND VERKAUF

Am 20. Juli 2000 machte ich den traurigen Gang zum Amtsgericht und stellte dort den Insolvenzantrag. Es war die schwierigste und bitterste Handlung in meinem Leben. Wenn man etwas mit so viel Herzblut betrieben hat, wenn man Jahre seines Lebens in eine Sache steckt, wenn man vielerlei Entbehrungen dafür auf sich nimmt und wenn das Ganze ein Stück von einem selbst geworden ist, dann tut es unendlich weh abzudanken. Nichts anderes ist der Insolvenzantrag als die Deklaration der ganz persönlichen Abdankung des Unternehmers. Dabei hatte ich es immer mit Churchill gehalten: »We will never surrender.«

Ich hatte mir überlegt, den Antrag nicht auf dem Postweg zuzusenden, sondern die Angelegenheit persönlich zu erledigen. Ich wollte dokumentieren, dass ich mit der Sache nicht abgeschlossen hatte, sondern aktiv nach einer Lösung suchte. Ich wollte um die Unterstützung und das Vertrauen des Gerichts bitten.

Das war offensichtlich keineswegs üblich. Denn ich war erstaunt, wie freundlich ich dort empfangen wurde. Der Richter hörte sich meine Erläuterungen sehr sorgfältig an und versprach mir, alles in seinen

Kräften Stehende zu tun, um eine konstruktive weitere Entwicklung zu unterstützen. In jedem Falle werde er einen pragmatischen Verwalter aussuchen, mit dem er schon in anderen Fällen positive Erfahrungen gemacht hatte. Am nächsten Tag saß der Rechtsanwalt aus Erfurt bei mir im Büro. Ein relativ junger Mann, der sehr offen und sympathisch wirkte und sofort begann, die Dinge in einer sehr kooperativen Art zu unterstützen.

Unser Fall war so gut vorbereitet, wie es sich ein Insolvenzverwalter nur wünschen konnte. In der Regel findet der Verwalter nämlich in den ihm übertragenen Firmen häufig das totale Chaos vor. Dann muss er erst einmal sehr viel Mühe darauf verwenden zu verstehen, was überhaupt Sache ist und verliert wertvolle Zeit. In unserem Fall war das völlig anders. Die Verhältnisse waren übersichtlich und geordnet. Das Geschäft konnte völlig störungsfrei weiterlaufen. Wenn das sichergestellt wurde, waren keinerlei Einbußen zu erwarten. Sogar die Fortführungslösung war fertig verhandelt und wurde ihm auf einem Tablett serviert. Er brauchte nur noch zuzugreifen.

Bei einer Insolvenz werden die Löhne und Gehälter für drei Monate von der Bundesarbeitsagentur übernommen. Auf diese Art und Weise gewinnt der Verwalter Zeit, um nach einer Fortführungslösung für das Unternehmen zu suchen. In unserem Fall wurde diese Zeit nicht gebraucht und das Insolvenzausfallgeld erhöhte dadurch den Spielraum und die Verhandlungsmasse zwischen Verwalter, Gläubigern und Erwerbern. Der Verwalter war in einer wirklich feudalen Situation. Er hatte also gar keinen Grund, Schwierigkeiten zu machen. Trotzdem hatte ich von Insolvenzverfahren gehört, in denen der neue Mann ein ganz eigenes Regime führte und sich als unberechenbar erwies. Ich war sehr froh, dass das bei uns nicht der Fall war. In der Führung der operativen Themen ließ mich der Verwalter weiterhin völlig frei agieren. Insbesondere hinsichtlich der ausgabenwirksamen Themen Entwicklung, Einkauf und Marketing ließ er sich lediglich informieren, beanspruchte aber keinerlei Mitsprache.

Schon nach zwei Wochen war es schließlich so weit. Ein Anruf des alten Uhus erlöste mich. Der Kaufvertrag war durch Rösch in Berlin bei der Deutschen Bank unterschrieben worden. Der Deal stand. Ich hätte heulen können vor Erleichterung. Und gerade dieser alte »Uhu«, dem bis dahin noch nie ein anerkennendes Wort über die Lippen gekommen war, bedankte sich ausdrücklich für mein Engagement. Das Ergebnis sei vor allem mein Verdienst, sagte er. Ich »hätte gekämpft, wie ein Löwe«.

ABWICKLER

2000

NEUE VERHÄLTNISSE

Zwei Jahre lagen hinter mir, die ein verbissener Kampf um das Überleben des Unternehmens waren. Jetzt, wo zumindest die Minimallösung geschafft war, fühlte ich zunächst nur eine völlige Leere. Ich hatte keine Kraft mehr für Gefühle. Ich war weder traurig über das Verlorene, noch froh über das Erreichte. Ich stand irgendwie neben mir. Was kam nun als Nächstes? Was bedeuteten die neuen Verhältnisse?

Wir machten weiter mit »business as usual«, aber nicht nur ich, sondern zumindest auch die Mitarbeiter in meiner unmittelbaren Umgebung empfanden die gleiche Ratlosigkeit. Zwei Jahre zuvor hatten wir noch jeden Tag selbst bestimmt, was auf der Agenda stand. Seitdem hatten die Banken mit im Cockpit gesessen und mitbestimmt, direkt oder indirekt über die von ihnen beauftragten Berater und zuletzt der Insolvenzverwalter. Den Löwenanteil meiner täglichen Arbeitszeit hatte ich darauf verwendet, deren diverse Ansprüche zu befriedigen und mich um die Akquisition von Interessenten und die Fortführungskonzepte zu kümmern. Meine eigentlichen Aufgaben, die Führung und Weiterentwicklung des Unternehmens, hatte ich quasi nebenbei erledigt. Und nun, wo der Verkauf über die Bühne gegangen war, befand ich mich eigentlich überhaupt nicht mehr in der Position, etwas zu bestimmen. Trotzdem saß ich faktisch immer noch bei Excellent auf dem Chefsessel.

Von Rösch kam erst mal nichts. Ich erfuhr weder, was man erwartete, noch gab man mir freie Hand. Das trug zusätzlich dazu bei, dass wir alle in der Luft hingen. Die Abläufe waren bestens eingespielt, der Betrieb funktionierte routinemäßig gut. Das war ein großer Vorteil in dieser Situation. Alle Mitarbeiter machten ihre Jobs weiterhin sehr professionell und sehr konzentriert, so effizient wie möglich. Ich habe bis heute sehr großen Respekt davor, wie die Belegschaft damals alle Schwierigkeiten durchgestanden und gemeistert hat. Es gab keine

Missstimmung und keine Konflikte. Man verhielt sich konstruktiv und fand sich mit dem Unvermeidbaren ab.

Rösch hatte für die Übernahme eine neue Firma gegründet, die Excellent Intimates GmbH, deren Name noch von mir war, mit der ich aber nichts mehr zu tun hatte.

Bei den Übernahmeverhandlungen hatte ich bereits zu verstehen gegeben, dass ich als angestellter Geschäftsführer nicht zur Verfügung stand. Das wäre nicht adäquat gewesen. Dann lieber auf zu neuen Ufern. Ich hatte diverse andere Möglichkeiten. Außerdem hatte ich Daniela, die genug auszuhalten und mitzutragen gehabt hatte, längst versprochen, dass wir wieder in ein freundlicheres, interessanteres Umfeld ziehen würden, nach München oder Wien, wo wir Familie, Freunde und unser privates Umfeld hatten. Trotzdem hatte ich insgeheim durchaus erwartet, dass Rösch mir das Angebot einer Beteiligung und eines weiteren Engagements bei Excellent machen würde. Schließlich hatte ich das Unternehmen nicht nur zu seiner aktuellen aussichtsreichen Marktstellung geführt, sondern auch alle Konzepte zur Fortführung und Integration in die Rösch-Gruppe entwickelt. Ich hatte mir eine Teilung der Verantwortung vorgestellt, indem der Philosoph als neuer Inhaber das Sagen und die Position des kaufmännischen Geschäftsführers für sich beansprucht hätte, mich aber vor Ort hätte machen lassen.

Diese Erwartung erfüllte sich jedoch nicht. Rösch war ein inhabergeführtes, Familienunternehmen und hatte ein typisches Mittelstandsdenken. Mittelständische Unternehmer wollen immer und jederzeit autark bleiben und sich von niemandem hineinreden lassen. Mitspracherechte und Beteiligungen sind ihnen ein Graus. Häufig kommt eine gewisse Selbstherrlichkeit dazu und der Anspruch uneingeschränkter Hoheit über ihr Herrschaftsgebiet. Sie wissen selber, wie es geht, und brauchen keine Mitesser. Diese Einstellung ändert sich oft erst, wenn es zu spät ist und existenzielle Probleme auftauchen. Ich habe in den letzten Jahren unzählige solcher Fälle erlebt. Der Rösch-Gruppe ging es damals gut. Das Angebot einer Beteiligung in der neuen Tochtergesellschaft blieb aus.

DER FELDWEBEL

Die ersten Tage nach dem Verkauf kamen uns endlos vor. Wir verstanden nicht, warum Rösch nicht agierte. In den letzten Monaten hatten wir immer schnell sein müssen und sofort zu reagieren gehabt. In der neuen Konstellation war erneut unendlich viel zu tun. Die Krise war überstanden. Wir waren befreit vom Ballast der letzten Jahre. Wir mussten Signale an den Markt senden. Wir waren da! Wir hatten eine Lösung! Wir konnten durchstarten! Und was den neuen Eigentümer anging, herrschte Funkstille.

Endlich meldete sich Rösch mit konkreten Vorstellungen. Man hatte sich in aller Ruhe Gedanken gemacht, wie man das Unternehmen personell weiterführen wollte. Doch die Lösung machte auf einen Schlag deutlich, wie man den Deal sah, mit welchem Esprit man an die Sache heran ging und wie das neue Regime aussehen würde. Man wollte nämlich die »Ossis« mal richtig auf Trab bringen. Und dafür brauchte man einen Einpeitscher. Die Wahl war auf den schon erwähnten Produktionsleiter von Rösch gefallen, einen Mann mit einer Vorliebe für großgliedrige Goldkettchen, der sich während vieler Jahre in der Firma hochgearbeitet hatte. Er sollte das Ruder übernehmen und ich sollte ihn dabei noch ein bisschen beraten, bis er sich mit den Verhältnissen vor Ort vertraut gemacht hatte. Ich ließ mich darauf ein, vor allem aus dem Gefühl einer Verpflichtung meinen ehemaligen Mitarbeitern gegenüber. Aber mir schwante nichts Gutes.

Der Neue war ein Feldwebel-Typ. Einer, der Befehle gibt, Ansagen macht, ohne sie zu begründen, und keinen Widerspruch duldet. Er sah es vorrangig als seine Aufgabe an, den Mitarbeitern Beine zu machen. Man musste ihnen nur die Flausen austreiben, dann funktionierte das schon. Das war aber das Letzte, was meine Leute brauchten. Sie hatten gerade in den vorangegangenen schwierigen Jahren längst gelernt, eigenverantwortlich zu handeln. Der Feldwebel verstand das nicht. Außerdem verstand er nichts von Miederwaren und Dessous. Er war der Ansicht, was bei Nachtwäsche funktioniere, das funktioniere auch bei BHs.

Zudem war er grundsätzlich misstrauisch und ging davon aus, dass alle undiszipliniert und schlampig arbeiteten, sobald er ihnen den Rücken kehrte. Er empfand es als seine vorrangige Aufgabe, dies zu verhindern, indem er wie der Spieß der Kompanie für Zucht und Ordnung sorgte. Auf keinen Fall wollte er am Ende selbst der Dumme sein. Zudem war die neue Aufgabe für ihn kein Sprungbrett, sondern eine Tortur. Nun war er nur noch unterwegs zwischen Tübingen, Ungarn und Zeulenroda, nachts im Auto auf der Straße, tagsüber kettenrauchend und Cola trinkend im Büro.

Etwa einen Monat lang bemühte ich mich, ihm, der Geschäftsleitung und dem Verwaltungsrat von Rösch nahezubringen, dass man das Pferd so von der falschen Seite aufzäumte. Vergeblich.

AUSSTIEG

Kurz darauf stieg ich aus. Ich sagte mir, dass ich die Dinge nunmehr akzeptieren musste, wie sie waren, und zog die Konsequenz des endgültigen Abschieds aus Thüringen. Ich konnte nichts mehr tun für Excellent. Wie oft hatte ich in den letzten Jahren den Osten im Allgemeinen, Thüringen und Zeulenroda im Speziellen verflucht und mich im Stillen darauf gefreut, wieder in mein vertrautes, wesentlich angenehmeres Lebensumfeld zu ziehen. Aber wie schwer wurde es mir jetzt, meinen Schreibtisch zu räumen, aus meiner geliebten Villa auszuziehen und das Feld zu räumen.

Dieses Abenteuer war eben nicht irgendein Job gewesen. Meine Ambition war, aus diesem Unternehmen etwas zu machen, mit diesen Menschen und gegen alle Widerstände. Jetzt erst merkte ich nämlich, wie sehr ich auch an den Leuten hing. An meiner Sekretärin Masopust etwa oder an der alten Hilde.

In meinen überbordenden Gefühlen verfasste ich meinen schriftlichen Abschied von Mitarbeitern und Kunden, indem ich einige persönliche Bemerkungen mit dem Gedicht ›Stufen‹ von Hermann Hesse verband. Das kann man vielleicht sentimental oder übertrieben nennen. Aber es passte so gut zu meiner Beziehung zu Excellent und außerdem ist das Gedicht so schön, dass ich es hier noch einmal zitieren möchte:

Stufen

Wie jede Blüte welkt und jede Jugend
Dem Alter weicht, blüht jede Lebensstufe,
Blüht jede Weisheit auch und jede Tugend
Zu ihrer Zeit und darf nicht ewig dauern.

Es muss das Herz bei jedem Lebensrufe
Bereit zum Abschied sein und Neubeginne,
Um sich in Tapferkeit und ohne Trauern
In andre, neue Bindungen zu geben.

Und jedem Anfang wohnt ein Zauber inne,
Der uns beschützt und der uns hilft zu leben.

Wir sollen heiter Raum um Raum durchschreiten,
An keinem wie an einer Heimat hängen,
Der Weltgeist will nicht fesseln uns und engen,
Er will uns Stuf' um Stufe heben, weiten.

Kaum sind wir heimisch einem Lebenskreise
Und traulich eingewohnt, so droht Erschlaffen,
Nur wer bereit zu Aufbruch ist und Reise,
Mag lähmender Gewöhnung sich entraffen.

Es wird vielleicht auch noch die Todesstunde
Uns neuen Räumen jung entgegensenden,
Des Lebens Ruf an uns wird niemals enden ...
Wohlan denn, Herz, nimm Abschied und gesunde!

NACHSPIEL

2001–2009

NEUSTART MIT STRATEGISCHEM MARKEN-MANAGEMENT

Noch im Dezember 2000 gründete ich in München meine eigene Beratungsfirma brands+networks. Ich wollte mich auf mein Steckenpferd, das strategische Marken-Management konzentrieren. Dafür hatte ich ein Portfolio interessanter Kunden und Projekte, die diese Option besonders reizvoll machten, weil ich mich nicht sofort wieder auf eine Thematik festlegen musste. Inhaltliche Abwechslung und Freiräume schienen unter dem Eindruck der letzten Jahre besonders reizvoll.

Es folgten Marken- und Lizenzprojekte in Modeunternehmen, für Automobilhersteller, Handelskonzerne, Juweliere, Möbel- und Haushaltswaren-Unternehmen. Häufig mit mehrjähriger Projektlaufzeit und in Verbindung mit der Übernahme operativer Funktionen auf Geschäftsführungs- und Vorstandsebene.

Doch wer meint, das Thema Excellent wäre damit abgehakt gewesen, den belehrt das letzte Kapitel eines Besseren.

HAFTUNG I. AKT – VERSICHERUNGSKLAGEN

Bereits Anfang 2001, einige Monate nach Eröffnung des Insolvenzverfahrens, kam für mich als Ex-Geschäftsführer und Abwickler der Excellent Gruppe das nächste, leider unvermeidbare Kapitel. Es bestand aus den obligatorischen Klagen der Versicherungen und Sozialversicherungsträger.

Vor dem Amtsgericht Greiz musste ich nachweisen, dass ich mir in der Vorinsolvenzphase nichts zuschulden hatte kommen lassen. Aufgrund der früheren Anwaltsempfehlungen zu den rechtlichen

Vorschriften und deren haargenauer Beachtung in der heißen Phase fühlte ich mich relativ sicher. Ich hatte die Mitarbeiter in der Verwaltung strikt angewiesen, sich exakt an die konkreten Vorgaben bei der Zahlung von Löhnen und Gehältern sowie der Bezahlung von Warenlieferungen zu halten, und sie hatten dies in allen Fällen perfekt umgesetzt.

Dennoch hatten sich die Verhandlungen mit Rösch viel länger hingezogen, als eigentlich vorgesehen gewesen war. Dies war für mich als haftenden Geschäftsführer ein nicht unkritischer Zeitraum gewesen, da die gesetzliche Frist zur Anmeldung der Insolvenz festgelegt ist auf einen Zeitraum von drei Wochen nach Eintritt der Zahlungsunfähigkeit.

Diese drei Wochen hatten wir natürlich überschritten. Allerdings war in diesem Zeitraum aufgrund der fortgeschrittenen Übernahmeverhandlungen eine positive Fortführungsprognose gerechtfertigt. Und diese wiederum hatte es mir erlaubt, mit dem Insolvenzantrag noch zu warten. Ja, in gewisser Weise musste ich sogar so handeln, denn ein Geschäftsführer darf durch ein zu vorschnelles Handeln die Zukunftschancen des Unternehmens auch nicht schmälern. Sonst macht er sich ebenfalls strafbar! Das Insolvenzrecht – ein Buch mit sieben Siegeln!

Ich war so von meinem richtigen Handeln überzeugt, dass ich sogar darauf verzichtete, mich durch einen Anwalt beraten zu lassen. Ein Vabanquespiel. Aber im Vertrauen auf den Weg, den ich zur Rettung des Unternehmens beschritten hatte, und die Sensibilität, die wir dabei für die haftungsrelevanten Tatbestände gehabt hatten, konnte ich mir einfach nicht vorstellen, dass man mir im Nachhinein berechtigterweise etwas vorwerfen konnte.

Gott sei Dank lag ich damit richtig. Die detaillierte nachträgliche Überprüfung des Gerichts ergab, dass wir tatsächlich alles gesetzeskonform gemacht hatten. Die Klagen liefen ins Leere. Ich wurde nur wegen der Fristüberschreitung in einem einzigen Arbeitsverhältnis verwarnt. Das kam einem Freispruch gleich.

HAFTUNG 2. AKT – VERGLEICH MIT DEN GLÄUBIGERN

Danach kamen erwartungsgemäß auch die Bankgläubiger auf mich zu, um die Haftung aus den Bürgschaften zu verhandeln. Die»Herausforderer« waren fünf Kreditinstitute. Deutsche Bank, Deutsche Kreditbank, Thüringer Aufbaubank, Deutsche Ausgleichsbank und die Kreditanstalt für Wiederaufbau. Es handelte sich, sage und schreibe, um neun Bürgschaften, die sich in den Jahren aufgrund immer neuer Verpflichtungen angesammelt hatten. Das Gesamtvolumen belief sich auf die»Kleinigkeit« von 8,4 Millionen DM.

Die Verhandlungen waren zäh und langwierig, weil ich keine Quote akzeptieren wollte. Sie dauerten bis Anfang 2003. Zwar hielt sich die TAB an ihr Versprechen und koordinierte das Verfahren. Aber selbst die gutwilligsten Gläubiger verstanden angesichts der Höhe des Gesamtbetrages unter einem Entgegenkommen etwas deutlich anderes als ich. Bei allem Wohlwollen wollten sie schon etwas für die 8,4 Millionen sehen. Die von ihnen zunächst in den Raum gestellten Mindest-Vergleichsbeträge, die sich immer noch auf sechsstellige €-Beträge addierten, waren für mich aber völlig unakzeptabel. Insbesondere schockierten mich Entwürfe, in denen die Zahlungen über ewig lange Zeiträume gestreckt werden sollten, um sie erträglicher zu machen. Ich wollte einen klaren, einmaligen Schnitt und keine Lösung, die mich und meine Familie in der Zukunft dauerhaft belastete. Eigentlich wollte ich gar nichts zahlen und fühlte mich für diese Position moralisch auch völlig im Recht.

Es erforderte Nerven, viele Schreiben, wiederholte Treffen und das komplette erneute Aufrollen des Falles und seiner Geschichte, bis ich es schaffte, den Gläubigern hinreichend weit gehende Zugeständnisse abzuringen. Anfang 2003 wurde der Vergleich geschlossen. Wir einigten uns auf die Zahlung eines mehr oder weniger symbolischen Betrages von 20 Tsd. €, d. h. eine Quote von 0,5 Prozent. Die alte Römpler-Villa durfte ich behalten. Allerdings wurde vereinbart, dass ich mich bemühen sollte, sie bestmöglich zu verkaufen. Einen über das Kreditvolumen der Immobilienfinanzierung hinausgehenden Mehrerlös sollte ich innerhalb eines begrenzten Zeitraumes zusätzlich an die Gläubiger zahlen.

Wenigstens im Nachgang muss man den Banken zugestehen, dass sie sich mir gegenüber sehr fair verhalten und an die früheren Zusagen gehalten haben. Eine harte Position hätte mich möglicherweise in den wirtschaftlichen Ruin getrieben. Allerdings waren es sicher vor allem die Förderbanken, die zu diesen Zugeständnissen bereit gewesen sind. Ich möchte nicht wissen, wie es mit der Deutschen Bank als Verhandlungsführer ausgegangen wäre. Gut, dass die über Kaufpreisvereinnahmung, Sicherheitenverwertung und Bürgschaftsinanspruchnahme weitgehend schadlos ausgestiegen waren.

AUFLÖSUNG VON EXCELLENT

2004 lag mein Abschied von Excellent schon weit hinter mir. Allerdings ließ mich das Thema Underwear nie wirklich los. Immerhin hatte ich bei Excellent einige Jahre intensiv darauf verwandt, mir das fachliche Know-how für diese Branche zuzulegen. Das wollte ich nicht so einfach ad acta legen. Ich besuchte deshalb weiterhin die nationalen und internationalen Messen und hielt die Kontakte in die Branche am Leben. Ich hatte sogar einige Strategieprojekte für Wäschekunden.

Aus der Ferne beobachtete ich dabei die Entwicklung von Excellent. Es war mein Baby gewesen und ich sah mit zunehmender Skepsis und Sorge einen Niedergang, den das Unternehmen unter der neuen Führung nahm. Es ging stetig bergab. Denn Rösch hatte für die Unternehmensfortführung ausschließlich Kostenthemen auf der Agenda. Die Markenaussagen verloren an Profil. Die spezifischen Besonderheiten der Dessous-Branche wurden vernachlässigt. Die Fertigung war großenteils nach Ungarn verlagert worden. Und die Grundausrichtung auf den Kunden, der besondere Service, die persönliche Note – alles Merkmale, die uns in hohem Maße ausgezeichnet hatten –, wurden Schritt für Schritt preisgegeben. Die Quittung dieser ständigen Leistungseinbußen folgte auf den Fuß: die Umsätze brachen ein. Es zeigte sich, dass Rösch Excellent nie wirklich verstanden und vor allem nie geliebt hatte. Die Branche kolportierte bereits, dass Rösch das Unternehmen schließen wolle. Bei einer späteren Begegnung mit dem Philosophen auf der Pariser Messe gestand er ziemlich kleinlaut ein, dass sie seiner Meinung nach alles falsch gemacht hatten, was man falsch machen konnte.

Es war traurig zu sehen, was von »meinem« Unternehmen übrig geblieben war. Ich hatte es nun in einem sicheren Hafen gewähnt und hatte mir gewünscht, dass es befreit und gestärkt abheben würde. Ich hatte immer wieder mit früheren Mitarbeitern gesprochen, die mir berichteten, was in der Zwischenzeit passiert war. Gleichermaßen geschockt und gefreut hat es mich zu hören, dass der Satz immer wieder die Runde machte: »Das hätte es bei Herrn Schwarzer nicht gegeben.«

Ich arbeitete unter anderem für ein slowenisches Unternehmen, das früher einer unserer Fertigungspartner gewesen war. Das Unternehmen brauchte ein Entree in den deutschen Markt, hatte dafür aber nicht die richtigen Markenkonzepte. Darin sah ich eine letzte Chance, noch einmal einen Anlauf zu versuchen.

Ich sprach Rösch an, ob man interessiert wäre, sich von Excellent zu trennen und die Marken weiterzuverkaufen. Und tatsächlich gelang diese Vermittlung. Die Slowenen kauften die Marken und etablierten ihre deutsche Vertriebsgesellschaft in Zeulenroda, die dort mit nur noch sechs Mitarbeitern in meiner alten Villa untergebracht wurde. Zwei Jahre ging das gut, dann wurde den Slowenen der Standort zu teuer. Das deutsche Büro wurde aufgelöst und damit verschwand der letzte Rest von Excellent von der Bildfläche.

Lediglich die Marken sind übrig geblieben. Die Marke Excellent gehört der früheren Vertriebs-Innendienstleiterin Zaumsegel, die sie sich sehr clever von Rösch gesichert hat und darunter im kleinen Stil ein begrenztes Miederwarensortiment an alte Kunden in den neuen Bundesländern anbietet. Und die Marke »cheek« hat heute einen slowenischen Pass.

Wenigstens ist der Standort Zeulenroda für die Herstellung elastischer Wirkwaren nicht ganz untergegangen. Die benachbarte Firma Bauerfeind, Weltmarktführer für medizinische Bandagen, ist in den letzten Jahren fantastisch gewachsen und hat zwischenzeitlich nicht nur viele frühere Mitarbeiter, sondern auch die Excellent-Immobilien übernommen. Dieses Unternehmen ist ein Segen für Stadt und Landkreis.

HAFTUNG 3. AKT – KLAGE DES INSOLVENZVERWALTERS

Das Schönste kommt bekanntlich zum Schluss. Denn das Jahr 2007 hielt noch eine finale Überraschung für mich bereit. Als ich nämlich im August aus dem Sommerurlaub zurückkam, öffnete ich die obligatorischen Berge von Post, die sich während des Urlaubs angesammelt hatten. Auffällig waren drei dicke, braune DIN A4-Umschläge, die mich sofort skeptisch machten. Ich fand darin eine Klage des Insolvenzverwalters vor, in der er mir – pünktlich vor Ablauf der Verjährungsfrist – für alle drei Unternehmen der Excellent-Gruppe Insolvenzverschleppung vorwarf.

Diese Klage traf mich aus heiterem Himmel. Mit so etwas hatte ich nicht gerechnet – schon gar nicht nach dieser Zeit, die inzwischen vergangen war. Einen Verdacht einer Insolvenzverschleppung hatte der Verwalter nie erwähnt. Ich hatte im Gegenteil in den wenigen Wochen, in denen wir zusammengearbeitet hatten, also vom Insolvenzantrag bis zur Übernahme durch Rösch, immer nur freundliche und anerkennende Bemerkungen von ihm erhalten. Sowohl für meine vorbereitenden Anstrengungen bezüglich der Verkaufslösung als auch für unsere Zusammenarbeit.

Klar, der Verwalter hatte ja nur die Früchte dessen geerntet, was bereits gesät war. Als er dazukam, waren die Vertragsinhalte bereits weitgehend verhandelt gewesen. Er hatte nur noch die Einigung über die Verteilung des Insolvenzausfallgeldes herstellen und die Wortlaute formulieren müssen. Er hatte einen Verkaufserlös für die Unternehmens-Assets erhalten, der ohne meine Initiative nie und nimmer zustande gekommen wäre, da nur ein laufender Geschäftsbetrieb mit einem funktionierenden Business einen solchen Kaufpreis rechtfertigte. »A gmahde Wiesn«, wie man in Bayern sagt.

Im Jahr 2000, als ich zum letzten Mal mit ihm Kontakt hatte, waren wir in bestem persönlichem Einvernehmen auseinandergegangen. Nun forderte der Schuft ziemlich willkürlich von mir alle regulären Zahlungen zurück, die durch die drei Unternehmen von Januar bis Juli 2000, also während sieben Monaten, geleistet worden waren. Er hatte sicher absichtlich so lange gewartet, wie es eben ging. Ich bin sicher, um das Verfahren zu Gunsten seiner Honorare so lang auszudehnen. Und weil er erwartete, dass inzwischen bei mir mehr zu holen war, während seine Forderungen direkt nach der Insolvenz in einem Topf mit denen der Gläubiger untergegangen wären.

Die Gesamtforderungssumme belief sich auf einen Betrag von über 6,5 Mio. DM, also fast 3,3 Mio. €. Man kann sich vorstellen, dass mir das Blut in den Adern gefror. Sofort engagierte ich eine sehr renommierte Rechtsanwalts-Sozietät in München und diskutierte den Fall ausführlich. Meine Anwälte gaben mir zu verstehen, dass ein Unternehmer (wer weiß das schon, wenn er beschließt, sich unternehmerisch zu engagieren) im Falle einer Insolvenz nur eine sehr geringe Chance hat, sich nichts zuschulden kommen zu lassen. Zu viele Interessen laufen gegeneinander und zu komplex sind die Sachverhalte, als dass man ausschließen könnte, in irgendeines der diversen Fettnäpfchen zu treten. Möglicherweise passiert das, während man sich gerade darum bemüht, einem anderen auszuweichen. Auch eine Klage des Insolvenzverwalters wäre üblich.

Diese Erläuterungen beruhigten mich nicht gerade. Ich betonte meinen Anwälten gegenüber, dass ich nicht zu der geringsten Zahlung bereit wäre. Ein Vergleich käme für mich nicht infrage und wäre keine Verhandlungsoption. Sie verstanden meine Argumentation, aber sie konnten mir nichts versprechen, denn, wie sagten sie: »Vor Gericht und auf hoher See ist man in Gottes Hand.«

Das Kalkül des Verwalters war insofern aufgegangen, als natürlich die letzten, wirtschaftlich erfolgreichen Jahre eine ganz andere Vermögensbasis geschaffen hatten. Jetzt war deshalb bei mir durchaus etwas zu holen. Insofern stand viel auf dem Spiel. Das Schlimmste war, nicht mehr alleine dazustehen, sondern inzwischen auch die Verantwortung für meine 4-köpfige Familie zu tragen, deren Perspektiven und materieller Wohlstand akut gefährdet waren.

Um sie nicht zu beunruhigen, ließ ich Daniela an meinen Sorgen nicht teilhaben und versicherte ihr, es werde wiederum alles gut gehen. Sie machte es mir leicht, indem sie mir vertraute und mich nie zusätzlich mit ihren Ängsten quälte, die sie sicher auch gehabt haben wird.

Ein großer Rückhalt waren in dieser schwierigen Zeit meine Mutter und mein Stiefvater – meine Mutter hatte 2002 noch einmal geheiratet. Mein Stiefvater heiratete nicht nur meine Mutter, sondern die ganze Familie dazu. Und er brachte seine eigene mit, was den Begriff »Patchwork-Family« heute mit Kindern und Enkeln in höchstem Maße angebracht erscheinen lässt.

In ihm hatte ich in vielen Situationen einen engen Vertrauten und kompetenten Ratgeber. Schade, dass er mir noch nicht zu Seite stehen konnte, als ich Excellent übernahm. Er hätte die Eventualitäten, Risiken und Gefahren des »Deals« sicher wesentlich nüchterner bewertet und zu einer Übernahme unter den damaligen Bedingungen kaum geraten.

ENDE GUT, ALLES GUT

Der Prozess vor dem Landgericht Gera zog sich noch einmal zwei endlose Jahre hin, immer mit dem Damoklesschwert über dem Kopf, dass von den Forderungen etwas hängen bleiben könnte. Schon eine kleine Teilschuld wäre extrem bitter gewesen. Der Verwalter hatte pikanterweise sein eigenes Büro mit der Vertretung seiner Interessen beauftragt. Das war wiederum eine Finte, um aus dem Fall noch das Letzte herauszuholen. Selbst wenn die Klage scheiterte, konnte er wenigstens seine Anwaltshonorare einziehen. Eine so fragwürdige Selbstbedienung ist übrigens völlig legal.

Ein Richtergremium von immerhin drei Richtern arbeitete sich durch den komplizierten Fall hindurch. Eine Vielzahl von Zeugen wurde geladen. Es gab mehrere Verhandlungstermine, bei denen ich das manchmal echte, manchmal zweifelhafte Vergnügen hatte, frühere Weggefährten wiederzusehen. Aus dem Unternehmen, von Rösch, von den Anwälten und von der Bankenseite. Immerhin sprachen sich alle, auch die früheren »Gegner«, ausnahmslos für mein korrektes und engagiertes Verhalten vor der Unternehmensübernahme aus. Erst im April 2009 wurde ich das Schreckgespenst los, indem das Gericht die Klage des Insolvenzverwalters in allen Punkten abwies. Die Geraer Richter hatten in den Verhandlungsterminen mehr und mehr die Überzeugung gewonnen, dass mein unternehmerisches Engagement in der Krise nicht zu bemängeln war. Im Gegenteil, je mehr Details auf den Tisch kamen, umso mehr Verständnis und Anerkennung meinte ich in ihren Augen gelesen zu haben.

Fast neun Jahre dauerte es also nach der Insolvenz, bis auch dieses letzte, heftige Nachbeben beendet war. Mit dem Insolvenzantrag war es keineswegs vorbei gewesen, sondern eigentlich fing es auf der persönlichen Ebene damit erst richtig an. Ich hatte mich von der Bedrohung nicht unterkriegen lassen und die Forderungen immer mit einer gehörigen Portion Fatalismus behandelt. Zu jeder Zeit habe ich auf ein gutes Ende vertraut. Trotzdem versetzte mich zwischendurch jeder neue Gerichtstermin, jedes Anwaltsgespräch, jedes Schreiben aus der schönen Gegenwart in regelmäßigen Abständen zurück in eine nun düster wirkende, weit entfernte Vergangenheit. Auch so etwas kann zum Unternehmer-Job dazugehören.

Erst mit dem Ende dieses Verfahrens waren die langen Schatten der Vergangenheit endgültig überwunden.

LERNEFFEKTE

WAS IST SCHIEF GELAUFEN?

Was kann man aus dem Thema lernen? Warum hatte das Projekt Excellent nicht das erhoffte Happy End?

Zunächst muss man der Sondersituation der neuen Bundesländer Rechnung tragen. Hätte der Fall nicht in den neuen Bundesländern gelegen, hätte ich eine solche Konstellation niemals ernsthaft in Erwägung gezogen. Wäre ich damals außerdem mit dem Finanzierungs-Konzept für mein MBO zu einer Bank gegangen, um ein Unternehmen im Westen unter ähnlichen Bedingungen zu übernehmen, man hätte es mir um die Ohren gehauen. Keinen Pfennig hätte ich dafür bekommen. Die Banken hätten nur mitleidig den Kopf geschüttelt. Nur weil es um ein Ost-Unternehmen und die Sicherung der eigenen Kredit-Engagements ging, sah die Sache damals anders aus. Hinzu kam die Rolle der Förderinstitute, die aber eine unkalkulierbare Variable darstellte. Diese Verhältnisse machten mein MBO zu einem hoch spekulativen Roulette, bei dem ich, wie sich am Ende herausstellte, nicht hätte mitspielen dürfen. Als Unternehmer kann man sich derartige »Spielchen« nicht erlauben.

Fakt ist: 21 Mio. DM Umsatz mit einem positiven operativen Jahresergebnis von 700 Tsd. DM im Jahr 1999 reichten nicht aus, um 850 Tsd. DM Zinsen zu zahlen und in etwa gleicher Höhe Kredite zu tilgen. Ursächlich dafür war die Übernahme der Altschulden, die sich im Nachhinein als entscheidender und nicht mehr zu behebender Fehler herausstellte. Die Altschulden waren eine dauerhafte Erblast, unter der das MBO-Vorhaben einfach nicht gedeihen konnte.

Wie konnte es dazu kommen? Ganz einfach: Das Timing hatte nicht gestimmt. Ich hatte zu früh und zu idealistisch Ja gesagt, als mir Excellent angeboten wurde. Ich war von der Richtigkeit des Projektes so überzeugt, dass ich an der Möglichkeit, alle etwaigen Probleme später noch mit Hilfe der Politik und der Wirtschaftsförderung lösen zu können, nicht gezweifelt habe. Ich verließ mich darauf, dass mir die Politik einfach helfen müsste, wenn ich marktseitige Erfolge vorweisen könnte. Und ich habe den vermeintlichen Joker »Arbeitsplätze« falsch eingeschätzt. Arbeitsplätze waren in meiner Treuhandzeit das Zauberwort gewesen, bei dem sich alle Türen geöffnet hatten. Ich war immer davon ausgegangen, dass sich die öffentliche Hand bei der Entscheidung zwischen Altschulden und Arbeitsplätzen für Letztere entscheiden würde und habe das Thema »Restrukturierung« deshalb nie mit der Priorität und Schärfe verfolgt, wie man es unter normalen Umständen hätte tun müssen. Wie sich aber herausstellte, ging dieser »Ost-Logik« Mitte der 90er-Jahre die Puste aus, weil die Politik – und damit auch die BVS – sich mittlerweile im Schockzustand befand über die Tiefe des Kraters »Aufbauhilfe Ostwirtschaft«. Schließlich fühlte ich mich zum MBO-Zeitpunkt schon verantwortlich – für den Unternehmenserfolg, die Arbeitsplätze und auch für die Interessen der Alteigentümer von Römpler.

Vielleicht hat zusätzlich der Umstand eine Rolle gespielt, dass ich kein eigenes Kapital einsetzte, das ich bei meinem MBO verlieren konnte. Wie der Börsenguru Kostolany einmal sinngemäß gesagt hat: »Wer viel hat, kann riskieren. Wer nichts hat, muss riskieren.«

Es war aber unvernünftig, Bedingungen zu akzeptieren, die mein MBO zu einem Himmelfahrtskommando machten. Und es war unvorsichtig, nicht ausreichend zu durchdenken, was alles schieflaufen konnte und was die persönlichen Konsequenzen davon sein konnten. Beim Wirtschaften geht es zuallererst um Geld und Profit. Wer nicht in allererster Linie daran denkt, muss sich das entweder leisten können. Oder er muss das Glück haben, eine so geniale Idee, ein so überlegenes Produkt zu haben oder auf so günstige Umstände zu treffen, dass das Business trotzdem läuft.

Als Unternehmer muss man kein akademisches Genie sein. Ich kenne einige Wirtschaftsprofessoren, denen man kaum zutrauen würde, einen Kiosk erfolgreich zu führen. Viel hilfreicher ist cleveres Wirtschaften und eine gehörige Portion Egoismus, um ans Ziel zu kommen. Alle erfolgreichen Unternehmer, die ich in meinem Berufs-leben kennengelernt habe, zeichnete ein ausgeprägtes Vorteilsdenken aus, das sich auch in einem Gespür für Risiken und lauernde Gefahren äußerte.

Diese Fokussierung ging mir damals ab. Ich hatte zu viel von der Seelenlage eines jugendlichen Freiwilligen, der begeistert »an die Front« fuhr und sicher war, Weihnachten siegreich wieder zuhause zu sein. Wenn ich etwas gewusst hätte von Stellungskrieg und Graben-kämpfen, wenn ich mir der möglichen Konsequenzen für Leib und Leben bewusst gewesen wäre, wäre meine Begeisterung sicher deutlich geringer ausgefallen.

WIE HÄTTE ICH RICHTIG GEHANDELT?

Mein Resümee ist nicht, dass ich das Projekt nicht hätte wagen sol-len. Es hätte nur andere Wege ans Ziel gegeben, die zu prüfen gewesen wären. Ein Sprichwort sagt: »Mut ist nichts anderes als ein Mangel an Phantasie«. Meine damalige Art von Mut war für einen Unternehmer ungeeignet. Sie hatte mehr mit Draufgängertum zu tun als mit klugem Handeln.

Ich hätte 1996 wohl Ja *denken*, aber nie Ja *sagen* dürfen. Vielmehr hätte ich das Unternehmen weiterführen sollen, so lange und so gut es eben ging. Währenddessen hätte ich mich in Stellung bringen und auf den Tag X vorbereiten sollen, an dem es unter dem alten Dach nicht mehr weitergegangen wäre. Der Zeitpunkt, an dem Römpler das Geld ausging, wäre so sicher gekommen wie das Amen in der Kirche. Mir wäre dieses Ergebnis nicht anzulasten gewesen. Eine Insolvenz wäre dann unvermeidbar gewesen. Alle Beteiligten – Römpler, die THA, die TAB und die Banken – hätten verzweifelt nach einer Lösung ge-sucht.

Im Stillen hätte ich eine Auffanglösung vorbereiten können. Dazu hätte gehört, dass ich mich über Fördermöglichkeiten informiert und gleichzeitig ein unabhängiges, solides und vorsichtiges Übernahmekonzept erstellt hätte. Dabei hätte ich gut daran getan, die Beteiligung aller Berater und Geschäftspartner auszuklammern, die bereits mit dem bestehenden Unternehmen zu tun hatten. Also keine Deutsche Bank, kein Wirtschaftsprüfer oder Rechtsanwalt aus dem Römpler-Dunstkreis. Meine Partner und Berater hätten einzig und allein meine Interessen im Auge haben dürfen, anstatt die anderer Beteiligter oder gar ihre eigenen. Vielleicht hätte ich mir für das Vorhaben einen industriellen Partner suchen müssen wie Triumph oder Mey. Schließlich ist mir eine Partnergewinnung mit Rösch in ähnlicher Weise gelungen.

Zum Insolvenzzeitpunkt hätte ich mein Fortführungskonzept und meine geliehenen 2,7 Mio. DM aus der Tasche gezogen. Man wäre an mir nicht mehr vorbeigekommen, denn eine andere Lösung hätte es sehr wahrscheinlich nicht gegeben. Damit hätte ich am längeren Hebel gesessen und notgedrungen wäre den anderen Spielern nichts anderes übrig geblieben, als meine Pole-Position und meine Spielregeln zu akzeptieren.

Die Altschulden wären mit einem Streich vom Tisch gewesen. Trotz neuer Working Capital Finanzierung hätte ich das Fremdkapital mindestens halbiert. Als Kaufpreis hätte ich sowieso nichts bezahlt. Den Großteil der Warenbestände und die Immobilien hätte ich dem Insolvenzverwalter zur Verwertung gelassen. Nur bestimmte Maschinen hätte ich gebraucht, für die ich mit Investitionszuschüssen ein kleines, aber feines neues Produktionsgebäude im Gewerbegebiet errichtet hätte. Um keine unnötigen Risiken einzugehen, hätte ich maximal 130 Mitarbeiter übernommen.

Meine damalige Sorge, dass eine Insolvenz den Unternehmenserfolg beeinträchtigt und meinem persönlichen Renommee geschadet hätte, war, wie mir die zwischenzeitliche Beobachtung anderer Fälle gezeigt hat, ziemlich unbegründet. Im Markt hätte es natürlich ein kurzes Aufhorchen gegeben. Wahrscheinlich hätten wir auch einige Kunden vorübergehend wieder verloren. Aber ab dem Zeitpunkt der Bekanntmachung der Übernahme durch mich wäre es wieder nach vorn gegangen.

Hätte ich es so clever angestellt, wäre mir das Unternehmen ein paar Monate später also ganz von alleine wie eine reife Frucht in den Schoß gefallen. Und offiziell wäre ich sogar der Retter gewesen. Jedenfalls hätte mir den Schuldenschnitt niemand anlasten können und ich hätte darüber auch nicht verhandeln müssen. Eigentlich wäre alles ganz einfach gewesen. Aber dieses »Spiel« hatte ich nie zuvor gespielt.

ALTE SEILSCHAFTEN

Von der viel beschriebenen Kungelei in der Treuhandanstalt, den Seilschaften und den schmierigen Insider-Geschäften, die die Treuhand und ihre Mitarbeiter gemacht haben sollen, habe ich weder während meiner Mitarbeit in der Treuhandanstalt noch bei meinem Excellent-Engagement etwas festgestellt. Entsprechenden Darstellungen bringe ich deshalb eine gehörige Portion Skepsis entgegen.

Zweifellos wird es solche Fälle gegeben haben. Es gibt immer ein paar schwarze Schafe. Es war viel Geld im Spiel und es gab gewiss viele Löcher im System. Aber die Regel waren solche Machenschaften nicht. Sonst wäre es in meinem Fall einfach gewesen, mir, dem ehemaligen Mitarbeiter, auf Kosten der Steuerzahler halt ein bisschen unter die Arme zu greifen und ein paar Millionen mitzugeben. Argumente dafür gab's genug. Und es hätte vielleicht auch ein Modell gegeben, mit dem ich mich am Ende dafür hätte erkenntlich zeigen können.

Ich habe es aber gerade anders herum erlebt. Keinen Millimeter wollte sich das Treuhand-Management bewegen. Eisern verweigerte man jedes Zugeständnis. Von Vetternwirtschaft und Seilschaften konnte keine Rede sein.

VERFEHLTE WIRTSCHAFTSFÖRDERUNG

Einen erheblichen Anteil am Ausgang des Projektes Excellent hatte die damalige Wirtschaftspolitik. Wenn Staat und Förderinstitutionen mit anderen Schwerpunkten und Prioritäten agiert hätten, wäre in der ehemaligen DDR viel mehr entstanden bzw. eben nicht so viel zugrunde gegangen. Dafür hätte man, ganz im Geiste von Ludwig Erhard und Winston Churchill, mehr Vertrauen in die Kraft und die Fähigkeiten der Unternehmer setzen müssen. Es war grundfalsch zu denken, dass die Konzerne die Sache retten sollten. Die Konzerne hatten kein Interesse an unternehmerischen Visionen und waren nicht bereit, Risiken auf sich zu nehmen.

Die Konzerne waren vielmehr mit einer Schnäppchenjäger-Mentalität unterwegs. Vorrangig wollten sie sich neue Absatzmärkte und -kanäle sichern. Manche waren scharf auf die wenigen interessanten Marken oder Technologien. Manche schielten auch auf moderne Maschinen und Produktionsanlagen oder perspektivisch attraktive Immobilien. Dabei ließen sie sich ihr Engagement von der Politik vergolden oder mindestens die Risiken absichern. Eigentlich waren die Kapazitäten und Ressourcen für die Marktversorgung des Ostens auf der Westseite im Überfluss vorhanden. Man brauchte den Regler nur ein bisschen hochzufahren, dann konnte man die neuen Bundesländer locker mitbeliefern. Dafür musste man nicht einmal groß investieren.

Der erste Kardinalfehler der Politik war, dass sie den Hebel nicht bei den Unternehmern angesetzt hat. Die Praxis war: die großen Konzerne bekamen alles, kleine Unternehmer ernteten vor allem Skepsis. Die größte Sorge der Treuhand/BvS und der öffentlichen Förderinstitutionen war, dass sie etwas Wertvolles herschenken, dass sie jemand austricksen oder betrügen könnte. Das Engagement kleiner Unternehmer, so wie auch ich einer war, wäre jedoch volkswirtschaftlich viel sinnvoller gewesen. Sie waren und sind es, die neue Unternehmen aufbauen und Arbeitsplätze schaffen. Ihnen hätte man deshalb mehr Möglichkeiten und Unterstützung geben müssen.

In meinem Fall hätte man auf die Altschulden verzichten oder wenigstens die alten Kredite irgendwo zinslos parken können, bis wir wirtschaftlich in der Lage gewesen wären, sie zu bedienen. Dieser Punkt wäre sicher gekommen und der Staat hätte in den letzten zehn Jahren durch Steuereinnahmen und ersparte Arbeitslosengelder einen deutlich besseren Schnitt gemacht als durch die Insolvenz.

Man hätte damals Unternehmensbörsen schaffen können, die planmäßig und systematisch Anteile an chancenreichen kleinen und mittleren Unternehmen an interessierte Manager verschenkt hätten. Die Unternehmer hätten sich darum bewerben und ihre Qualifikation in geeigneter Form nachweisen müssen. Die Unternehmen wären von der Treuhand von Altlasten bereinigt worden. Von einer staatlichen Sanierungsbegleitung wäre jeweils ein Beirat gestellt worden, der bei der finanziell vernünftigen Aufstellung (unter Einbeziehung von DtA und KfW) des Vorhabens sowie rechtlichen und steuerlichen Themen geholfen hätte. Die Unternehmer wären andererseits mit konkreten Auflagen belegt worden, wozu auch die Beschränkung ihrer laufenden Bezüge gehört hätte. Nachdem die Unternehmen dann Gewinne erwirtschaftet hätten, hätten die Unternehmer eine Option zum Erwerb der noch von der Treuhand gehaltenen Anteile ausüben können – nach einer im Voraus festgelegten Formel für einen moderaten Kaufpreis.

Es hätte Licht und Schatten gegeben. Manch einer wäre gescheitert. Es hätte sicher auch einige Betrüger und Hochstapler gegeben. Na und? Unter dem Strich wäre vieles ermöglicht worden, was mit der ausgeübten Praxis nicht auf den Weg zu bringen war. Wahrscheinlich wäre an der einen oder anderen Stelle, wo heute nichts mehr ist, tatsächlich so etwas wie eine »blühende Landschaft« entstanden.

Excellent jedenfalls würde es heute noch geben. Mit mindestens 15 Mio. € Umsatz und wenigstens 100 Mitarbeitern – da bin ich sicher.

Der zweite entscheidende Fehler der Politik war es, den Banken die zentrale Rolle im Vollzug der Wirtschaftsförderung einzuräumen. Die Banken haben an der Wiedervereinigung wahrscheinlich prächtig verdient. Ich behaupte, dass ihr konstruktiver Beitrag zur Entwicklung der Wirtschaft in den neuen Bundesländern in keinem Verhältnis steht zu dem Reibach, den sie mit der Wiedervereinigung gemacht haben. Mit dem Leiden ging es bei ihnen erst viel später los, als mit der Lehman-Pleite die Finanzkrisen begannen. Weil sie nämlich, bis hin zu den Landesbanken, den Hals nicht mehr voll bekamen, auf dem internationalen Finanzparkett glänzen und beim Pokerspiel der Hedge-Fonds mitmachen wollten. Während die Finanzierung der Realwirtschaft für sie zu einem unappetitlichen Geschäftsfeld mutierte.

Die Rechnung dafür beglich der Steuerzahler. Und es ist noch nicht vorbei. Während die Bad Banks aus dem Boden geschossen sind, haben die Jahresprämien und Boni der Investmentbanker schon wieder schwindelerregende Höhen und Millionenbeträge erreicht. Die Politik hat dabei tatenlos zugesehen.

10 EXCELLENTE UNTERNEHMER-REGELN

Es wäre schön, wenn eine kurze Zusammenfassung meiner zehn wichtigsten Erkenntnisse aus der Unternehmerzeit den Lesern nutzt, die selbst über unternehmerische Projekte nachdenken oder mitten in deren Realisierung stecken.

1. Ausreichendes Kapital ist für jedes unternehmerische Projekt von existenzieller Bedeutung. Voraussetzung ist eine vorsichtig angesetzte Mindest-Eigenkapitalausstattung. Wer selbst nicht genug hat, muss sich geeignete Partner, oder eine andere Konstellation suchen. Zur Not muss das Vorhaben anders dimensioniert werden. Unternehmer auf Pump ist ein Himmelfahrtskommando. Und Illiquidität bedeutet unweigerlich Insolvenz.

2. Mit Banken lässt sich wunderbar zusammenarbeiten – vorausgesetzt, man braucht sie eigentlich nicht. Bauen Sie ein unternehmerisches Engagement nach Möglichkeit nicht auf dem Goodwill und den finanziellen Zusagen von Banken auf. Sollte es einmal brenzlig werden, gehen die als Erste von Bord.
Außerdem ist die Sicherstellung einer ausreichenden Ausstattung des Unternehmens mit Kapital und liquiden Mitteln nicht die Sache der Banken, sondern die ureigene Sache des Unternehmers selbst.

3. Aller Anfang ist schwer. Die ersten zwei bis drei Jahre sind für jedes unternehmerische Start-up extrem kritisch. Erste Erfolge sind längst noch kein Beweis dafür, dass man es tatsächlich geschafft hat. Junge

Pflanzen haben noch keine stabilen Wurzeln und können schon durch kleine Fehlentwicklungen gefährdet werden. Geduld und Skepsis sind angebracht. Man sollte die Ziele nicht zu hoch ansetzen. Und nach jedem Wachstumsschritt eine Konsolidierungsphase einplanen, in der man Substanz und Reserven anlegt. Vorsicht mit zu viel Euphorie!

4. Beim Wirtschaften gibt es keine totale Sicherheit. Ein unternehmerisches Engagement ohne Risiko gibt es deshalb nicht. Wer versucht, jedes Risiko zu vermeiden, wird an Tatkraft verlieren. Gerade die Entschlossenheit, seinen Weg zu gehen, und die Überzeugung, mögliche Widerstände zu überwinden, sind aber unverzichtbare Eigenschaften jedes erfolgreichen Unternehmers.

Den guten Unternehmer, die gute Unternehmerin zeichnet deshalb aus, dass er zwar von seinem Ziel und Weg nicht ablässt, aber umso sorgfältiger Chancen und Risiken abwägt, bis er die vorteilhafteste und sicherste Variante gefunden hat.

5. Idee, Vision, Idealismus – das alles sind hervorragende Voraussetzungen, um unternehmerisch erfolgreich zu sein. Aber sie müssen gepaart sein mit konsequentem, nüchternem Vorteilsdenken! Ihr Businessplan muss exakt und vollständig sein. Er sollte verschiedene Szenarien abbilden und deren Konsequenzen durchspielen. Spätestens am Ende, wenn Träume sich nicht erfüllen, geht es nur noch ums Geld. Eine gesunde Distanz ist deshalb all denen gegenüber angebracht, die eigene wirtschaftliche Interessen verfolgen. Jeder ist sich selbst der Nächste!

6. Gute Unternehmer muss die Fähigkeit auszeichnen, Menschen mitzunehmen und zu begeistern. Mit Begeisterung kann man auch unter schwierigsten Bedingungen Berge versetzen. Zuerst muss man seine Mitarbeiter von seinen Qualitäten überzeugen. Mitarbeiter, die einem vertrauen und an die Sache glauben, gehen mit durch dick und dünn.

7. Man sollte es vermeiden, den »Lonesome Rider« zu spielen. Die meisten erfolgreichen Unternehmer haben starke Partner oder Ratgeber in ihrem direkten Umfeld. Bei wichtigen Weichenstellungen

braucht man oft eine zweite Perspektive. Man muss die Fähigkeit beherrschen, sinnvoll zu delegieren, und braucht dafür dringend einige kompetente und vertrauenswürdige Personen an Schlüsselpositionen. Sie machen den Hebel des eigenen Wirkens deutlich größer. Und sie objektivieren und verbessern die Quote guter Entscheidungen erheblich. Gute Führung heißt nicht, alles selber zu machen.

8. Der Unternehmer bestimmt das Spielfeld und die Spielregeln. Es geht nicht nur darum, was man macht und mit welchen Ergebnissen, sondern auch darum, wie man es macht und warum. Das gilt intern, aber auch für den Umgang mit Geschäftspartnern. Gelebte Werte und eine gute Portion Stil bei den Umgangsformen sind etwas, an dem es viele Unternehmer vermissen lassen. Das gilt leider häufig auch für die Erfolgreichen, die von ihrer Belegschaft nicht geliebt, dafür aber umso mehr gefürchtet werden. Spaß und Zufriedenheit hat aber dort niemand – auch der Unternehmer nicht.

9. Für Unternehmer kommt es darauf an vorzuleben und praktische Anleitung zu geben. Management-Qualität zeigt sich nicht durch Anordnungen aus der Distanz. Die höchste Motivation erreicht man vielmehr, wenn man sich selbst in die Aufgaben der Mitarbeiter vertieft und ein Verständnis für ihre praktischen und täglichen Probleme entwickelt. Egal, welche große, vom Unternehmer geprägte Firmenentwicklung Sie sich anschauen. Sie alle waren bei der operativen Umsetzung mittendrin. Führung kann man nicht delegieren.

10. Schließlich vergessen Sie eines nie: Am Ende sind ganz allein Sie für alles verantwortlich. Man unterstellt dem Unternehmer, dass er weiß, worauf er sich einlässt. Der Erfolg gehört Ihnen, der Misserfolg leider auch.

Deshalb gilt: Quidquid agis, prudenter agas et respice finem!

NACHWORT

Das unternehmerische Projekt »Excellent« endete nicht wie erhofft. Der große wirtschaftliche Erfolg hat sich nicht eingestellt. Trotz der Anstrengungen und Risiken, denen ich mich sieben Jahre lang ausgesetzt habe, bin ich weder reich noch bekannt dadurch geworden. Aber war das Engagement deshalb ein Fehler oder vergebliche Liebesmüh? Ich habe oft darüber nachgedacht. Ich kenne Leute, die mit relativ geringem Engagement Millionen gemacht haben. So gesehen war das Ganze Mist.

Aber man sollte zwischen Inhalt und Ergebnis unterscheiden. Denn Sinnhaftigkeit und Zufriedenheit messen sich nicht allein am Profit.

Wir haben bei Excellent in kurzer Zeit und mit geringen Mitteln aus einem maroden Laden ein modernes Unternehmen gemacht, dessen Leistungen so gut waren, dass wir in einem dicht besetzten Markt in der Lage waren, national etablierten Marktführern und sogar internationalen Wettbewerbern Marktanteile abzujagen. Darauf bin ich stolz!

Es ist mir gelungen, die Mitarbeiter in besonderer Weise zu begeistern und mitzureißen. Sie sind an ihren Aufgaben gewachsen. Ich bin in den letzten zehn Jahren nach Excellent in vielen großen und namhaften Unternehmen auf Mitarbeiter getroffen, die nicht annähernd so motiviert, engagiert und pflichtbewusst waren wie meine Leute damals in Zeulenroda. Wir haben gemeinsam für eine Sache gekämpft, für die zu kämpfen sich gelohnt hat. Das hat Spaß gemacht und war persönlich sehr befriedigend.

Es gibt in der immer noch anhaltenden Finanzkrise eine erneute Ethik-Diskussion. Sie verdeutlicht, was die Gesellschaft sich von Unternehmern wünscht und wie sie diejenigen betrachtet, die nur und ausschließlich für den wirtschaftlichen Profit arbeiten. In den sieben Jahren für und mit Excellent habe ich 200 Mitarbeitern Arbeit gegeben und ihnen damit geholfen, ihre Familien zu ernähren. Das war ein gutes Gefühl.

Ein Wort außerdem zu den »Ossis«. Aufgrund ihrer jahrzehntelang beschnittenen Möglichkeiten und dem früheren sozialistischen Lebensumfeld waren sie gegenüber den »Wessis«, deren Lebensweise und Ansprüchen, kurz nach der Wende unbeholfen. Inzwischen sind die Unterschiede zwischen West und Ost viel kleiner geworden. Leider macht sich das in vielen Regionen Ostdeutschlands immer noch nicht bemerkbar. Die jungen, ambitionierten Leute mussten und müssen immer noch dort wegziehen, weil es keine ausreichenden Berufs- und Ausbildungsmöglichkeiten gibt. Dafür sind in Handwerk, Handel und Dienstleistung, etwa in München und Umgebung oder auch im Alpentourismus, in vielen kleinen Betrieben Mitarbeiter aus den neuen Bundesländern unverzichtbar geworden und viele von ihnen sind besser, schneller und professioneller als ihre westlichen Kollegen. Sie sind vielleicht vereinzelt noch an grell gefärbten Haaren, abenteuerlichen Fingernagel-Collagen oder Gesichts-Piercings erkennbar. Aber durchaus auch an besonderer Pfiffigkeit, Freundlichkeit und Kundenorientierung.

Meine Zeit mit Excellent und in Ostdeutschland war eine unglaublich reiche Erfahrung für mich. Zwei Welten prallten aufeinander – und ich stand dazwischen. Als »Wessi«, der seine Ideen und sein Know-how einbrachte, wo dringend Hilfe gebraucht wurde. Und als jemand, der, obwohl er teilweise auch im Osten lebte, trotzdem immer ein Fremder blieb. Als Berater, Treuhand-Manager und vor allem als Unternehmer.

Die Höhen und Tiefen, die ich erlebt habe, waren beruflich und menschlich sehr viel intensiver als jeder »normale« Job. Permanente Extremsituationen hinterließen Spuren und Erkenntnisse, von denen mein Leben und Arbeiten seitdem stark geprägt sind. Sie haben aus mir sicher einen erfahreneren und bewussteren Menschen gemacht.

Seit über zehn Jahren setze ich die gewonnenen unternehmerischen Erfahrungen erfolgreich bei meinen Strategie- und Coaching-Projekten ein. Ohne die Excellent-Erfahrungen könnte ich heute niemals der Unternehmer-Partner und -Coach sein, der ich bin. Auch das Unternehmerische hat mich nicht mehr losgelassen. Mit meinem eigenen Beratungsunternehmen, in einer Vielzahl von unternehmerischen Projekten, die ich neben der Beratungstätigkeit betrieben habe. Und in der aktiven Verfolgung und Unterstützung von Unternehmensbeteiligungen und -übernahmen. Die Excellent-Erfahrungen waren dafür überaus wertvoll.

Und schließlich haben sich auch meine persönlichen Ansprüche an Beruf und Privatleben durch meine Erlebnisse grundlegend geändert. Work-Life-Balance ist für mich kein abstrakter Begriff mehr. Excellent und der »Wilde Osten« haben dazu unendlich viel beigetragen.